Juliet M. Corbin
Anselm L. Strauss

Weiterleben lernen

»FAMILIENWELTEN«
Herausgegeben von Rosmarie Welter-Enderlin
und Bruno Hildenbrand

Band I: Günter Burkart, Martin Kohli
Liebe, Ehe, Elternschaft
Die Zukunft der Familie

Band II: Rosmarie Welter-Enderlin
Paare – Leidenschaft und lange Weile

Band III: Juliet M. Corbin, Anselm L. Strauss
Weiterleben lernen
Chronisch Kranke in der Familie

Mit Menschen verbindlich zusammenleben – verheiratet oder unverheiratet, alleinerziehend oder mit einem anderen, nichtbiologischen Elternteil – bedeutet eine Möglichkeit, in der Welt zu Hause zu sein. Und es bedeutet, im raschen Wandel gesellschaftlicher Verhältnisse Kontinuität zu erleben und zu vermitteln. Was aber sind die Quellen dieser Kontinuität? Wenn Eltern-Kind-Beziehungen im Prinzip unaufkündbar sind und wenn z. B. Eltern über gemeinsame Kinder verbunden bleiben, selbst wenn sie als Liebende getrennt sind: Was ermöglicht die Beständigkeit im Wandel? Wenn der Mensch nicht einfach mehr fraglos zu einer Gemeinschaft gehört, sondern sie selber immer wieder neu schaffen muß, woher nimmt er dann seine Wurzeln? In der Reihe »Familienwelten« werden diese Fragen aus unterschiedlichen Perspektiven beleuchtet. Allen Büchern gemeinsam ist das Anliegen, Einsichten in neue Gestaltungsmöglichkeiten des Zusammenlebens in Familien zu geben, ohne zu belehren.

Juliet M. Corbin
Anselm L. Strauss

Weiterleben lernen
Chronisch Kranke in der Familie

Aus dem Amerikanischen von
Astrid Hildenbrand

Piper
München Zürich

Die Originalausgabe erschien 1988
unter dem Titel »Unending work and care«
by Jossey-Bass Publishers, San Francisco

ISBN 3-492-03215-x
© 1988 by Jossey-Bass Inc. Publishers, San Francisco
Deutsche Ausgabe:
© R. Piper GmbH & Co. KG, München 1993
Umschlag: Federico Luci
Gesamtherstellung: Clausen & Bosse, Leck
Printed in Germany

INHALT

Vorwort 9

TEIL I:
Den Verlauf einer chronischen Krankheit und deren
Eingriff in ein Menschenleben verstehen 11

1 Die Auswirkungen einer chronischen Krankheit
  auf das Leben von Menschen 13
  Die Arbeit der Krankheitsbewältigung 16

2 Beginn und Diagnose einer chronischen Krankheit:
  Ein neuer Lebensverlauf beginnt 20
  Die Zeit vor der Diagnose 21
  Die Mitteilung der Diagnose 25
  Die Zeit nach der Diagnose 27

3 Krankheitsverlaufskurven 29
  Das Wesen von Krankheitsverlaufskurven 30
  Formen und Phasen von Verlaufskurven 36

4 Der kranke Körper und ein zu Bruch gegangenes
  Selbstbild 41
  Drei Dimensionen der Biographie 43
  Die Durchführung einer Handlung 47
  Behinderungen des Körpers und Scheitern
  von Handlungen 49

5 Das Leben wieder zu einem Ganzen zusammensetzen . . 59
  Rück- und Ausblicke auf die Biographie 60
  Kontextualisierung 62
  Akzeptieren 66
  Wiederherstellen der Identität 68
  Neuentwerfen der Biographie 73

6 Krankheit, Biographie und Alltag in ein
  Gleichgewicht bringen 76
  Drei Hauptarbeitslinien 76
  Der Kontext, in dem Krankheit bewältigt wird 78
  Relative Ausgewogenheit 81
  Fallbeispiel Clara und Paul 82
  *Die Wechselwirkung von strukturellen Bedingungen
  und Krankheitsbewältigung* 92
  Krankheitsbewältigung als Prozeß 98

7 Zusammenarbeiten, um die Krankheit
  zu bewältigen 104
  Interaktion und Ausrichtung des Handelns 107
  Interaktionssystem und Bedingungszirkel 110
  Fallanalyse Helen und Tom 112

TEIL II:
Sich mit einer chronischen Krankheit auseinandersetzen 131

8 Phasen der Renormalisierung: Sich von einer Krankheit
  erholen 134
  *Fall 1: Ein querschnittgelähmter Mann und seine Frau:
  Peter und Mary – die ersten Monate der Genesung* 136
  *Fall 2: Genesung von einem Herzinfarkt:
  Professor Einsthein* 142
  *Fall 3: Genesung von einem Schlaganfall:
  Agnes de Mille* 148

9 Stabile Phasen: Ein Gleichgewicht aufrechterhalten ... 157
  *Fall 1: Stabilität erhalten durch enge Zusammenarbeit:
  das Ehepaar Jorgensen* 159
  *Fall 2: Stabilität erhalten durch ergänzende Arbeit:
  die Familie Moore* 167
  *Fall 3: Unsichere Stabilität und eine »begrenzt
  funktionierende« eheliche Beziehung: die Familie Smitt* .. 171

10 Instabile Phasen: Das Gleichgewicht ist gestört 179
   Fall 1: Eine Phase potentieller Instabilität, noch einmal:
   die Familie Moore 180
   Fall 2: Anhaltende Instabilität: Herr und Frau Smigel .. 182
   Fall 3: Schwere und lang anhaltende Destabilität:
   Debby Jones 184

11 Abwärtsphasen: Der Zustand verschlechtert sich,
   der Tod rückt näher 194
   Fall 1: Extreme Verschlechterung und Behinderung:
   Herr und Frau Lawson 197
   Fall 2: Komplexe Sterbephase durch weitere Phasen:
   Mei Yuan 203
   Fall 3: Sterben – und wann, oder vielleicht doch nicht
   sterben? Frances Verdi 213
   Fall 4: Leben im Sterben: Cornelius Ryan 219

12 Die Auswirkungen einer chronischen Krankheit
   auf den gesunden Partner 223
   Fall 1: Verschiedene Verlaufskurvenphasen durchleben:
   die Familie Marston 232
   Fall 2: Eine abwärts gerichtete Verlaufskurve durchleben:
   Herr und Frau Daugherty 242

13 Der Umgang mit einer chronischen Krankheit bringt
   unendlich viel Arbeit mit sich 247

Bibliographischer Anhang 253

Vorwort

Es sind enorme Strapazen, die ein Mensch mit chronischer Krankheit und sein Partner auf sich nehmen müssen, wenn sie die Probleme, die eine schwere Krankheit mit sich bringt, bewältigen und gleichzeitig ein persönlich erfülltes Leben führen wollen. An Einzelfällen haben wir untersucht, wie Familien und Paare mit chronischer Krankheit umgehen und wie sich die Krankheit auf ihr Leben auswirkt. Dabei war es unser Ziel, aussagekräftiges Datenmaterial über die Probleme der Betroffenen zu erheben und zu analysieren. Unsere Forschungen führten uns zu einer drängenden gesundheitspolitischen Frage: Wie kann chronisch kranken Menschen geholfen werden, damit sie mit ihrer Krankheit besser fertigwerden? Planungen und Entscheidungen im gesundheitspolitischen Bereich sind allzuoft wirklichkeitsfremd und ineffektiv, weil die zuständigen Politiker von den konkreten Erfahrungen und Sichtweisen chronisch kranker Menschen und ihrer Familien zu weit entfernt sind.

In diesem Buch werden die Forschungsarbeiten von Anselm L. Strauss in den späten sechziger Jahren, als er chronisch kranke Menschen in Krankenhäusern und in ihren Familien untersuchte, weitergeführt. Er ist Mitautor des Buches *Chronic Illness and the Quality of Life* (1984), in dem ein gesellschaftlich-psychologischer Rahmen für die Arbeit mit chronisch Kranken entworfen wird. Diesen Rahmen benutzte er in weiteren Untersuchungen über Techniken der Schmerzbewältigung, wie sie vom Klinikpersonal eingesetzt werden, und über die Auswirkungen der medizinischen Technologie auf die Pflege von Krankenhauspatienten.

Die Fachliteratur über chronisch kranke Menschen, die ihre Krankheiten in der Familie bewältigen, hat in den vergangenen Jahren stark zugenommen. Doch in den wenigsten Fällen wird die konkrete Arbeit, die der Umgang mit einer Krankheit mit sich bringt, ausreichend beleuchtet. Kaum thematisiert wird auch die Rolle, die der Partner eines chronisch Kranken bei der Krankheitsbewältigung spielt. Im Laufe unserer Forschung haben wir erkannt, daß bei der Integration von chronischer Krankheit in das Leben der Betroffenen der Kranke und sein Partner die Schlüsselpersonen sind – und nicht so sehr das begleitende medizinische Personal.

Wir beginnen unser Buch mit einigen Wesensmerkmalen von chronischer Krankheit und gehen dann über zur diagnostischen Phase, die für den Betroffenen und seine Familie manchmal kaum zu ertragen ist. Wenn wir dann unser Konzept der »Verlaufskurve« eingeführt haben, behandeln wir das Problem, wie tiefgreifend sich oftmals das soziale Leben und die psychische Verfaßtheit des Kranken und seiner Angehörigen durch eine Krankheit verändern. In diesem Zusammenhang diskutieren wir auch die biographischen Prozesse, in denen der Kranke sein Schicksal akzeptiert und einen neuen Lebensentwurf findet. Die Behandlung der drei großen Arbeitsbereiche Krankheit, Biographie und Alltag und deren kompliziertes Wechselspiel leitet über zu unserem eigentlichen Thema: daß nämlich mit einer chronischen Krankheit sehr viel Arbeit verbunden ist. Unsere Überlegungen, die wir im ersten Teil des Buches anstellen, werden durch Fallbeispiele und Gesprächsauszüge mit Betroffenen veranschaulicht.

Im zweiten Teil des Buches veranschaulichen wir anhand von Interviews, Autobiographien, Briefen usw. unterschiedliche Arten von Verlaufskurvenphasen. Das Spektrum reicht von Phasen der Renormalisierung über stabile und instabile Phasen bis zu Phasen der Verschlechterung und des Sterbens. Danach befassen wir uns mit den Problemen, die auch ein gesunder Mensch hat, wenn er seinen kranken Partner zu Hause pflegt.

San Francisco, März 1988 Juliet M. Corbin
Anselm L. Strauss

TEIL I:
Den Verlauf einer chronischen Krankheit und deren Eingriff in ein Menschenleben verstehen

Im ersten Teil dieses Buches beschreiben wir eine Reihe miteinander zusammenhängender Konzepte zum Thema, wie chronische Krankheit in der Familie bewältigt wird. Diese Konzepte wurden sorgfältig und in langwieriger Arbeit aus Beobachtungen und Gesprächen mit Betroffenen entwickelt. Der Leser kann diese Konzepte überprüfen, indem er die im Buch zitierten Gesprächsausschnitte selbst analysiert oder seine eigenen Erfahrungen mit denen der interviewten Personen vergleicht.

Unser zentrales Konzept ist das der *Verlaufskurve*. Es bezieht sich zum einen auf den physischen Krankheitsverlauf, zum anderen auf die Arbeit, die aufgrund der Krankheit notwendig ist. Zu einer Verlaufskurve gehören Verlaufskurvenphasen, Vorstellungen vom Krankheitsverlauf und vom Arbeitspensum sowie persönliche Lebensentwürfe für die nahe und die fernere Zukunft. Eine Verlaufskurve ist begleitet von unzähligen Konsequenzen für die Biographie eines Menschen; z. B. verändert sich die Beziehung zum eigenen Körper, zum Selbst, zum Gefühl für biographische Zeit. Bei einer chronischen Krankheit ist der Körper behindert oder von einer Behinderung bedroht, was sich auf die Aktivitäten des Betroffenen auswirkt, manchmal auch auf seine äußere Erscheinung. In einer solchen Situation muß der Kranke viel »biographische Arbeit« leisten, d. h. er muß die Krankheit in sein Leben integrieren, sich mit seiner Krankheit abfinden, seine Identität wiederherstellen bzw. seine Biographie neu entwerfen.

Damit sind wir bei unserem zweiten wichtigen Konzept, dem der Arbeit, die geleistet werden muß, wenn man die Krankheit bewältigen soll. Im Krankenhaus nimmt der Patient die Arbeit des

Personals entgegen – und dort geht es vorwiegend um ärztlich-medizinische und pflegerische Leistungen. In der Familie dagegen arbeiten die Betroffenen in wesentlich komplexeren Zusammenhängen, die wir in den drei *Arbeitslinien* Krankheit, Alltag und Biographie analysieren.

Am Ende des ersten Teils stellen wir Überlegungen an, wie diese Arbeit konkret durchgeführt wird, d. h. nach welchen Mechanismen sie abläuft. Wir arbeiten hier mit dem soziologischen Konzept der *Ausrichtung*: Dem chronisch Kranken kann bei seinem Handeln die Richtung verlorengehen, so daß er seine Handlungen neu ausrichten muß – was nicht nur durch die Interaktion mit anderen Menschen, sondern auch durch die Interaktion mit dem eigenen Selbst geschieht.

1 Die Auswirkungen einer chronischen Krankheit auf das Leben von Menschen

Weshalb verfassen wir eine Arbeit über chronische Krankheit? Weil sie laut Statistik momentan die häufigste Krankheitsform ist, das drängendste Gesundheitsproblem, mit dem im Grunde genommen alle Industriestaaten konfrontiert sind. Es ist allgemein bekannt, daß die Kosten für das Gesundheitswesen einen alarmierend großen Teil der staatlichen Ausgaben ausmachen. Gegenwärtig bemüht man sich mit vereinten Kräften, diese Kosten durch verschiedene gesetzgeberische, finanzielle, rechtliche und organisatorische Maßnahmen zu reduzieren.

Genaue Angaben über die sozialen Kosten und das menschliche Leiden, die beide mit chronischer Krankheit verbunden sind, gibt es jedoch noch nicht. Um aber langfristig eine effektive und humane Gesundheitspolitik betreiben zu können, sind zuverlässige Informationen von entscheidender Bedeutung.

Dieses Buch befaßt sich mit den sozialen und psychischen Konsequenzen chronischer Krankheit. Wir untersuchen, welche Kosten der Kranke und sein Partner durch die ständigen Anpassungsleistungen zu tragen haben, um den Anforderungen der Krankheit und ihrer Bewältigung zu genügen. Mit *Anpassung* meinen wir den tagtäglichen Kampf, den zwei Menschen auf sich nehmen, damit sie in ihren Bemühungen ein gewisses Gleichgewicht aufrechterhalten und dem gemeinsamen Leben einen Sinn geben können. Dieser Kampf besteht in einem kontinuierlichen Jonglieren mit Zeit, Raum, Energie, Geld, Arbeitsplätzen, Aktivitäten und Identitäten.

Es gibt hier genügend Beispiele für paradoxe Situationen: Einer hat Angst vor einer Operation, die ihn zum Behinderten machen wird, und ist gleichzeitig dankbar dafür, daß er noch am Leben ist. Ein anderer muß abwägen zwischen den Nebenwirkungen einer Chemotherapie, durch die krankes Zellgewebe zerstört wird, und seiner Sorge um die gesunden Zellen, die dadurch eventuell auch zerstört werden. Ein dritter entwickelt aufgrund der unklaren Auskünfte des Arztes, die dieser ihm in bezug auf seine Zukunft gibt, paranoide Gedanken, doch er muß dem Arzt vertrauen, weil dieser die notwendige fachliche Kompetenz hat. Ein vierter muß in seinen Aktivitäten Prioritäten setzen, weil er nicht mehr genug Kräfte hat oder nicht mehr fähig ist, sein ehemals aktives Leben weiterzuführen. Ein fünfter erlebt Rückschläge im Rehabilitationsprozeß, weil bei seiner Krankheit Komplikationen auftreten, und fragt sich, welchen Sinn es eigentlich hat, wenn er die Therapie noch einmal ganz von vorne beginnt.

Der gesunde Partner, der diese Belastungen indirekt mitträgt, hat außerdem seine eigenen Probleme: Wenn er den kranken Partner zu Hause pflegt, muß er abwägen zwischen dem Vorteil fremder Hilfeleistung und ihren Nachteilen, weil sie eine Störung seiner Privatsphäre bedeutet. Einerseits kommt er zwar dem Bedürfnis des kranken Partners nach Beistand und Pflege gern entgegen, doch andererseits entwickelt er Gefühle von Unmut und Ärger, daß er als pflegender Partner niemals müde oder krank sein darf, weil ihm keiner die Pflege abnehmen kann. Er bezahlt die medizinische Versorgung des Kranken bereitwillig von den Ersparnissen und fragt sich gleichzeitig, was für die eigene Zukunft noch übrigbleibt, wenn alles Geld aufgebraucht ist. Die Belastung und den Zwang der Beziehung, die durch die Krankheit zerstört ist, möchte er einerseits loswerden, fühlt sich aber andererseits dem kranken Partner gegenüber gesetzlich und moralisch verpflichtet.

Wenn beide Lebenspartner an einer chronischen Krankheit leiden, sind die menschlichen Kosten noch um einiges höher. Dann kann sich der Bedarf an Ressourcen vervielfachen; einen Menschen, der kaum fähig ist, sich selbst zu versorgen, kann man nicht dazu heranziehen, den Partner zu pflegen oder den Haushalt zu machen. In diesem Fall benötigt man teuere Dienstleistungen in möglichst geringer Entfernung vom Haushalt. Stehen mehrere Möglichkeiten zur Verfügung, entscheiden sich die Betroffenen gewöhnlich für den am wenigsten anstrengenden Weg, weil sonst nämlich keiner der beiden zu Rande kommt. Immer wieder neue Anpassungsleistungen müssen erbracht werden, weil sich häufig – und manchmal ununterbrochen – der Charakter der Krankheit verändert und weil oft auch krankheitsbedingte Veränderungen in das Leben des Paares eingreifen. Darüber hinaus betreffen die Anpassungsleistungen fast jeden Bereich ihres Lebens. Eine Frau formulierte das in einem Gespräch sehr eindrucksvoll: »Die Sexualität ist angeschlagen; und genauso angeschlagen sind die Finanzen, der Bekanntenkreis, die Arbeit, die Fähigkeit, gemütliche Zeiten miteinander zu verbringen, oder wie entspannt man ist – einfach alles! Es fällt mir absolut *nichts* ein, was nicht beeinträchtigt ist.«

Eine chronische Krankheit oder Behinderung bedeutet, daß der Körper nicht mehr wie gewohnt arbeitet. Solange ein Mensch gesund ist, ist es für ihn selbstverständlich, daß er einen funktionierenden Körper hat, der die gewünschten körperlichen oder geistigen Aktivitäten ausführt. Man geht spazieren, man arbeitet, spielt, führt die Alltagstätigkeiten aus, man berührt etwas oder jemanden und wird berührt; das geschieht alles, ohne daß man über die Rolle, die der Körper bei der Ausübung dieser Handlungen spielt, oder darüber, wie sich der Körper einem selbst oder anderen gegenüber präsentiert, nachdenkt. Man genießt die Empfindung bei Berührungen, die wärmende Sonne, den kühlenden Wind, das Gefühl von Müdigkeit, wenn man eine anstrengende, aber befriedigende physische oder geistige Arbeit hinter sich hat. In der Hektik des täglichen Lebens nimmt man solche Dinge jedoch kaum wahr; gewöhnlich nimmt man erst dann Notiz von seinem Körper, wenn er überanstrengt ist, z. B. bei ungewohnten Bewegungen oder Aktivitäten, wenn man starke Kopfschmerzen hat, wenn der Körper aufgrund von Erschöpfung nicht richtig funktioniert, wenn man im Gesicht einen Ausschlag bekommt; d. h. man nimmt sich erst dann Zeit für seinen Körper, wenn er sich bemerkbar macht.

Mit zunehmendem Alter wird man sich natürlich bewußt, daß der Körper nicht mehr so arbeitet oder aussieht wie früher. Die Veränderungen gehen aber so langsam vor sich, daß man sie kaum bemerkt. In den meisten Fällen unterläßt man dann allmählich die anstrengenden Tätigkeiten oder macht statt dessen etwas anderes. Und graue Haare oder Falten werden als mehr oder weniger unvermeidlich akzeptiert. Zwar findet man derartige Veränderungen nicht sonderlich schön, aber so ist das Leben.

Durch eine akute Krankheit oder eine Verletzung können die Aktivitäten eines Menschen vorübergehend eingeschränkt sein, vielleicht zeigen sich auch in seinem Gesicht Spuren dieser belastenden Situation. Doch selbst wenn dies ärgerlich ist, bleibt eine solche Lebensphase aufgrund dessen, daß sie befristet ist, für die meisten Menschen erträglich. Es kommt sogar vor, daß ein Mensch die unerwartete Unterbrechung seiner alltäglichen Aktivitäten genießt.

Bei einer chronischen Krankheit oder einer unheilbaren Verletzung dagegen kann der Aktionsradius des Menschen dauerhaft eingeschränkt sein und seine äußere Erscheinung für immer verändert bleiben. Das Ausmaß solcher Veränderungen hängt von folgenden Faktoren ab: von der Schwere der Krankheit oder Verletzung, von den damit verbundenen Symptomen, von der Möglichkeit und dem Grad der Rückkehr ins normale Leben, von den Schwankungen der Symptome und von der Art der Tätigkeit, die man ausüben möchte. Und genau der Tatsache, daß eine Krankheit, eine Verletzung oder bestimmte Symptome – in Form von verminderter Leistungsfähigkeit, eingeschränkter Aktivität, in Form von verändertem Aussehen und Wesen und in Form des möglichen Todes – sichtbar und spürbar werden, müssen sich der Kranke und sein Partner stellen. Kranke Menschen benutzen dann oft Bilder wie: »Ich fühle mich wie ein Gefangener in meinem Körper«, »Ich fühle mich völlig gebrochen« usw.

Die Arbeit der Krankheitsbewältigung

Mit einer Krankheit oder Behinderung umzugehen und sich an die mit der Krankheit bzw. Behinderung verbundenen körperlichen Symptome anzupassen erfordert von allen Beteiligten ein beträchtliches Maß an Arbeit.

Wir untersuchen hier die einzelnen Arten von Arbeit, die bei der Bewältigung eines Krankheitsverlaufs langfristig anfallen, sowie die einzelnen Aufgaben, die mit jeder dieser Arten von Arbeit verbunden sind; wir fragen, ob und wie die Aufgaben ausgeführt werden; wer diese Aufgaben ausführt, unter welchen Bedingungen und mit welchen Konsequenzen. Unter Arbeit verstehen wir eine Reihe von Aufgaben, die von einer einzelnen Person oder einem Paar, eigenständig oder gemeinsam mit anderen Leuten durchgeführt werden, um einen Handlungsplan umzusetzen, der die Krankheit sowie das Leben des Kranken und seines Partners bewältigen helfen soll.

Aus unterschiedlichen Gründen legen wir den Schwerpunkt auf das Konzept der Arbeit. Erstens kann man dadurch erkennen, um welche Tätigkeiten es sich handelt, wer diese ausführt und wie die Aufgaben hinsichtlich Umfang, Art, Schwierigkeitsgrad und Zeitaufwand variieren. Man achtet auch darauf, wie sich die Aufgaben verändern würden, wenn im Verlauf der Krankheit oder im Leben der beiden Partner unvorhergesehene Ereignisse aufträten, und wie sich diese Ereignisse dann auf den Umgang mit der Krankheit auswirkten. Zweitens gilt die Behandlung einer Krankheit nur dann als Arbeit im herkömmlichen Sinn, wenn sie nicht in die Familie verlegt wird (sondern z. B. in ein Krankenhaus) oder aber zu Hause durch geschultes Personal vorgenommen wird. Doch die Krankheitsbewältigung in der Familie ist genauso Arbeit. Drittens benutzen die Kranken und ihre Familien, wenn sie über die Bewältigung der Krankheit und die damit verbundenen Aspekte sprechen, Begriffe aus dem Bereich der Arbeit.

Wir überlegen nun, welche Arten von Arbeit, die sich jeweils aus einer Reihe von Aufgaben zusammensetzen, bei der Bewältigung einer Krankheit anfallen. Die Pflege eines Menschen im Krankenhaus bringt folgende Arbeitsarten mit sich: die diagnostische Arbeit, die Arbeit mit medizinischen Apparaturen und anderen technischen Geräten, die Arbeit für das Wohlbefinden des Patienten, die Arbeit für die Sicherheit des Patienten, die Gefühls- oder psychologische Arbeit. Zu diesen Arbeitsarten gehören Aufgaben wie: die Kontrolle der Symptome; die Überwachung, Verhinderung und Bewältigung von medizinischen Krisen; die Durchführung von Behandlungsplänen; der Umgang mit Einschränkungen im Aktionsradius des Patienten.

Darüber hinaus gibt es solche Arbeiten, die nicht direkt auf die

Krankheitsbewältigung abzielen: Dazu gehört, daß der Patient die Grenzen bei seinen Aktivitäten hinausschiebt – das ist der Rehabilitationsprozeß – und daß die Tätigkeiten des täglichen Lebens erledigt werden – vor allem, wenn der Kranke diese Arbeit nicht selbst übernehmen kann. Dazu gehört auch, daß man der Isolation des Kranken vorbeugt oder er damit leben lernt.

Doch krankheitsbedingte Arbeit, die in der Familie geleistet wird, muß in das Leben der Betroffenen integriert werden, wenn dieses Leben trotz Krankheit mehr oder weniger erfolgreich weitergehen soll. Zum einen muß die Krankheit in die Biographie eines Menschen als Teil seines Lebens aufgenommen werden; dann muß sich ein Mensch mit der Krankheit, mit den dadurch bedingten Einschränkungen und möglicherweise mit seinem Tod abfinden; schließlich muß er sein Selbst auf seine Krankheit und seine körperlichen Veränderungen hin neu entwerfen.

Andere Arten von Arbeit haben zwar auch mit dem Alltagsleben eines Menschen zu tun, greifen aber weniger direkt in seine Identität ein: Da ist z. B. die berufliche Arbeit mit ihrer Voraussetzung, daß man eine bezahlte Anstellung bekommt und auch behält; die Arbeit als Ehepartner mit der Aufgabe, eine Ehe aufrechtzuerhalten; die häusliche Arbeit einschließlich der mit einem Haushalt verbundenen Aufgaben; die Arbeit der Kindererziehung mit allen dazugehörigen Aufgaben. Eine weitere wichtige Arbeit besteht darin, wie der Kranke und sein Partner mit sozialen Situationen umgehen. Schließlich ist die Informationsarbeit, d. h. Informationen anzufordern, zu verarbeiten und weiterzuleiten, von großer Bedeutung; denn ohne die Informationsarbeit könnten viele andere Arbeitsarten nicht durchgeführt werden.

Zusammengenommen können diese Arbeiten zu einer starken Belastung für beide Partner werden. Doch die Arbeiten müssen erledigt werden; folglich muß man sie koordinieren, so daß sich der Aufwand an Zeit, Energie und anderen Ressourcen auf die Partner verteilt. Dies erfordert eine weitere, auf einer höheren Ebene angesiedelte Art von Arbeit, die sogenannte »Organisationsarbeit«. Sie umfaßt die Organisation und Koordination der verschiedenen Arbeitstypen, die zur Umsetzung eines Arbeitsplans notwendig sind – sei es nun die Bewältigung einer Krankheit oder der Bau eines Hauses. Dazu gehören folgende Schritte: Man muß die Arten von Arbeit mit ihren einzelnen Aufgaben erkennen und definieren; man muß bei den einzelnen Aufgaben Prioritäten setzen; man muß Vereinbarungen treffen, wer etwas macht und zu welchem Zeitpunkt; man muß den Bedarf an Ressourcen ermitteln und diese auftreiben und bereithalten; man muß Verantwortung für Aufgaben übernehmen, aber auch delegieren.

Schließlich sind Menschen nötig, die die Arbeit *machen*. Wenn die Krankheit in der Familie bewältigt wird, dann verteilt sich die Arbeit auf den Kranken, den Partner, auf Ärzte und Krankenschwestern, bezahlte Helfer, Kinder, Verwandte, nahestehende Menschen, Freunde usw. Wer welche Arbeit zu welchem Zeitpunkt verrichtet, hängt im allgemeinen von folgenden Faktoren ab: von der Art der Arbeit, die gerade ansteht; von der Geschicklichkeit und den Kenntnissen, die zu ihrer Ausführung notwendig sind; von der körperlichen und der psychischen Fähigkeit der Leute, die für die Arbeit zur Verfügung stehen; von täglichen Stimmungsschwankungen, vom Grad der Erschöpfung, von Bequemlichkeit und Überdruß.

Um die Bewältigung einer Krankheit und des damit verbundenen eingeschränkten Lebens, wie es der Kranke und sein Partner führen müssen, verstehen zu können, ist es also entscheidend, daß man die Arbeit und die Biographie in ihrem Verhältnis zur Krankheit bzw. Behinderung und zu dem nicht funktionstüchtigen Körper versteht.

2 Beginn und Diagnose einer chronischen Krankheit: Ein neuer Lebensverlauf beginnt

Die meisten Menschen sehen in einer chronischen Krankheit, wenn sie in ihr Leben eintritt, ein Ereignis, mit dem sie nicht gerechnet haben. Wie Naturkatastrophen, so nimmt man eine chronische Krankheit als etwas wahr, das nur den anderen passiert. Doch chronische Krankheiten sind im Leben vieler Menschen, ob jung oder alt, harte Realität.

Als ich 52 war, kam es gelegentlich vor, daß ich schon am späten Nachmittag sehr müde war. Mehrere EKGs und ein Belastungs-EKG ergaben keine Hinweise auf eine Herzkrankheit. Inzwischen hatte ich auch noch Sodbrennen. Mein Internist vermutete schließlich einen Riß in der Speiseröhre, und eine spezielle Untersuchung bestätigte diese Vermutung. Da es nichts gibt, was man dagegen machen kann, fand ich mich damit ab, mit diesem Leiden zu leben, dessen Symptome offenbar kamen und gingen. Als ich 56 war, verschlimmerten sich die Symptome so, daß meine Frau mich schließlich fragte: »Hältst du es für möglich, daß du vielleicht einen Herzinfarkt bekommst?« Aber ich glaubte stur und fest an die Diagnose vom Sodbrennen. Als ich dann meinem Arzt die immer stärker werdenden Symptome schilderte, vermutete er eine Herzkrankheit, machte ein EKG und stellte die Diagnose: kurz vor einem Herzinfarkt.

Eine chronische Krankheit entwickelt sich selten über Nacht. Ihre Anfänge sind oft schleichend, Veränderungen im Zellgewebe bleiben oft jahrelang unbemerkt. Schließlich werden diese Veränderungen manifest, gewöhnlich in Form von Symptomen. Wenn Symptome auftauchen, begeben sich manche Leute sofort in ärztliche Behandlung. Andere warten, bis sich die Symptome nicht mehr verleugnen lassen, bis sie so sichtbar oder auffällig geworden sind, daß man sie nicht länger ignorieren kann. Leichte Symptome werden nicht zur Kenntnis genommen. Erst wenn jemand bereits einen Herzinfarkt hat oder ins Krankenhaus eingeliefert wird, erinnert er sich an jene nicht beachteten Symptome und gibt ihnen rückwirkend eine Bedeutung:

Haben Sie nie irgendwelche Symptome bemerkt? – Ich glaube nein – oder vielleicht doch. Ich habe dem Schreiner geholfen, Bretter die Treppe hochzutragen. Als ich oben war, bemerkte ich, daß ich leicht nach Luft schnappte. Dann mußte ich noch einen Packen Holz hochtragen. Ich bekam keine Luft mehr. Ich wußte nicht, was mit mir los war, hatte aber das Gefühl, daß ich nach diesem Tag nichts mehr arbeiten wollte. Das war der Stand der Dinge, bevor ich mit einer Lungenembolie ins Krankenhaus eingeliefert wurde.

Manche Leute nehmen auch ernsthafte Symptome nicht zur Kenntnis. Ihre Krankheiten werden eher bei Routineuntersuchungen entdeckt oder wenn sie wegen einer akuten oder einer anderen chronischen Krankheit zum Arzt gehen:

Wir waren im Begriff, ein Haus zu kaufen, und er mußte sich körperlich untersuchen lassen, weil die Kreditbank das verlangte. Gleich nach der Untersuchung sagte der Arzt: »Sie sind völlig in Ordnung.« Aber am nächsten Tag rief er an und sagte: »Ihr Mann muß sofort zu einem Facharzt gehen. In seinem Urin ist Zucker.« So kam es heraus, daß er Diabetes hat.

Manchmal bemerken die Partner, Verwandte oder gute Freunde Symptome oder Veränderungen im Verhalten eines Menschen und machen ihn darauf aufmerksam; dann schlagen sie ihm vor, sich ärztlich untersuchen zu lassen.

Die Zeit vor der Diagnose

Die Maßnahmen, die in der vordiagnostischen Phase ergriffen werden, zielen darauf ab, die Ursache von Symptomen und/oder anderen physiologischen Veränderungen herauszufinden. Die Dauer dieser Phase hängt davon ab, welcher Art die Symptome sind, wie erfahren und sachkundig der behandelnde Arzt ist, wann und wie ihm über die Symptome berichtet wird, welche technischen und organisatorischen Faktoren eine Rolle spielen.

So gibt es z. B. alarmierende Krankheitssymptome, aber auch unauffällige. Sie können bemerkt werden oder auch nicht. Man kann sie eine Zeitlang verdrängen oder aber sofort behandeln lassen. Man kann sie beachten oder einfach nicht zur Kenntnis nehmen. Sie können schwach oder stark sein. Manche Symptome sind schwer faßbar, andere deuten auf eine Vielzahl von Krankheiten hin. Manche Symptome verschwinden zeitweise oder werden mit der Behandlung oder von allein schwächer, um zu einem späteren Zeitpunkt in massiverer Form wieder aufzutreten. Manche sind nur zu bestimmten Zeiten wahrnehmbar, nur nach gewissen Aktivitäten oder nur für bestimmte Menschen. Es gibt Symptome, die eindeutig auf eine bestimmte Krankheit hinweisen und so die Diagnose erleichtern. Andere wieder können einer ganzen Reihe von Faktoren – von körperlicher Überanstrengung bis zum psychischen Streß – zugeschrieben werden und erschweren eine Diagnose.

Ärzte besitzen unterschiedliche Fähigkeiten und Kenntnisse, um Krankheitsanzeichen erkennen und interpretieren zu können. Es gibt Ärzte, die besser diagnostizieren können als andere. Es gibt auch Fälle, in denen ein Arzt nicht genügend Daten hat, auf denen eine Diagnose basieren könnte. Oder er deutet Symptome falsch, informiert sich nicht ausreichend über die Vorgeschichte des Patienten oder schreibt die Symptome anderen Ursachen zu. Folglich kommt es vor, daß keine oder eine falsche Diagnose gestellt wird oder daß eine Diagnose zu spät kommt. Durch diese Irrwege kann kostbare Zeit verlorengehen, was zur Katastrophe und auch zu rechtlichen Schritten wegen Vernachlässigung der ärztlichen Sorgfaltspflicht führen kann.

Jemand, der bestimmte Symptome an sich bemerkt, versucht vielleicht, die Ursache selbst herauszufinden, indem er in Büchern nachliest oder mit anderen Leuten spricht, die ähnliche Symptome haben. Dadurch kann die Diagnose des Arztes gefördert, aber auch behindert oder verzögert werden. Ebenso kann der Einsatz von Apparaten den diagnostischen Prozeß verbessern und beschleunigen, in anderen Fällen erschweren oder verzögern. Letzteres passiert dann, wenn die medizinische Technik für die Erforschung von Symptomen nicht ausreicht, wenn Testergebnisse nicht schlüssig sind oder wenn technische Fehler (z. B. falsche Röntgenaufnahmen) passieren. »Die Mammographie zeigte, daß die eine Brust fast zweimal so groß war wie die andere, aber sie sagten: ›Kein Krebs.‹ Also... rief mich keiner an und sagte: ›Da ist vielleicht etwas im Entstehen. Wir müssen das Gewebe untersuchen.‹ Sie sagten einfach: ›Ihre Mammographie ist eindeutig.‹«

Die Suche nach der Diagnose kann sich aus unterschiedlichen Gründen verzögern: Wenn Untersuchungsverfahren oder diagnostische Tests unsachgemäß durchgeführt werden, liefern sie falsche Informationen; wenn der Patient bei der Untersuchung nicht kooperativ ist oder Komplikationen heraufbeschwört, kann die Interpretation erschwert werden oder Untersuchungen müssen noch einmal gemacht werden. Manchmal sind mehrere Testverfahren notwendig, die nacheinander durchgeführt werden müssen, um zu einer klaren Diagnose zu gelangen oder um den Patienten zu schonen.

Wie schnell eine Diagnose möglich ist, hängt auch vom organisatorischen Rahmen ab, in dem die Tests oder Untersuchungen durchgeführt werden: Wenn sich z. B. Untersuchungstermine nur schwer vereinbaren lassen, die Planung wegen fehlender Apparate, Desorganisation oder Terminüberschneidungen nicht eingehalten werden kann oder Unterlagen von Patienten fehlerhaft oder verlorengegangen sind.

Die Suche nach der Diagnose ist Detektivarbeit und will den hinter den Symptomen liegenden Krankheitsprozeß aufspüren. Diese Arbeit umfaßt viele einzelne Aufgaben: Man muß Termine machen, körperliche Untersuchungen vorbereiten und auswerten, Symptome bewältigen, für die Behaglichkeit des Patienten sorgen und auf seine Ängste eingehen. Diese Fülle von Arbeiten wird teilweise im Krankenhaus, in der Arztpraxis oder auch in der Familie durchgeführt.

Gewöhnlich wird diese Arbeit aufgeteilt zwischen Arzt und Pflegepersonal, Technikern und Laborgehilfen, dem Kranken und seinem Partner oder anderen nahestehenden Personen. Jeder Beteiligte ist für bestimmte Aufgaben verantwortlich und sorgt dafür, daß die anderen Beteiligten darüber informiert werden, wie und wann diese Aufgaben erledigt werden. So gehört es zur Arbeit des Arztes, den Patienten zu untersuchen, geeignete Testverfahren anzuordnen und deren Ergebnisse auszuwerten. Laborgehilfen und Techniker müssen ihre technische Ausrüstung betriebsbereit halten, die Sicherheit des Patienten optimieren, technische Fehler auf ein Minimum reduzieren und einen Zeitplan einhalten. Der Patient hat die Aufgabe, seine Symptome exakt zu schildern, Vorbereitungen zu treffen und sich untersuchen zu lassen, sich an Zeitpläne zu halten, bei den Untersuchungen kooperativ und gefaßt zu sein, damit die anderen ihre Arbeit machen können. Zu den Aufgaben des Partners gehört es z. B., daß er den Kranken zur Klinik fährt, ihn psychisch unterstützt, für die Betreuung der Kinder während dieser Zeit sorgt und auf die Einhaltung von Zeitplänen und ärztlichen Anweisungen achtet. Außerdem muß er bei Untersuchungen, die für den Patienten schmerzhaft, gefährlich oder demütigend sind, gefaßt bleiben und einen klaren Kopf behalten. Wichtig ist bei alldem, daß der Informationsfluß zwischen Arzt und Patient nicht unterbrochen wird.

Die Reaktionen und Gefühle von Menschen, deren Symptomursachen noch nicht diagnostiziert sind, reichen von Gleichgültigkeit bis zu starker Angst. Für diejenigen, die vermuten, daß sie etwas Ernsthaftes haben, kann diese Phase zu einem Schwebezustand werden, in dem ihr Leben und das ihrer Angehörigen so lange stillzustehen scheint, bis ihre Ängste bestätigt oder zerstreut und ihre Symptome unter Kontrolle gebracht sind.

Während der Wartezeit, in der die Untersuchungsergebnisse ausgewertet werden, quält sich der Patient vielleicht mit Gedanken an den Tod und mit Bildern von einem behinderten Körper, er leidet vielleicht unter den Symptomen und den Auswirkungen von Untersuchungen oder fragt sich voll Panik: »Ist es Krebs? Ist es bösartig? Wenn es nicht bösartig ist, warum tut es dann weh?« Der Körper, der früher nicht wahrgenommen wurde, ist nun in den Mittelpunkt gerückt.

Wie stark ein Mensch unter diesem Schwebezustand leidet, ist individuell verschieden und hängt von vielerlei ab: wie sehr die Symptome stören und in sein Leben eingreifen; welche Vermutungen er über Art und Schwere seiner Krankheit hat; in welcher Lebensphase er sich befindet; in welchem Ausmaß sein bisheriges normales Leben unterbrochen ist; wie er die potentielle Krankheit für sein zukünftiges Leben sieht.

Es gibt Menschen, die überhaupt nicht das Gefühl haben, sich in einem solchen Schwebezustand zu befinden; denn ihre Symptome sind nicht lästig, die potentielle Krankheit kommt ihnen nicht sehr bedrohlich vor, die Symptome werden als reine Begleiterscheinungen des Alterungsprozesses definiert. In manchen Fällen sind die Symptome, die auf physiologische Veränderungen hindeuten, dem Arzt noch nicht ausgeprägt genug, um etwas dagegen zu unternehmen. Unter diesen Bedingungen können Arzt und Patient beschließen, erst einmal abzuwarten und zu beobachten, wie sich die Sache entwickelt.

Viele Menschen aber, die sich in der Schwebe fühlen oder ihrer Diagnose nicht trauen, gehen »Diagnosen einkaufen«: Sie besorgen sich mehrere ärztliche Stellungnahmen und verwerfen diejenigen, die nicht das bestätigen, woran sie selbst glauben. Der eine fängt dann an zu verhandeln: »Lieber Gott, laß es nichts Schlimmes sein – wenn alles gutgeht, tue ich auch das und das.« Der zweite leugnet den potentiellen Ernst der Symptome und nimmt das Ganze auf die leichte Schulter. Der dritte geht einfach nicht zum Arzt oder hält seine Untersuchungstermine nicht ein. Der vierte liest alles, was er an Lesestoff über seine Symptome oder vermutete Krankheit bekommen kann, und/oder befragt andere Leute darüber. Der fünfte lenkt sich von seinen Gedanken dadurch ab, daß er sich beruflich, gesellschaftlich oder in anderen Bereichen engagiert, und verdrängt so seine Angstvorstellungen von Krankheit und einer bedrohlichen Zukunft.

Die Mitteilung der Diagnose

Wenn dem Arzt der klinische Befund ausreicht, stellt er dem Patienten im allgemeinen eine – vielleicht noch nicht endgültige – Diagnose. Zu welchem Zeitpunkt und in welchem Stil die Mitteilung erfolgt, hat damit zu tun, wie sicher die Diagnose ist; um welche Art von Krankheit es sich handelt, wie ihre Prognose ist; welchen Interaktionsstil der Arzt hat; welche Vermutungen der Patient über seine Krankheit hat; wie der Patient nach Meinung des Arztes auf die Mitteilung reagieren wird.

Die Diagnose kann mit Vorbehalt oder als sicherer Befund gestellt werden, der Arzt kann sie sofort nach Vorliegen des klinischen Befundes mitteilen oder aber die Mitteilung hinausschieben. Manchmal werden alle, manchmal wird nur ein Teil der medizinischen Erkenntnisse beiden Partnern genannt. Manchmal wird nur einem Partner die Diagnose mitgeteilt, während der andere eine Zeitlang nur die halbe Wahrheit erfährt oder vielleicht völlig im unklaren gelassen wird. Die Information des Arztes kann verstanden oder aber mißverstanden werden, so daß die volle Tragweite der Mitteilung den Betroffenen erst später bewußt wird. Manchmal bringt der Arzt den Betroffenen die Diagnose schonungslos bei, ohne Mitgefühl oder Verständnis dafür, welchen Schlag er einem Menschen damit versetzt. Der Arzt kann seine Mitteilung aber auch sachte und mitfühlend machen.

Die Reaktionen auf die Mitteilung der Diagnose reichen vom Schock und Zweifel – »doch nicht *mein* Körper«, »nicht ich« – bis zur Erleichterung darüber, daß endlich eine Diagnose vorliegt. Für manche Menschen steht die Zeit, in der sie die Information des Arztes verarbeiten, still. Vergangenheit, Zukunft und Gegenwart scheinen im Augenblick der Mitteilung zu verschmelzen. Während die einen die Tragweite der Diagnose sofort erfassen, brauchen andere Zeit, um das Unfaßbare zu realisieren:

Der Arzt ließ uns gegenüber keinen Zweifel daran, daß es sich um eine irreparable Verletzung handle. Aber selbst an diesem Punkt wollten wir es noch nicht wahrhaben. Ich glaube, der eigentliche Wendepunkt – die Zeit, als wir uns der Sache stellen mußten – war dann, als er in die Rehabilitationsklinik kam. Weil wir dort Leute mit Rückgratverletzungen gesehen haben, die schon zehn Jahre mit ihrer Verletzung lebten und zur jährlichen Kontrolluntersuchung kamen. Dadurch haben wir erkannt, daß ein Mensch so ein Leben tatsächlich sehr lange durchhalten kann.

Wenn der Arzt keine oder nur eine vorläufige Diagnose stellt, weil der Befund nicht eindeutig oder fehlerhaft ist, kann auch diese Mitteilung schockierend und traumatisch sein. Der Schwebezustand und vielleicht auch die Suche nach der Diagnose können auf unbestimmte Zeit weitergehen, und der Kranke hat weiter keine Gewißheit über Ursache oder Prognose seiner Krankheit, ja sogar nicht einmal über die mögliche Behandlung der Symptome. »Stellen Sie mir eine Diagnose, selbst wenn es keine Behandlung gibt, sonst komme ich noch auf die Idee, ich sei verrückt oder bilde mir das alles nur ein.«

Die Zeit nach der Diagnose

In den meisten Fällen reichen die Befunde aus, um eine Diagnose zu stellen. Doch hat man nicht immer genügend Hinweise, um die richtige Behandlung zu finden. Der Kranke fühlt sich manchmal nicht hinreichend informiert, um zwischen mehreren Behandlungsmöglichkeiten wählen zu können. Vielleicht ist die Krankheit (z. B. ein Schlaganfall) plötzlich über ihn hereingebrochen, und man kennt zwar ihre Ursache, ist aber unsicher, was die bleibenden Schäden angeht. Oder die Diagnose bleibt noch offen, weil der Befund nicht ganz schlüssig ist und man erst noch die bestehenden Informationslücken schließen will. Unter Umständen sind weitere Untersuchungen oder auch ein operativer Eingriff nötig. Ärzte und Patienten und ihre Partner müssen möglicherweise in Büchern weiterforschen, mit anderen Leuten sprechen. Die Dauer dieser Phase hängt davon ab, welche und wieviel Information benötigt wird, ob und wie schnell sie verfügbar ist, ob der Patient weitere Untersuchungen durchhält oder ob physische/psychische Komplikationen das Verfahren behindern und wie lange alle Betroffenen die Suche nach der Diagnose noch mitmachen wollen.

Auch wenn eine Diagnose vorliegt, bleiben oft noch viele Fragen und Unsicherheiten, z. B. über das Ausmaß der physischen Beeinträchtigung oder über die notwendige Behandlung. In einer solchen Situation ziehen manche Menschen einen Vergleich mit anderen, die eine ähnliche Diagnose haben. Ihre Vorstellungen von der Krankheit und dem potentiellen Verlauf können mit der Zeit verblassen und durch Bilder abgelöst werden, die von einem realitätsfernen Optimismus bis zu einer unklaren Zukunft oder einem möglichen Tod reichen.

Daß ich derart abrupt von einem völlig gesunden Menschen zu einem ernsthaft Kranken wurde, hat in mir ein Schwindelgefühl erzeugt, mir den Boden unter den Füßen weggezogen... Ich konnte mich nicht mehr auf die Empfindungen meines Körpers verlassen... Nachdem die Ärzte festgestellt und bestätigt hatten, daß ich einen Augentumor habe, mußte mein Körper auf potentielle Metastasenbildungen untersucht werden. In den darauffolgenden sechs Tagen »machte« ich die gesamte Klinik »durch«, was sich in den Untersuchungen meiner Körper»landkarte« widerspiegelte. Der »negative« Befund bei einem Körperteil wurde durch die Angst vor der nächsten Untersuchung wieder aufgehoben – es war ein Marathon zwischen der Suche nach einem Tumor und dem Leugnen eines Tumors... Ich fühlte mich bedroht, gelähmt von der Angst... Aber tief in meinem Innern glaubte ich einfach nicht, daß mein Leben tatsächlich in Gefahr war.

Die Zeit, in der eine Diagnose gesucht und gestellt wird, kann traumatisch sein, besonders dann, wenn es um eine Krankheit, die den Menschen körperlich oder geistig zum Krüppel macht, oder eine lebensbedrohliche Krankheit geht. In ihrer allgemeinen Unsicherheit, wie lange der Patient noch zu leben hat oder wie die zukünftige Lebensqualität aussehen wird, beginnen die frisch diagnostizierten Kranken mit ihren Partnern eine Art neues Leben. Sie müssen – wenn die Krankheit wirklich schwer ist – nicht nur erkennen, was die Krankheit für ihr Leben bedeutet, sondern auch lernen, wie sie eine gewisse Kontrolle über den letzten Lebensabschnitt behalten können.

3 Krankheitsverlaufskurven

Eine chronische Krankheit ist vergleichbar mit einer Entdeckungsreise. Am Anfang des Unternehmens hat man eine Vorstellung und einen Plan vom Verlauf der Reise; aber der wirkliche Ablauf weicht vielleicht stark von diesen ersten Vorstellungen ab. Die Unruhe, die eine chronische Krankheit mit sich bringt, und die verschiedenen Arten von Arbeit, die nötig sind, um den geplanten Kurs zu halten, begreift ein Mensch erst dann, wenn er mit der Krankheit lebt. Wie ein Seemann, der die Meeresstraßen erkundet und dabei die Seetüchtigkeit seines Schiffes erlebt, so lernt auch der Kranke seine Krankheit und die Reaktionen seines Körpers darauf erst allmählich kennen. Und genau dann, wenn er die Krankheit unter Kontrolle zu haben glaubt, tritt im Krankheitsverlauf oder in seinem Leben etwas Unvorhergesehenes ein, das diesen Ablauf verändert, sich auf den Umgang mit der Krankheit auswirkt und in das Leben aller Betroffenen eingreift. Eine solche Veränderung macht es oft notwendig, daß ein neuer Entwurf vom Krankheitsverlauf gemacht und die Planung zur Kontrolle der Krankheit revidiert wird; daß die Arbeit an der Umsetzung dieser Planung neu verteilt und unter Umständen auch das Leben der Betroffenen neu organisiert wird.

Indem wir von *Arbeit* sprechen, führen wir eine soziologische Perspektive ein. Die Unterscheidung zwischen einem rein medizinischen Krankheitsverlauf und dem, was wir als *Krankheitsverlaufskurve* bezeichnen, ist für uns von zentraler Bedeutung. »*Krankheitsverlauf* ist... sowohl ein alltagssprachlicher als auch ein Fachbegriff. Im Gegensatz dazu meint *Verlaufskurve* nicht nur den physiologischen Verlauf einer... Krankheit, sondern die *gesamte Organisation der Arbeit*, die in diesem Verlauf anfällt, und den *Eingriff* in das Leben der Menschen, die mit dieser Arbeit und deren Organisation befaßt sind« (Strauss/Fagerhaugh/Suczek/Wiener 1985). Also ist der Krankheitsverlauf nur ein – wenn auch ein zentraler – Aspekt einer Verlaufskurve.

Der Begriff *Verlaufskurve* weist auf die aktive Rolle hin, welche die Beteiligten bei der Gestaltung eines Krankheitsverlaufs spielen. Dieser Verlauf wird nicht nur bestimmt durch das Wesen einer Krankheit und die individuelle Reaktion eines Menschen auf diese Krankheit, sondern auch dadurch, wie das medizinische Personal, der Patient, sein Partner und alle an diesem Prozeß Beteiligten handeln. Letztlich aber sind es die am meisten Betroffenen, der Patient und sein Partner, die die Alltagsarbeit der Krankheitsbewältigung zu leisten haben.

Das Wesen von Krankheitsverlaufskurven

Die ärztliche Vorstellung und Planung einer Verlaufskurve. Eine Krankheitsverlaufskurve kann damit beginnen, daß Symptome auftauchen, daß etwas gegen diese Symptome unternommen und nach einer Diagnose gesucht wird, um den möglichen Verlauf der Krankheit zu beeinflussen. Doch erst wenn die Diagnose gesichert ist und Informationen über die physiologische Reaktion des Patienten auf die Krankheit vorliegen, kann über den potentiellen Verlauf der Krankheit entschieden und können Bewältigungsstrategien entwickelt werden.

Der Arzt entwirft ein Bild vom wahrscheinlichen Verlauf, den die Krankheit im Einzelfall nehmen wird; dabei geht er von den im diagnostischen Prozeß gewonnenen Informationen sowie von seinem Fachwissen über diese Krankheit aus. Diesen Entwurf bezeichnen wir als *Verlaufskurvenvorstellung.* Wie präzise diese Vorstellung ist, hängt davon ab, wie eindeutig die Diagnose ist, was der Arzt über das Stadium der Krankheit und über das Ausmaß der körperlichen Schädigung weiß und wie geschickt er diese Informationen interpretiert.

Nachdem der Arzt zu einer Verlaufskurvenvorstellung gelangt ist, macht er einen Handlungsplan, eine *Verlaufskurvenplanung.* Der Zweck dieser Planung besteht darin, die Symptome in den Griff zu bekommen und den Verlauf der Krankheit kontrollierbar zu machen. Für welche Planung sich ein Arzt entscheidet und wie gut diese dann funktioniert, hängt zu einem guten Teil von der Art der Krankheit und der Eindeutigkeit der Diagnose, von der Verfügbarkeit notwendiger technischer Apparaturen und von der physiologischen Reaktion des Patienten auf diese Behandlung ab. Schließlich muß der Arzt noch bedenken, wie gut seine Planung in der Familie umgesetzt wird (oder werden kann).

Wenn der Arzt also einen Behandlungsplan für einen Patienten ausarbeitet, berücksichtigt er die Art der Krankheit und ihre Besonderheiten: wie schnell z. B. die Krankheit fortschreitet, ob sie den Patienten schwächt, ob sie trotz Behandlung lebensbedrohlich ist, von welchen Symptomen sie begleitet ist und ob sie eventuell zur Behinderung führt und in welchem Lebensalter sie auftritt.

Was ebenfalls in die Ausarbeitung eines Behandlungsplans eingeht, sind die umfassenderen Strukturbedingungen, die sich auf die Bewältigung der Krankheit auswirken. So ziehen sich chronische Krankheiten im allgemeinen lange hin: Das bedeutet, daß die Organisation die langfristig notwendige Pflege berücksichtigen muß. Die meisten Krankenhäuser sind darauf ausgelegt, den Patienten im Akutfall und kurzfristig zu versorgen. Nur wenige Einrichtungen – von Pflegeheimen einmal abgesehen – bieten die Möglichkeit der langfristigen und spezialisierten Pflege, die ein chronisch kranker Mensch braucht. Folglich hängt die Entscheidung, ob der Patient in der Familie oder anderswo gepflegt wird, in erster Linie von den Möglichkeiten für die Pflege ab.

Die Prognosen für chronische Krankheiten sind oft unsicher, was die Entwicklung einer Langzeittherapie und andere Planungen schwierig macht. Manchmal werden hinreichende Informationen, wie die Krankheit richtig einzuschätzen und zu behandeln ist, erst im Verlauf der Krankheit verfügbar. Damit gerät eine vorbeugende Behandlung aufgrund unberechenbarer Krankheitskrisen häufig zu einem Glücksspiel und hängt dann auch nicht mehr vom ärztlichen Können ab. Außerdem laufen chronische Krankheiten oft in Episoden, d. h. in Schüben ab: auf einen akuten Schub folgt eine Phase der Beruhigung, so daß auch sorgfältig ausgearbeitete Behandlungspläne nicht mehr greifen.

Bei chronischen Krankheiten sind verhältnismäßig große Anstrengungen erforderlich, um das Leiden zu lindern. Deshalb muß ein Arzt besonders darauf achten, daß er Behandlungspläne entwickelt, die sowohl Lebensqualität als auch Lebensinhalt des Patienten und seiner Familie sichern. Es ist keine Seltenheit, daß ein Mensch zwei oder mehrere Krankheiten gleichzeitig hat, was die Ausarbeitung des Behandlungsplans erschwert; denn der Arzt muß die verschiedenen Einzeltherapien des Patienten, deren mögliche wechselseitige Auswirkungen und die Fähigkeit des kranken Menschen, diese Therapien zu befolgen, berücksichtigen.

Eine chronische Krankheit greift, wie gesagt, ungeheuer stark in das Leben des Patienten und seiner Familie ein. Auch wenn das primäre Anliegen des Arztes die Kontrolle der Krankheit und ihrer Symptome ist, so muß er doch daran denken, daß vor allem Langzeitbehandlungen dem Leben des Patienten und seiner Familie angepaßt werden und so wenig wie möglich stören sollten. Gleichzeitig muß er auch berücksichtigen, ob der Kranke an bestimmte Dienstleistungen herankommt und ob sie für ihn finanziell tragbar sind; denn der beste Behandlungsplan ist nicht einzuhalten, wenn der Kranke z. B. kein Transportmittel hat und große Entfernungen überwinden muß oder wenn er sich die nötigen Dienstleistungen finanziell nicht leisten kann.

Ferner gibt es bei chronischen Krankheiten möglicherweise Kompetenzstreitigkeiten und Interessenkonflikte zwischen Patient, medizinischem Personal und Kostenträgern. Manche Behandlungsmöglichkeiten scheiden vielleicht aus, weil häusliche Pflegedienste nicht zur Verfügung stehen. Oder es gibt keine finanzielle Unterstützung, um Ersatzpfleger bezahlen zu können, wenn ein Familienangehöriger, erschöpft durch die lange Pflege des Kranken, Erholung braucht. Denkbar wären auch Meinungsverschiedenheiten zwischen Patient und Arzt über bestimmte Aspekte der Verlaufskurvenplanung, wenn z. B. die ärztlichen Verordnungen den Wertvorstellungen des Patienten zuwiderlaufen.

Darüber hinaus ist eine chronische Krankheit teuer. Wenn der Arzt bestimmte Therapiemöglichkeiten in Betracht zieht, muß er die Kosten für Untersuchungen, Medikamente, Klinikaufenthalte und Langzeitbehandlungen – wie z. B. Dialysebehandlungen – gegen den langfristigen Nutzen abwägen. Wiederholte Untersuchungen, teure Medikamente und kostspielige Behandlungen können die finanziellen Ressourcen einer Familie und einer Gesellschaft stark strapazieren.

Außerdem reagiert jeder Patient auf eine Behandlung anders. Was dem einen hilft, muß nicht auch dem anderen helfen. Der eine hält stärkere Nebenwirkungen aus als ein anderer. Manche Leute sind bereit, umfangreiche Rehabilitationsmaßnahmen auf sich zu nehmen. Andere dagegen finden sich, wenn der Erfolg der Behandlung fraglich ist, eher mit einer stärkeren Behinderung ab, als daß sie schlimme Schmerzen ertragen möchten. Deshalb muß auch die Behandlungsart dem einzelnen Patienten entsprechen.

Hat der Arzt schließlich eine Verlaufskurvenplanung erarbeitet, präsentiert er seinen Therapieplan dem Patienten. Das tut er vielleicht gleich, wenn er dem Patienten die Diagnose mitteilt, oder aber er hält sich mit seiner Planung zurück, bis der Patient den ersten Diagnoseschock überwunden hat. Er kann die Therapieplanung insgesamt oder schrittweise ankündigen, er kann seinen Plan verständlich erläutern oder auf eine weitere Erklärung verzichten. Möglicherweise bietet er dem Patienten auch Alternativen zu seiner Behandlung an. Bei allen diesen Entscheidungen spielen nicht nur die medizinische Beurteilung des Falles durch den Arzt und seine Einschätzung des Patienten als Persönlichkeit eine Rolle, sondern auch eigene Überzeugungen und gesellschaftliche Wertvorstellungen des Arztes. Darüber hinaus sind Verlaufskurvenplanungen, wie gesagt, nicht statisch, sondern müssen entsprechend den Phasen einer Krankheit kontinuierlich abgeändert werden.

Die Verlaufskurvenvorstellung des Paares. Die meisten Menschen haben sie, wenn sie – freiwillig oder gezwungenermaßen – eine Reise antreten, eine Vorstellung von Verlauf und Ziel des Vorhabens. Genauso entwerfen der Kranke und sein Partner, bevor sie den Kampf gegen eine chronische Krankheit beginnen, eine Vorstellung vom möglichen Krankheitsverlauf. Diese Vorstellung entwickelt sich auf der Grundlage der Informationen, die der einzelne Partner über die Krankheit oder die Therapie hat, und wie er persönlich die Situation einschätzt.

Die Vorstellung, die man sich von einer Verlaufskurve macht, ist individuell verschieden. So kann sie sich z. B. auf eine längere Zeitspanne beziehen; sie kann eindeutig und präzise sein; sie kann mit Besserung oder auch mit Verschlechterung verbunden sein. Außerdem wird dem gesunden Partner im Verlauf der Krankheit oft klar, daß die Krankheit und die zu ihrer Bewältigung nötige Arbeit mehr oder weniger stark in das eigene und in das gemeinsame Leben eingreifen.

Auf die Vorstellung von einer Verlaufskurve kann man Einfluß nehmen. Ein solches Gestalten ist ein bewußter Versuch, die Vorstellung, die sich ein anderer Mensch vom Krankheitsverlauf macht, zu beeinflussen. Beispielsweise kann der Arzt darüber befinden, wann, wem und wieviel Informationen gegeben werden. Oftmals wird die Vorstellung von einer Verlaufskurve verharmlost, um den anderen vor unangemessener Angst und Sorge zu schützen oder ihn davor zu bewahren, daß er die Hoffnung auf Besserung aufgibt.

Der Arzt hat eine Menge Möglichkeiten, die Verlaufskurvenvorstellung des Kranken und/oder seines Partners zu beeinflussen: Wenn er die Diagnose bekanntgibt, kann er seine eigene Verlaufskurvenvorstellung ausdrücklich oder zwischen den Zeilen mitliefern; er kann die Diagnose in vollem Umfang oder nur stückweise offenlegen, die Partner gleichzeitig oder einzeln informieren. Manchmal verbündet sich ein Partner mit dem Arzt, und die beiden entscheiden, was dem anderen gesagt wird und wann. Möglicherweise schöpft der Kranke Verdacht und versucht, den Informationen Anhaltspunkte für seinen Verdacht zu entlocken.

Nach und nach verändert sich das Bild vom zukünftigen Krankheitsverlauf. Eine Besserung oder Verschlechterung im Krankheitszustand, ernsthafte Komplikationen oder Veränderungen im Leben eines der beiden Partner können neue Bilder von der Zukunft mit sich bringen oder alte Vorstellungen, die schon verblaßt waren, wieder wachrufen. So in dem folgenden Fall: »Nach etwa einem Jahr sagte er: ›Bei Ihnen muß die zweite Brust amputiert werden, weil Sie Knoten in Ihrer rechten Brust haben.‹ Ich war am Boden zerstört. Ich hatte gedacht, daß mit dem ersten Mal das Problem gelöst wäre, was aber offensichtlich nicht der Fall war.«

Vorstellungen von der Verlaufskurve können andererseits auch erstarren: Kranke Menschen oder ihre Gefährten halten dann an Bildern vom zukünftigen – gewöhnlich günstigen – Verlauf der Krankheit fest, obwohl die Anzeichen vielleicht auf das Gegenteil hinweisen. Eine erstarrte Vorstellung erschwert die Behandlung in manchen Fällen, kann sie aber auch effektiver und erträglicher machen: »Man muß Hoffnungen und Träume haben, um den Kampf fortzusetzen.«

Wenn die Krankheit zum Stillstand kommt oder relativ stabil bleibt, denkt man nicht mehr groß darüber nach. Dennoch ist die Vorstellung von ihr existent und hat, vielleicht indirekt, Einfluß darauf, was jeder Partner in der Gegenwart fühlt und denkt und wie er handelt und für die Zukunft plant. So kann sich z. B. ein Ehemann frühzeitig pensionieren lassen, weil er mit seiner zuckerkranken Frau noch Reisen unternehmen will, bevor sich Komplikationen einstellen, die diese Pläne vereiteln.

Der Kranke kann allein oder zusammen mit seinem Partner die Verlaufskurvenplanung des Arztes akzeptieren, er kann sie ablehnen oder darüber verhandeln. Der Arzt geht bei seiner Planung nach streng medizinischen Gesichtspunkten vor, um die Krankheit unter Kontrolle zu bringen. Im allgemeinen überlegt er sich kaum, wie stark die Behandlung in das Leben des Patienten eingreift, weil er den Kranken nicht gut genug kennt, um dies beurteilen zu können. Vielleicht hat er den Patienten mit dieser Krankheit überhaupt zum erstenmal gesehen.

Während manche Leute den ärztlichen Behandlungsplan zunächst bereitwillig annehmen und ihn erst anzweifeln, wenn sie mit den Konsequenzen zu leben beginnen, erkennen andere sofort, was dieser Plan für ihr Leben bedeutet. Wissen wollen sie aber alle, welche anderen Behandlungsmöglichkeiten bestehen, was geschähe, »wenn«, wieviel Zeit ihnen für eigene Planungen bleibt. Wofür sich der Kranke und sein Partner schließlich entscheiden, kann für die Verlaufskurve genauso bedeutsam sein wie die Entscheidung des Arztes. Denn das Paar entwickelt seine eigene Vorstellung von der Verlaufskurve, und seine Planungen enthalten oft Strategien, um die Symptome der Krankheit zu bewältigen und ihren Verlauf zu kontrollieren, sowie Techniken, um ihr Leben angesichts der Krankheit und der damit einhergehenden Behinderung zu meistern.

Eine Verlaufskurvenplanung ist nicht für die gesamte Dauer der Krankheit festgelegt. Die Planungen des Arztes wie auch die des Paares verändern sich, wie schon betont, mit den Krankheitsphasen und passen sich krankheitsbedingten und biographischen Ereignissen an. Darüber hinaus kann ein Paar den von den Ärzten vorgeschlagenen Plan erweitern, abändern oder grundlegend verändern, um ihn besser den eigenen kulturellen oder religiösen Anschauungen anzupassen, um ihn mit den eigenen Verlaufskurvenvorstellungen auf eine Linie zu bringen oder um die Behandlungen angenehmer zu machen. So können z. B. Akupunktur, pflanzliche Medikamente, natürliche Ernährung, Heilbäder und andere Formen alternativer Behandlungen mit dem ärztlichen Behandlungsplan kombiniert werden, diesen ergänzen oder ersetzen. So reichern z. B. chinesische Patienten, die in den Vereinigten Staaten leben, die ärztlichen Pläne oft mit pflanzlichen Medikamenten oder mit chinesischen Nahrungsmitteln an, denen besondere Heilungskräfte nachgesagt werden.

Formen und Phasen von Verlaufskurven

Die Form, die eine Krankheitsverlaufskurve schließlich annimmt, ergibt sich nicht nur aus dem physiologischen Geschehen. Jede Verlaufskurve wird auch geformt durch die Wechselwirkung zwischen der Krankheit an sich, der spezifischen Reaktion des Individuums auf die Krankheit und den krankheitsbedingten oder biographischen Ereignissen, die auf die Krankheit zurückwirken; sie wird ebenso geformt und gestaltet durch die Verlaufskurvenvorstellungen und Handlungspläne von seiten des Arztes und des Paares, mit denen diese die Krankheit als auch ihr Leben zu steuern versuchen.

Selbst wenn man sich eine feste Vorstellung von einem Krankheitsverlauf und seinen Auswirkungen macht, kennt man die endgültige Form einer Verlaufskurve aufgrund des Einzelschicksals und aufgrund zufälliger Ereignisse doch erst am Ende eines Menschenlebens. Dennoch können wir in der Theorie Verlaufskurven skizzieren. So wäre beispielsweise der Krankheitsverlauf eines Patienten mit Sinusitis (Nebenhöhlenentzündung) eine relativ gerade Linie mit gelegentlichen Einkerbungen, die allergische Phasen oder Erkältungen markieren. Die »Arbeit«, die zur Bewältigung der Krankheit notwendig ist, und die Konsequenzen der Krankheit und dieser Arbeit für das Leben des Patienten zeigen einen gleichförmigen Verlauf. Eine stabile Verlaufskurve mit gelegentlichen Akutphasen könnte so aussehen (Abb. 1):

Abb. 1 Verlaufskurve bei Sinusitis

Die Form der Verlaufskurve eines Menschen mit einer Herzkrankheit wäre folgendermaßen: Zuerst weist sie eine akute Phase auf, dann einen leichten Trend nach oben, wenn sich der Patient zu erholen beginnt, und schließlich fällt sie steil ab, das bedeutet, daß der Patient stirbt. Die krankheitsbedingte Arbeit und die Belastung korrespondieren natürlich mit dem Auf und Ab des Krankheitsverlaufs. Dieser Typ einer mehrphasigen Verlaufskurve sieht so aus wie in Abbildung 2.

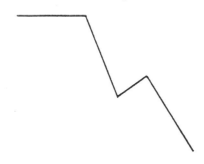

Abb. 2 Verlaufskurve bei einer Herzkrankheit

Bei einem Schlaganfallpatienten beginnt die Verlaufskurvenform mit einer akuten Episode, geht dann in eine langsame Besserung über und stabilisiert sich auf einer niedrigeren Ebene der Funktionen als vor dem Schlaganfall. Eine solche Verlaufskurve entspricht der in Abbildung 3.

Abb. 3 Verlaufskurve nach einem Schlaganfall

In der Verlaufskurvenform eines Krebspatienten gibt es akute Zustände, auf die ein Abklingen der Krankheit mit kurzen stabilen Phasen und dann eine weitere Verschlechterung folgen. Das Ganze endet schließlich mit dem Tod. Sie läßt sich so darstellen:

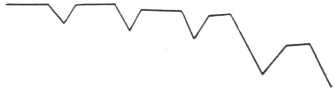

Abb. 4 Verlaufskurve bei Krebskrankheit

Zwei wichtige Kennzeichen der Verlaufskurvenform sind ihre Variabilität und ihre Phasierung. Die Verlaufskurven sind nicht nur in ihrer Form variabel, sondern auch in ihrer Dauer und im Hinblick auf die anfallende Arbeit und ihre Auswirkungen. Welche Form eine Verlaufskurve annimmt, hängt sowohl vom Wesen der Krankheit und der physischen und emotionalen Reaktion des Patienten auf diese Krankheit ab als auch von den Bewältigungsstrategien, die das medizinische Personal und der Kranke einsetzen.

Verlaufskurven können in einzelne Phasen zerlegt werden, die der Kurve ihre Gestalt geben: akute Phasen, Rückkehr ins normale Leben, stabile und instabile Phasen und aufs Lebensende zuführende Phasen. Im Grunde entsprechen die Phasen einer Verlaufskurve dem physischen und physiologischen Zustand der Krankheit. Diese Phasierung ist komplizierter, als es auf den ersten Blick scheint. Jemand erholt sich vielleicht physisch, kann aber die Krankheit und die damit einhergehenden Veränderungen für sein Leben emotional nicht verarbeiten. Ein anderer Patient glaubt vielleicht, daß sein Zustand stabil sei, und fühlt sich deshalb emotional gut, während die Krankheit schlimmer wird.

Nun zu den einzelnen Phasen einer Verlaufskurve. Eine akute Phase ist dann gegeben, wenn der Betroffene körperlich oder geistig in einem Maße von einer Krankheit befallen ist, daß eine umgehende medizinische Intervention und eine stationäre Behandlung notwendig sind, um eine weitere Verschlechterung und/oder den Tod zu verhindern. Die hier anfallende Arbeit soll physiologische oder psychische Stabilisierung erreichen und die Genesung fördern. Akute Verlaufskurvenphasen werden in diesem Buch nicht detailliert besprochen, weil diese Phasen gewöhnlich in der Klinik – und nicht in der Familie – bewältigt werden.

Mit der Rückkehr ins normale Leben – der Renormalisierung – bezeichnen wir die physische *und* emotionale Erholung, die auf eine akute Krankheitsphase folgt. Der gesamte Verlauf zeigt nach oben; angestrebt ist hier, daß das körperliche Wohlbefinden und die Körperfunktionen, die durch die Krankheit vielleicht verlorengegangen sind, wieder erreicht werden. Angestrebt ist aber genauso, daß der Kranke sich mit der Krankheit und einer möglichen Restbehinderung abfindet. Zu den Krankheiten oder Behinderungen, die zur Renormalisierung eine geraume Zeit benötigen, gehören Herzinfarkte, Schlaganfälle und Wirbelsäulenverletzungen. In dieser Zeit stellt sich der Patient Fragen wie: Werde ich wieder gesund? Wie weit werde ich wieder ein normales Leben führen können? Wie lange wird es dauern, bis ich über den Berg bin? Wann weiß ich das? Wieviel Arbeit ist erforderlich, um das zu schaffen?

Während einer stabilen Phase gibt es im Krankheitsverlauf nur sehr wenig Veränderung, weder zum Guten noch zum Schlechten. Die Bewältigungsarbeit zielt hier darauf ab, diese Stabilität aufrechtzuerhalten, und sie ist, von kleineren Komplikationen abgesehen, gewöhnlich Routinesache. Bei chronischen Nebenhöhlenentzündungen, Rückenleiden, Wirbelsäulenverletzungen, Zukkerkrankheiten, bei multipler Sklerose oder Arthritis z. B. gibt es stabile Phasen. In dieser Zeit fragt sich der Kranke: Wie lange wird diese Phase anhalten? Wie kann ich diesen Zustand erhalten? Woran werde ich merken, daß sich etwas verändert?

Während einer instabilen Phase ist die Krankheit oder ein chronischer Zustand dauernd außer Kontrolle. Weil übliche Bewältigungsstrategien hier nicht greifen, versucht man, die Quelle der Instabilität zu entdecken und/oder alternative Strategien zu entwickeln, um wenigstens eine gewisse Kontrolle zu haben. Aufgrund der Unberechenbarkeit der Krankheit kann eine normale Lebensführung ernsthaft gestört sein. Manchmal werden die Patienten in dieser Phase stationär behandelt, oft bleiben sie auch zu Hause. Man fragt sich: Werde ich jemals da herauskommen? Woher kommt es, wie kann ich es steuern? Was bedeutet es für mein Leben? Wie lange kann ich dieses Leben noch durchhalten?

Bei einer nach unten gerichteten Verlaufskurvenphase verschlechtert sich der Krankheitsverlauf allmählich oder rapide. Dies ist z. B. bei fortschreitenden Behinderungen wie bei der Parkinsonschen Krankheit der Fall oder wenn jemand »im Sterben liegt«. Die in dieser Phase am häufigsten gestellten Fragen sind: Wie schnell wird es gehen? Ist es noch weit? Wann hört es auf? Wie wird das Ende sein? Woran werde ich es erkennen? Was kann ich tun, um den Prozeß zu verlangsamen, um mich auf das Unvermeidliche vorzubereiten?

4 Der kranke Körper und ein zu Bruch gegangenes Selbstbild

Im folgenden Zitat sind die Hauptthemen dieses Kapitels angesprochen: der Körper, die Biographie, die Konzeptionen vom Selbst und die Zeit.

Man lehnt mich von Grund auf und rundum ab. Mein gegenwärtiges Leben empfinde ich als unbefriedigend, weil ich meine Begabungen nicht nutzen kann. Ich habe multiple Sklerose und kann dadurch weder in den Hörsaal noch zu irgendwelchen anderen Veranstaltungen. Ich erlebe mich nicht mehr als kompetent und habe das Gefühl, außerhalb des Lebens zu stehen, so als ob es an mir vorüberginge, weil ich keinen aktiven Anteil daran habe... Wenn ich über die Vergangenheit und über die Zukunft nachdenke, macht das die Leere und Sinnlosigkeit der Gegenwart noch schlimmer. Weil ich keinen richtigen Kontakt mit meiner Umgebung aufnehmen kann, ist mein Selbst eingeengt... Meine geistigen Fähigkeiten werden nicht zur Kenntnis genommen, ich bin gefangen.

Wenn eine schwere chronische Krankheit in das Leben eines Menschen einbricht, löst sich seine gegenwärtige Existenz von seiner vergangenen Existenz ab; die Vorstellungen vom Selbst in der Zukunft sind getrübt oder sogar zerstört. Die Identität, die er in der Vergangenheit hatte und in der Zukunft zu behalten gehofft hatte, ist nicht mehr vereinbar mit seiner Identität in der Gegenwart. Aus den Identitätsresten muß er neue Konzeptionen entwickeln: wer er einmal war, wer er jetzt ist und zukünftig sein wird.

Bei einer chronischen Krankheit nimmt der Betroffene in erster Linie drei Aspekte des körperlichen Versagens wahr: die Unfähigkeit des Körpers, bestimmte Tätigkeiten auszuführen; die veränderte äußere Erscheinung des Körpers und die veränderten physiologischen Funktionen des Körpers. Der erste Aspekt bezieht sich direkt auf das Handeln: »Vieles von dem, was für mich wichtig ist, wie z. B. Unterrichten, kann ich nicht mehr so, wie ich es gewohnt war.« Der zweite und der dritte Aspekt haben weniger direkt mit dem Handeln zu tun. Hier spiegelt sich eher eine »kausale« Sichtweise wider: »...Ich empfinde das Versagen meines Körpers als so schlimm...« – »weil ich sehe, wie ich jetzt aussehe, oder weil ich mir vorstelle, wie ich in Zukunft aussehen werde« – »weil ich erlebe, was gerade in mir vorgeht« – »weil ich nicht mehr glaube, daß ich noch irgend etwas tun möchte, tun kann oder werde tun können«.

Durch einen kranken oder behinderten Körper wird man oft dazu gebracht, sich zu fragen, welchen Anteil an der prekären Situation man sich selbst, einem anderen Menschen oder bestimmten Umständen zuzuschreiben hat. Doch die wirkliche Bedeutung körperlicher Behinderung und die Selbstreflexion, in die man mit Beginn einer solchen Krankheit gerät, gehen weitaus tiefer und berühren das Innerste eines Menschen. Durch das, was der Kranke da wahrnimmt, schafft er Gegebenheiten, an die er und seine Familie sich erst anpassen müssen, wenn sie die Gegenwart überwinden und sich die Zukunft noch einmal erschließen wollen. Mit Anpassung meinen wir nicht nur den täglichen Kampf gegen die Krankheit, sondern auch Handlungen, die dem Leben trotz der Einschränkungen eine gewisse Kontinuität und Sinnhaftigkeit geben. Deshalb müssen die Anpassungsleistungen, sollen sie Erfolg haben, auch hinsichtlich der Biographie des kranken Menschen stattfinden. Wir benutzen den Begriff *Biographie* und beziehen uns damit auf den *Lebensverlauf*: auf ein Leben, das sich über eine Reihe von Jahren erstreckt, sich um einen kontinuierlichen Erfahrungsfluß herum entwickelt und in eine einzigartige – gesellschaftlich konstituierte – Identität mündet.

Die Biographie des kranken Menschen darf auf keinen Fall außer acht gelassen werden, wenn man die Krankheitsbewältigung durch den Patienten und seinen Partner analysiert. Erstens kann ein Lebensverlauf durch eine chronische Krankheit unterbrochen und möglicherweise tiefgreifend verändert werden. Zweitens stellt eine Krankheit nur einen Teil des Selbst dar; also ist die Krankheitsbewältigung im Kontext des gesamten Menschenlebens zu sehen. Die Biographie (der Lebensverlauf mit allen Implikationen) wird durch die Krankheitsbewältigung beeinflußt und wirkt ihrerseits wieder auf die Krankheitsbewältigung zurück.

Manche chronisch Kranke machen die Krankheit zu ihrem Lebensmittelpunkt, andere können sie vielleicht mehr oder weniger in ihr Lebensgefüge integrieren. Auch wenn die Krankheit von Zeit zu Zeit in den Vordergrund tritt (z. B. bei Krisen oder wenn die Krankheit mit einer geliebten Tätigkeit kollidiert), bleibt sie doch größtenteils ein Teil des biographischen Gewebes – etwas, das bewältigt und berücksichtigt werden muß, aber sicherlich nicht der einzige Aspekt des Lebens ist. Kranke Menschen sind auch noch Ehefrauen, Ehemänner, Ingenieure, Eltern und Freunde. Sie sind weitaus mehr als einfach nur krank, auch wenn der Zustand des Krankseins ihr Handeln vielfach beeinträchtigt, ihnen schwere biographische Risiken auferlegt und ernsthafte biographische Konsequenzen für sie mit sich bringt. Je häufiger natürlich die Symptome auftauchen und je schwerwiegender sie sind, um so schwieriger läßt sich die Krankheit in den Hintergrund drängen und um so weitreichender sind die Konsequenzen für die Biographie.

In unserer Untersuchung haben wir beobachtet, daß weder die Ehemänner noch die Ehefrauen ausschließlich über ihre Krankheit sprachen. Sie machten die Krankheit zu einem Teil ihrer Lebensgeschichte und stellten sie in deren Kontext: Was war vor der Krankheit, wie war das Leben früher, welche Hoffnungen und Träume sind zerbrochen oder haben sich verändert? Darüber hinaus sprachen die Ehepaare – nicht anders als gesunde Menschen – auch über ihre Kinder, über ihre momentanen Interessen und über sachliche Probleme.

Drei Dimensionen der Biographie

Biographische Prozesse sind also von zentraler Bedeutung, wenn es darum geht, ein durch eine chronische Krankheit unterbrochenes Leben weiterzuführen. Durch diese Prozesse ist der Betroffene imstande, die Krankheit und die damit einhergehenden Veränderungen in sein Leben zu integrieren und seinem Dasein wieder einen Sinn zu geben.

Ich habe multiple Sklerose und stelle fest, daß mein Körper ein bißchen mehr ist als nur ein Mantel, die rein materielle Hülle dessen, was ich wirklich bin. In diesem Zustand läßt sich die Realität nicht mehr verleugnen, daß ich mein Körper bin. Wenn man sagt, meine Krankheit habe nur mit meiner physischen Schale zu tun, so ist das für mich kein Trost; ich weiß wie niemand sonst, daß meine gesamte Existenz von einem großen Unglück geschlagen ist.

Wenn sich eine Krankheit behindernd auf den Körper auswirkt, ist man in seinen existentiellen Fundamenten erschüttert. Und wenn diese Fundamente nicht regelmäßig abgestützt und repariert werden, bricht letztlich möglicherweise das ganze darauf ruhende Gebäude zusammen.

Der Begriff Biographie, wie er in diesem Buch gebraucht wird, umfaßt drei wesentliche Elemente: (a) *die biographische Zeit*, (b) *die Vorstellungen vom Selbst* und (c) *die Körperkonzeptionen*. Die Konzeptionen vom Selbst beziehen sich auf die Identität eines Menschen, auf seine Selbsteinschätzung: Wer bin ich an diesem Punkt in meinem Lebenslauf? Diese Konzeptionen bestehen aus verschiedenen Aspekten des Selbst und bilden eine Gesamtheit. Als Lehrer unterrichte ich Schulklassen, bewerte ich Klassenarbeiten, gebe ich Schülern Ratschläge. Alle Aufgaben, die mit den verschiedenen Aspekten meines Selbst zusammenhängen, entwickeln sich im Laufe meines Lebens; denn sie sind Teil meiner Vergangenheit, Gegenwart und Zukunft. Das Selbst empfindet sich als ein Ganzes, wenn alle diese Aspekte (zumindest zeitweilig) erfolgreich organisiert werden. Voraussetzung dafür ist allerdings ein angemessen funktionierender Körper.

Die drei miteinander zusammenhängenden Elemente der Biographie bezeichnen wir als *biographisches Körperschema*: Konzeptionen vom Selbst (Identität) werden im Laufe der biographischen Zeit direkt oder indirekt über den Körper entwickelt. In ihrer Gesamtheit nennen wir diese drei Konzepte die *Kette des biographischen Körperschemas*; denn ihre Verbindung, ihr *Zusammenwirken*, gibt dem, was ein Mensch an einem bestimmten Punkt in seiner Biographie ist, Struktur und Kontinuität. Im Leben des chronisch kranken Menschen spielen die Auswirkungen einer Krankheit auf die Kette des biographischen Körperschemas die entscheidende Rolle.

Die biographische Zeit. Man kann kaum von Biographie sprechen, ohne die damit verbundene Zeit zu erwähnen. Man lebt in der Gegenwart, kommt aus der Vergangenheit und bewegt sich in die Zukunft. Erfahrungen in der Vergangenheit wirken sich auf die Interpretation dessen aus, wer man jetzt ist, während die Vergangenheit und die sich öffnende Gegenwart zusammen ihrerseits die Grundlage dessen bilden, wer man in der Zukunft sein wird.

Die Wahrnehmung von Zeit impliziert natürlich ein Bewußtsein der Zeit, die man an jedem Punkt in der Biographie erlebt. In einem diagnostischen Schwebezustand z. B. kriecht die Zeit in einem schmerzhaften oder gar beängstigenden Tempo. Die Vorstellung von Zeit läßt sich sprachlich ausdrücken, ob in meßbaren Zeiteinheiten oder in längeren biographischen Abschnitten: »Als ich jung war, schien die Zeit so langsam zu vergehen; heutzutage geht sie so schnell vorbei«, »Ich möchte in meinem Leben so viel erledigen, aber ich weiß, daß ich niemals alles vollenden kann, was ich mir für ein Leben vorgenommen habe«.

Die Konzeptionen vom Selbst. Die Konzeptionen vom Selbst sind komplex und auf komplizierte Weise mit der biographischen Zeit verknüpft. Die Aspekte des Selbst verändern sich nicht nur im Verlauf eines Lebens, sie unterscheiden sich auch nach Situationen und Sozialbeziehungen, in die ein Mensch eingebunden ist – das heißt, sie sind in jedem Moment andere. So verhält sich eine Frau als Mutter ihrem heranwachsenden Kind gegenüber anders als gegenüber dem Säugling. Und sie wird sich ihrem Kind gegenüber wieder anders verhalten, wenn es einmal erwachsen ist. Darüber hinaus verhält sie sich als Mutter jedem einzelnen ihrer Kinder gegenüber unterschiedlich und nimmt jedem einzelnen ihrer Kinder gegenüber eine andere Perspektive ein, was wiederum von ihrer aktuellen sozialen *und* biographischen Situation als Frau abhängt.

Der Körper. Der Mensch bildet, wie gesagt, seine Selbstkonzeptionen. Erstens nimmt er durch seinen Körper all das auf, was er über die Welt, die Dinge, sein Selbst und andere Menschen weiß, und gibt es durch seinen Körper wieder ab – ein weitgehend unbewußter Vorgang, der sowohl durch den Kontakt (mittels Sinneswahrnehmungen wie Sehen, Hören, Riechen, Berühren, Schmecken) mit der Umgebung als auch durch Wahrnehmungen, die aus diesem Kontakt entstehen, geschieht. Zweitens läuft auch die Kommunikation über den Körper. Sie ermöglicht gemeinschaftliches Handeln mit anderen Menschen und legt die Grundlagen für gemeinsam benutzbare Symbole, die dem, was ein Mensch fühlt, sieht, hört, riecht und berührt, einen Sinn geben. Drittens kann der Körper eines Menschen als ein solches Symbol zum Objekt werden, das man von außen betrachtet und auf seine äußere Erscheinung und Leistungsfähigkeit hin reflektiert. Viertens kann der Körper eines Menschen für andere zum – sexuellen, bewunderten, stigmatisierten – gesellschaftlichen Objekt werden. Dann interpretiert dieser Mensch die Reaktionen der anderen und sieht folglich seinen Körper und sein Selbst durch die Sichtweisen der anderen. Fünftens verlangt man von einem Körper, daß er die Aufgaben erfüllt, die mit den verschiedenen Aspekten des Selbst zusammenhängen; dazu muß er physisch und geistig imstande sein.

So werden fortwährend Konzeptionen vom Selbst entwickelt und immer wieder neu gebildet. Wir handeln, wir sind erfolgreich, wir erhalten Lob oder Kritik für unser Tun; und während wir dies alles tun, bewerten wir, wenn auch nicht immer bewußt, kontinuierlich unser Handeln, das immer bestimmte Aspekte unseres Körpers miteinbezieht. Auf der Basis dieser Bewertungen bildet sich eine Gesamtkonzeption vom Selbst, eine Konzeption, die sich im Laufe unseres Lebens ständig verändert und weiterentwickelt.

Doch mit dem Begriff Selbstkonzeption meinen wir nicht nur die Selbstachtung (wie jemand über sich denkt), sondern vielmehr die Sichtweisen, die ein Mensch von seiner Identität hat: wer er ist. Solche Sichtweisen werden von den Kranken oft in bildhaften Begriffen ausgedrückt, um Auswirkungen zu beschreiben, die eine Krankheit auf ihr Leben gehabt hat. Nehmen wir z. B. die folgenden Zeilen: »Weil ich keinen richtigen Kontakt mit meiner Umgebung aufnehmen kann, ist mein Selbst eingeengt. ... Meine geistigen Fähigkeiten werden einfach nicht zur Kenntnis genommen, ich bin gefangen.« Hier haben wir zwei Ausdrücke, in denen die Betroffene ihre Konzeption vom Selbst mitteilt: »eingeengtes Selbst« und »ich bin gefangen«; aufgrund ihrer Krankheit hat sie viele Aspekte ihres Selbst verloren, so daß ihr Selbst jetzt eingeengt ist. Durch ihre Körperbehinderung ist sie eine Gefangene; sie hat nicht mehr die Kraft, ihren Körper ausreichend zu kontrollieren, um jene Aspekte des Selbst zurückzugewinnen, die sie wieder zu dem machen würden, was sie vor ihrer Krankheit war oder damals zu sein hoffte.

Die entscheidende Bedeutung des Körpers liegt zum einen in seiner Fähigkeit zum Handeln, d. h. auf das Umfeld einzuwirken und von diesem beeinflußt zu werden, zum anderen in der Fähigkeit, Vorstellungen vom Selbst hinsichtlich dieses Handelns zu entwickeln. Handlung und Vorstellungen entstehen dann, wenn die verschiedenen Aufgaben, die zu den einzelnen Aspekten des Selbst gehören, *ausgeführt* werden.

Die Durchführung einer Handlung

Der Sozialphilosoph Mead sieht die Handlung als einen Prozeß, der in Stufen abläuft und sowohl körperliche als auch geistige Reaktionen beinhaltet. Solange eine Handlung nicht behindert wird, läuft sie fast wie ein Reflex ab. Das bedeutet, daß das Individuum einen Reiz empfängt und schnell, fast ohne darüber nachzudenken, reagiert. Wird eine Handlung aber problematisch, dann kommen die mentalen Prozesse der Reflexion ins Spiel. Wenn z. B. ein Autofahrer auf die Bremse drückt und feststellt, daß sie nicht funktioniert, muß er schnell überlegen, was er tun kann, um einen möglichen Aufprall zu verhindern. Ähnlich muß sich ein Mensch, der eine noch neue Behinderung hat, noch auf jeden seiner Schritte »konzentrieren«, bis er vielleicht einmal relativ automatisch handeln kann.

Zum Handeln braucht es – kurz gesagt – einen Körper und einen Geist. Beide sind nicht voneinander zu trennen oder eindeutig bestimmbar, wie der Laie gewöhnlich annimmt. Sie sind beide notwendig, um den Handlungsakt zu vollziehen, wobei während der verschiedenen Stufen des Handlungsaktes jeweils mentale

Prozesse und physische Prozesse in den Vordergrund treten können. Für die Durchführung einer Handlung brauchen wir also einen Körper – aber nicht *irgendeinen*, sondern einen, in dem die mentalen und physischen Prozesse harmonisch auf die Vollendung eines Handlungsaktes hinwirken. Ein erstaunliches Negativbeispiel dafür ist die mißliche Lage einer Frau, die aufgrund einer neurologischen Erkrankung völlig unempfindlich Reizen gegenüber geworden war, die ihr von ihrem Körper gesendet wurden. Dennoch lernte sie, wie sie ihren Körper durch monatelange Konzentration auf einen bestimmten Körperteil »zwingen« konnte, wieder viele normale Dinge erfolgreich zu tun.

Die Durchführung einer Handlung kann Routine sein oder Probleme bereiten, was vom Wesen der einzelnen Aufgaben und vom Arbeitszusammenhang abhängt. So ist es für einen Konzertpianisten eine Routinesache und eine einfache Aufgabe, Tonleitern auf dem Klavier zu spielen. Aber ein neues und schwieriges Stück zu spielen kann erst einmal Schwierigkeiten bereiten. Und ein schnelles Stück kann sogar für einen virtuosen Pianisten zum Problem werden, wenn er kurz zuvor einen Herzinfarkt hatte.

Die Durchführung einer Handlung kann einfach oder komplex sein, sie kann eine, zwei oder mehrere Personen erforderlich machen. Der Schwerpunkt liegt vielleicht auf den physischen oder aber auf den mentalen Prozessen; vielleicht werden auch beide Aspekte gleichzeitig betont, wenn man z. B. ein schwieriges Klavierstück spielt. Die Durchführung einer Handlung kann lang dauern oder kurz sein; sie kann mit einer geistigen Generalprobe – was z. B. vor dem physischen Teil der Handlung noch zu bedenken ist – beginnen. Vielleicht hält jemand nach Vollendung des physischen Teils einer Handlung auch geistig Rückblick auf diese Durchführung. Es können eine oder zwei Parteien beteiligt sein, die sich bestimmter Aspekte der Handlung nicht bewußt sind. Ebenso kann eine Handlung auch ohne tiefere Beweggründe durchgeführt werden. Sie kann aus der Verpflichtung einem anderen Menschen, einem Ort oder einer Situation gegenüber durchgeführt werden – oder einfach, weil man möchte.

Zur *Durchführung* einer Handlung gehört auch das *Sichtbare* beim Handeln, ein Begriff, der hier in einem doppelten Sinn benutzt wird: Erstens ist die Handlung an sich beobachtbar – was denke ich, oder wie denken die anderen über das, was ich gemacht habe? Zweitens ist der Handelnde mit seinen körperlichen Merkmalen beobachtbar – wie sehe ich mich selbst, und wie sehen mich die anderen? Beide Aspekte des Sichtbaren (Handlung und Person) betreffen den Körper.

Die Durchführung einer Handlung läßt sich in folgende Dimensionen zerlegen: (1) das Handeln für sich selbst, (2) für die anderen, (3) vor den anderen, (4) mit den anderen, (5) durch die anderen, (6) die sichtbaren Merkmale der Handlung und (7) des Handelnden. Bei jeder Handlung werden diese Dimensionen auf unterschiedliche Weise miteinander kombiniert.

Erfolgreiche Handlungen – ob für sich selbst oder für die anderen, ob sichtbar oder nicht – können für die Identität eines Menschen förderlich sein, was sich wieder positiv auf die Konzeptionen vom Selbst auswirkt. Andererseits können mißglückte Handlungen die Konzeptionen vom Selbst untergraben oder erschüttern, wie das bei chronisch Kranken oft der Fall ist.

Behinderungen des Körpers und Scheitern von Handlungen

Chronische Krankheiten haben oft vielfältige Einschränkungen im Handeln oder Veränderungen im Erscheinungsbild des Betroffenen zur Folge; das hängt von unterschiedlichen Faktoren ab: von der Art und Schwere der Krankheit oder Verletzung; von den damit verbundenen Symptomen; von den Behandlungsmethoden (z. B. eine verstümmelnde Operation); von der Aussicht auf eine Rückkehr ins normale Leben; von den Schwankungen der Symptome innerhalb eines Tages oder einer Woche; von der Art der Aktivität, die der Kranke ausführen möchte.

Aufgrund eines kranken Körpers können Handlungen schiefgehen, weil die Handlungsfähigkeit eingeschränkt oder die äußere Erscheinung des Menschen verändert ist; es kann auch sein, daß sich Körperempfindungen verändert haben – wie z. B. beim Phantomschmerz von Amputierten – oder bestimmte Körperteile gefühllos geworden sind – z. B. bei Lähmungen. Handlungen mißglücken vielleicht wegen Unterbrechungen im Kommunikationsprozeß, wenn etwa ein Mensch Informationen zwar aufnimmt und verarbeitet, seine Gedanken und Gefühle aber nicht mitteilen kann – wie z. B. bei der Aphasie. Sie können auch scheitern, weil sich die Wahrnehmung von Objekten verändert hat: wenn ein Mensch z. B. die Ränder von Gegenständen nur noch verschwommen sieht. Auch veränderte Raumwahrnehmung kann mißglücktes Handeln verursachen: Ein Patient mit Parkinsonscher Krankheit stellt z. B. fest, daß er manchmal unsicher ist, an welcher Stelle auf dem Tisch er sein Glas hinstellen soll.

Manchmal weiß man einfach nicht, warum Handlungen schiefgehen. Liegt es an der körperlichen Beeinträchtigung oder vielleicht daran, daß man denkt, der Körper würde die Handlung sowieso nicht mitmachen? (Wie der Mann mit der Parkinsonschen Krankheit sagte: »Wer legt mich da eigentlich rein, meine Krankheit oder mein Verstand?«) In dieser Situation muß der Kranke entsprechend seinen körperlichen Einschränkungen Anpassungsleistungen erbringen, indem er alternative oder veränderte Handlungen durchführt oder bestimmte Handlungen unterläßt. Bei manchen Krankheiten, wie z. B. bei Arthritis, kann das Ausmaß der körperlichen Beeinträchtigung innerhalb eines Tages drastisch schwanken, so daß der Kranke sein Handeln ununterbrochen seinem veränderten Zustand anpassen muß.

Gescheitertes Handeln kann vom Kranken auf verschiedenen Ebenen und in unterschiedlichen Dimensionen wahrgenommen werden, und zwar *für sich selbst, für die anderen, vor den anderen, mit den anderen* oder *durch die anderen* sowie in den *sichtbaren Merkmalen der Handlung* oder *des Handelnden*. In Anlehnung an G. H. Meads Sichtweise können wir sagen, daß man in seinem Handeln für die anderen, mit und vor den anderen scheitern kann, selbst wenn diese anderen nicht anwesend sind. Das kommt daher, daß man die Einstellungen der anderen zu einem selbst »internalisiert« hat, sie in sich trägt, und daß man sich diese Einstellungen durch reflexives Handeln bewußt macht und das Selbst infolgedessen negativ bewertet.

Handlungen, die aus der Sicht des Kranken mißglückt sind,

können durch die Reaktionen der anderen noch schlimmer werden. Also muß der Kranke mit den Einschränkungen in seinem Handeln und mit dem, was davon als negativ wahrgenommen wird, im Hinblick auf die Reaktionen der anderen strategisch umgehen. Um Mißerfolge auf ein Minimum zu reduzieren, setzen kranke Menschen oft vielfältige Strategien und Stützkonstruktionen ein: Sie schlucken verstohlen Herztabletten, bevor sie mit einem anderen etwas unternehmen; sie bleiben beim Spazierengehen an einem interessanten Objekt stehen oder betrachten ausgiebig die Landschaft, damit in der Zeit ihre Herzschmerzen besser werden. Oft verstehen es kranke Menschen, negative Merkmale ihres sichtbaren Handelns zu verbergen oder zu reduzieren und positive Merkmale zu betonen. (Eine Frau erzählte uns, daß sie schönen Schmuck und Halstücher trage, um die durch einen Luftröhrenschnitt verursachten Narben zu verbergen.) Es gibt auch die Möglichkeit vorzubeugen: Manche Leute legen z. B. den Zeitpunkt ihrer Medikamenteneinnahme so, daß die Wirkung der Medizin während einer wichtigen Handlung am größten ist.

Eine andere Strategie für solche Fälle schildert Goffman in seinem Buch *Stigma* (1963). Er berichtet von der Reaktion einer Frau, die nach einem Unfall von Bekannten angesprochen wurde: »Oh, Sie haben ein Bein verloren« und die darauf mit dem bissigen Kommentar antwortete: »Ja, ich habe es meiner Versicherung schon gemeldet.« Davis (1972) beschreibt ähnliche Strategien von Leuten mit sichtbaren Behinderungen, wenn sie mit anderen Menschen zu tun haben: Geschickt verlagern sie den Schwerpunkt der Interaktion von den negativen auf die positiveren Aspekte ihres Selbst. Beispielsweise können sie eine Unterhaltung so interessant führen, daß der Zuhörer nicht mehr auf ihre Blindheit oder ihre auffällige Hautkrankheit achtet.

Auch wenn ein Kranker eine Handlung als mißglückt empfindet, heißt das noch nicht, daß die anderen das auch so sehen. Ein an der Parkinsonschen Krankheit leidender Mann erzählte uns, daß er ständig auf die Hilfe der anderen angewiesen sei, aber keine Möglichkeit habe, sich für das, was die anderen tun, zu revanchieren; doch erweckten die anderen glücklicherweise bei ihm nicht das Gefühl, als ob sie eine Gegenleistung von ihm erwarteten. Ein anderes Beispiel stammt aus dem Buch *One Step at a Time* von Lenor Madruga (1979): Sie berichtet, wie entsetzlich es für sie war, als sie vor ihren Freunden, die am Flughafen auf sie warteten, das Flugzeug über eine Hebebühne verlassen mußte. Sie kam von einer schweren Operation, die in einer auswärtigen Klinik durchgeführt worden war, zurück und wollte vor ihren Freunden als das lebhafte, eigenständige und selbstbewußte Mannequin erscheinen, das vor einigen Wochen zur Behandlung weggefahren war, und wollte das Flugzeug aus eigener Kraft verlassen, konnte es aber nicht. Obwohl ihre Freunde das ganze überhaupt nicht so empfanden, war es für sie ein Fehlschlag in bezug auf drei Dimensionen: für sich selbst, für die anderen und vor den anderen.

Paradoxerweise wird ein Versagen, das seine Ursachen in körperlichen Beeinträchtigungen hat, von »normalen«, gesunden Menschen gelegentlich völlig mißverstanden oder gar nicht als Versagen mit körperlicher Ursache für möglich gehalten. So hielten die Lehrer eine Schülerin für faul, weil sie ihre Aufgaben nicht machen konnte; sie glaubten einfach nicht, daß die eigentliche Ursache darin lag, daß die Schülerin sehr schlecht sehen konnte.

Jemand, dessen Handeln ständig zu mißglücken droht, verfällt häufig in Gefühle von Panik, Verzweiflung, Enttäuschung, Ungeduld über den langsamen Fortschritt, und er hadert mit seinem Schicksal. Solche Gefühle des Versagens treffen die Identität eines Menschen hart, und die Kette des biographischen Körperschemas zerreißt vorübergehend oder sogar für immer. Wie stark die körperliche Beeinträchtigung in das Leben eines Menschen eingreift und wie stark sein Handeln dadurch in Mitleidenschaft gezogen ist, kann man daran ermessen, wie sehr die einzelnen Kettenglieder (Konzeptionen vom Selbst, biographische Zeit und Körper) beschädigt sind. Aufgrund der engen Verbindung dieser Glieder wirkt sich die Beschädigung eines Elements spürbar auf die beiden anderen aus. Sind alle drei Elemente beschädigt, hat das verheerende Auswirkungen auf die Kontinuität und Sinnhaftigkeit einer Biographie. Die Bedingungen, die für das Ausmaß verantwortlich sind, in dem die Elemente des biographischen Körperschemas betroffen sind, gehen von Veränderungen in der Verlaufskurve – ob zum Guten oder zum Schlechten – und von biographischen Ereignissen aus.

Zu den Bedingungen, die sich aus *verlaufskurvenabhängigen Veränderungen* herleiten lassen, zählen: (1) die Art der Verlaufskurvenphase, (2) die Subphase innerhalb eines Phasentyps, (3) die Schwere der Krankheit und die damit verbundenen Symptome, (4) der Grad, bis zu dem die Symptome kontrolliert werden können. Zu den Bedingungen, die sich aus *biographischen Veränderungen* herleiten lassen, zählen: (1) der Lebensabschnitt, (2) der/die relevante/n Aspekt/e des Selbst, die verlorengegangen sind, (3) die Fähigkeit, im Rahmen der krankheitsbedingten Einschränkungen neue Lebenswege zu erschließen, (4) die Fähigkeit, sich mit Verlusten abzufinden. Beide Bündel von Bedingungen wirken sich – einzeln oder zusammengenommen – auf jedes einzelne Element des biographischen Körperschemas aus.

Auswirkung auf die biographische Zeit. Eine ernsthafte chronische Krankheit bricht in den Fluß der biographischen Zeit eines Menschen ein und trennt zurückliegendes Handeln von gegenwärtigem und zukünftigem. Entsprechend verändern sich, damit er diesen Einbruch in sein Leben verarbeiten kann, seine Vorstellungen von Zeit: Die Person, die ich jetzt bin und sein werde, ist nicht die, die ich war und zu sein hoffte. Neue biographische Entwürfe, die zu den Verlaufskurvenvorstellungen passen, müssen erst gefunden werden.

Gleichzeitig strukturiert der Kranke die Standardzeit neu, damit die zur Bewältigung der Verlaufskurve notwendigen Aufgaben erfolgreich in den Alltag integriert werden können, d. h. neue Handlungen müssen mit früheren Handlungen abgestimmt werden. So können z. B. eine komplizierte Behandlung und eine krankheitsbedingte Verlangsamung von Bewegungsabläufen große Probleme für den ansonsten normalen Tagesplan eines Menschen mit sich bringen.

In welchen Zeitbegriffen ein Kranker genau denkt, hängt davon ab, welche Art von Krankheitsverlauf er (und die anderen) für sich voraussagt, und von der verlaufskurvenbezogenen Situation, in der er sich gegenwärtig befindet. Fischer z. B. benutzt den Ausdruck »Leben auf Abruf«, um die Wahrnehmungen von biographischer Zeit bei Dialysepatienten zu beschreiben. Andere Ausdrücke, die die Wahrnehmungen von biographischer Zeit kennzeichen und die aus unseren Interviews stammen, sind: »die ausgeschlossene Zukunft« – die Zukunft, die ich nicht mehr haben werde; »die drängende Gegenwart« – ich tue besser daran, mich zu beeilen, um das, was ich angefangen habe, fertigzubekommen, bevor die Zeit abgelaufen ist; »die ewige Gegenwart« – das Leben ist in der gegenwärtigen Situation eingesperrt, und es gibt anscheinend keine Hoffnung auf Veränderung in der Zukunft; »die verlorene Vergangenheit« – die Person, die ich einmal war; »die erdrückende Gegenwart« – eine entsetzliche oder schmerzhafte Lage, in der die Zeit stillzustehen oder ungewöhnlich langsam zu vergehen scheint.

Wie verlaufskurvenbezogene Bedingungen den Körper und die biographische Zeit verändern und mithin den Verlauf eines Menschenlebens, sehen wir in Tabelle 1, einer tabellarischen Inhaltsanalyse des Buches *The Other Side of the Mountain* (Kilmont/ Valens 1975).

Das Schema beschreibt nicht, welchen Eingriff der Skiunfall in Jills Leben darstellt. Doch gibt er einige Hinweise darauf, wie die biographische Zeit nach einem lebensbedrohlichen und zur Lähmung führenden Unfall unterbrochen wird und wie man dann anders mit ihr umgehen muß. An diesem Beispiel läßt sich gut zeigen, wie eine schwere Körperbehinderung den Verlauf eines Lebens – ganz gleich, ob das eines olympiaverdächtigen Talents oder eines Hausmeisters – umkrempelt. Für Jill lagen alle Hoffnungen und Träume im Skifahren. Doch nach dem Unfall war der Traum von der Teilnahme an den Olympischen Spielen für immer ausgeträumt.

Veränderter Körper und veränderte Körperkonzeptionen. An Jills Unfall wird auch deutlich, wie sich mit einer Krankheit die Konzeptionen vom Körper verändern. Wenn der Körper krank oder behindert ist, dann arbeiten Körper und Geist, die früher eine Handlung harmonisch zusammen ausführten, nicht mehr zusammen. Das bedeutet, daß ein kranker Mensch erst herausfinden muß: welche/r Körperteil/e oder welche/s Körpersystem/e be-

Schematische Analyse des Inhalts von »The Other Side of the Mountain«

Verlaufskurve	Biographie	Körper	Biographische Zeit
Skiunfall bei olympischen Ausscheidungskämpfen	Biographie unterbrochen	Teil des Körpers fühlt sich verloren, abgetrennt	Unmittelbare Gegenwart
Im Krankenhaus – medizinisch und körperlich gesehen – in kritischem Zustand	Immer noch unterbrochen	Unbeweglicher und bewegungsunfähig gemachter Körper	Von der Welt abgeschlossen; biographische Zeit aufgehoben, während physikalische Zeit um kontinuierliche medizinische und körperliche Pflege strukturiert ist
Zustand bessert sich am dritten Tag	Biographie wird ausgesetzt	Der »gefühllose Körper«; »Testen des Körpers«, um das Ausmaß der Behinderung herauszufinden	Leben in der unmittelbaren Gegenwart; Bedürfnisse hier und jetzt; anhaltende Gegenwart
Mitteilung der Lähmung	Biographie in Trümmern; Träume aufgeben; Trauer; Verlust von Vergangenheit und Zukunft	Der gelähmte Körper	Zusammengebrochene Zeit aus Vergangenheit und Zukunft bricht in die Gegenwart ein
Kontinuierliche physikalische Therapie beginnt; Beginn der Rückkehr ins normale Leben	Die aufgelöste Biographie	Der Körper wird neu entdeckt: wie Dehn- und Beugemuskeln funktionieren; der funktionierende Körper	Nicht über die Zukunft nachdenken; physikalische Zeit wird übernommen in die Rückkehr ins normale Leben Die aufgelöste Gegenwart
Etwa fünf Monate umfassende Verlaufs-kurvenvorstellung	Biographische Vorstellung unklar; »schwebende Biographie«; kann nicht mehr sein, was ich früher war, aber was werde ich sein? Kein Horizont in Sicht	Kein Gefühl von den Schultern abwärts, aber eine sich entwickelnde Bewußtheit um neue Körperempfindungen	Vergangenheit und Zukunft schweben nun über der Gegenwart, Zukunft kommt ins Bild; kann die Zukunft nicht länger verdrängen

troffen ist/sind; welches Ausmaß die Behinderung hat; wie sich der Zustand im Tagesverlauf verändert; welche Möglichkeit der partiellen oder vollständigen Rückkehr ins normale Leben besteht. Nur unter dieser Voraussetzung kann der Betroffene die Art seines Handelns verändern, um seiner Behinderung angemessene Entscheidungen zu treffen und entsprechend zu planen.

Der einst handelnde Körper wird zum »nutzlosen Körper«, der vertraute Körper wird zum »unbekannten Körper«, zum »Fremdkörper« oder zum »rätselhaften Körper«. Veränderte Körperempfindungen oder Schwierigkeiten bei der Bewegung im Raum verändern das Verhältnis zur Umwelt. Der Körper wird dann zum Gefängnis, in dem man eingeschlossen und mit dem man nicht mehr fähig ist, den gewünschten Kontakt zur Außenwelt aufzunehmen. In manchen Fällen nehmen Kranke ihr Denk- und Reflexionsvermögen (Geist/Verstand) und ihre Fähigkeit zum physischen Handeln (Körper) als grundverschiedene Dinge wahr – normalerweise dann, wenn ihre körperliche Handlungsfähigkeit ernsthaft eingeschränkt, ihr Geist aber intakt ist. So erzählte ein von uns interviewter Mann, er habe zeitweise das Gefühl gehabt, daß weder sein Geist noch sein Körper ein Teil von ihm waren. Sein physisches Leistungsvermögen war von einem Tag zum anderen völlig unterschiedlich und schwankte manchmal sogar im Laufe eines Tages sehr stark. Es gab Tage, da glaubte er, daß seine körperliche Handlungsunfähigkeit eindeutig von seiner Krankheit komme, während er sich zu anderen Zeiten wiederum fragte, ob die Ursache für sein Versagen nicht doch in seinem geistigen Zustand liege. Agnes de Mille beschreibt die paradoxe Situation, daß sie zwar einen gesunden Verstand hat, aber eben auch eine Störung im Gehirn, durch die die Körperlähmung verursacht wurde.

Die Konsequenzen einer Behinderung für die Biographie hängen zum Teil davon ab, welche Bedeutung der Kranke den verlorengegangenen physischen oder mentalen Funktionen zugeschrieben hat. Ein Pianist mit Arthritis, wie z. B. Byron Janis, ist in seiner Arbeit stärker behindert als ein Schriftsteller mit einer Herzkrankheit. Ein anderes Beispiel stammt aus einem Zeitungsartikel (»Javitz' Talk to Doctors«, 12. Mai 1984), in dem Jacob

Javitz, ehemals Senator von New York, zitiert wird. Er war im Spätstadium der Lou-Gehrig-Krankheit, vom Hals abwärts gelähmt und auf ein batteriebetriebenes Atemgerät angewiesen. Trotzdem blieb er sehr aktiv (mit Unterstützung natürlich), schrieb Aufsätze, hielt Reden und setzte sich vor dem Amerikanischen Kongreß für die Bedürfnisse behinderter Menschen ein. Javitz zog einen Vergleich seiner Lage mit der eines berühmten Filmschauspielers, der an derselben Krankheit litt. Für diesen, so Javitz, war es viel schwerer, mit der Krankheit zu leben; denn seine äußere Erscheinung und seine Fähigkeit, vor anderen Menschen aufzutreten, gehörten zu seinem »Handwerkszeug«. Dagegen war der ehemalige Senator immer noch fähig, außerordentlich wichtige Handlungen weiterzuführen, weil für ihn das Erscheinungsbild und das sichtbare Handeln relativ unwichtig waren. Ein Rollstuhl, ein Atemgerät und die anderen Menschen halfen ihm, über seinen schrecklich verkrüppelten Körper hinauszuwachsen.

Bei manchen Krankheiten, wie z. B. bei einem Schlaganfall, können mentale und physische Vorgänge verschwimmen oder sich überlagern, oder es gibt in beiden Bereichen Verluste. Bei psychischen Krankheiten können Denkprozesse so verzerrt sein, daß die Körperfunktionen behindert sind oder als unangemessen betrachtet werden. Schwer depressiven Menschen fehlt oft die Energie, um eine Handlung durchzuführen. Und die Frau eines Schizophrenen berichtete, daß sie ihrem Mann sagen mußte, wann er einen dünnen Pullover und wann er besser eine dicke Jacke anzog, weil es für ihn schwierig war, zwischen warm und kalt zu unterscheiden.

Verlust des Selbst. Wenn ein Mensch Handlungen, durch die er die verschiedenen Aspekte seines Selbst aufrechterhält, nicht erfolgreich durchführen kann, ganz gleich, ob jemand nicht mehr imstande ist, als Lehrer zu arbeiten, »normaler« Vater zu sein oder die Alltagsarbeiten zu schaffen, dann gehen bestimmte Aspekte seines Selbst »verloren«. Da die verschiedenen Aspekte des Selbst in das pauschale Selbst, die Identität, integriert werden, ist dieser Verlust von einem Gefühl des Verlusts der Ganzheit begleitet. Es hängt von vielen Faktoren ab, wie stark die Identität eines Menschen durch den Verlust von Aspekten des Selbst beschädigt ist: von der Anzahl und der Wichtigkeit der Aspekte des Selbst, die verlorengegangen sind; von der Möglichkeit, sie wiederherzustellen; von der Fähigkeit, neue Modalitäten des Handelns zu entdecken; von der Fähigkeit, den Körper »zu überwinden«; von der Fähigkeit, sich mit den Verlusten abzufinden und innerhalb der Einschränkungen eine neue Konzeption vom Selbst aufzubauen oder, wie kranke Menschen es oft bezeichnen, wieder ein Ganzes zu werden.

5 Das Leben wieder zu einem Ganzen zusammensetzen

Eine der Hauptaufgaben des Kranken besteht also darin, die beschädigte Kette des biographischen Körperschemas wiederherzustellen, d. h. die drei Dimensionen Körper, Selbst und biographische Zeit zum Positiven zu verändern. Frühere Definitionen seines Körpers, seines Selbst, seines Handelns, der anderen Menschen, von Interaktionen, Ereignissen und Beziehungen müssen durch neue Definitionen ersetzt werden. Wenn sich der Zustand des Kranken normalisiert und die Körperfunktionen zurückkehren, dann können einige Definitionen wieder so sein wie vor der Krankheit. In den Gesprächen mit Betroffenen haben wir immer wieder festgestellt, daß die Kranken aus dem, was sie über die veränderten Fähigkeiten ihres Körpers erfahren, eine neue Kette des biographischen Körperschemas aufbauen und diese dann in ihre Vorstellung von Identität integrieren. Zum Beispiel bedeutet eine salzlose Diät einzuhalten, nur so lange geschmacklos zu essen, bis man wohlschmeckende Gewürze entdeckt hat; diese übernehmen dann die Rolle, die das Salz für den Kranken einmal gespielt hat.

Geschlossen wird die Kette des biographischen Körperschemas wieder durch biographische Arbeit, die in vier einzelnen, aber eng miteinander verbundenen *biographischen Prozessen* abläuft: (1) in der *Kontextualisierung* (die Krankheitsverlaufskurve wird in die Biographie integriert); (2) dem *Akzeptieren* (der Kranke kann die biographischen Konsequenzen aus konkretem oder möglichem gescheiterten Handeln verstehen oder akzeptieren); (3) in der *Wiederherstellung der Identität* (die Identität wird in eine neue Konzeption von Ganzheit integriert); (4) und im *Neuentwurf der Biographie* (der Biographieverlauf erhält neue Richtungen).

Rück- und Ausblicke auf die Biographie

Bevor wir die einzelnen biographischen Prozesse besprechen, möchten wir kurz auf G. H. Meads Begriff der *Ideationsprozesse* (vorstellungsbildende Prozesse) verweisen.

Vermittels dieser Ideationsprozesse gelingt es uns nun, die Bedingungen zukünftigen Verhaltens zu erfassen, die wir in den von uns ausgebildeten organisierten Reaktionen vorfinden, und dadurch in der Antizipation dieser Zukunft unsere Vergangenheit zu konstruieren. Das Individuum, das diese Bedingungen so in den Griff bekommt, kann sie dann durch die Selektion der Stimuli, welche sie hervorrufen, weiter organisieren und auf diese Weise seinen Handlungsentwurf aufbauen (1932, S. 76 – zit. nach »Philosophie der Sozialität«, 1969, S. 308).

Wir legen in unserem Buch den Schwerpunkt auf zwei vorstellungsbildende Prozesse: auf die *in die Vergangenheit* und auf die *in die Zukunft gerichteten Biographiebetrachtungen*. Diese Betrachtungen sind die kognitiven Anteile des Handelns: Der Kranke versucht aus der Perspektive der Gegenwart in Tagträumen und Bilderwelten die Vergangenheit wieder einzufangen, die Gegenwart zu überprüfen und die Zukunft zu entwerfen. Einer der von uns Interviewten erzählte, daß er Alpträume hatte bei dem Gedanken, wie er nach der Rückkehr von einer Reise die Treppen zu seiner Wohnung hochkommen würde. Aufgrund seiner Parkinsonschen Krankheit war er in seinen Bewegungen oft stark eingeschränkt. Er wußte zwar, daß man ihm helfen würde, aus dem Flugzeug zu kommen und in ein Taxi am Flughafen zu steigen, aber er war sich nicht sicher, ob der Taxifahrer ihm auch zu Hause beim Treppensteigen helfen würde oder konnte. Natürlich sind nicht alle biographischen Überlegungen direkt handlungsbezogen; manche haben für den Kranken nur die Funktion, sich im Geiste mit Problemen auseinanderzusetzen, die ihre Ursachen in körperlichen Einschränkungen und gescheiterten Handlungen haben. Biographische Überlegungen hängen eng zusammen mit Art und Phase der Verlaufskurve. So geben manche Menschen, die den Tod vor Augen haben, ihrem Leben rückblickend eine Ordnung, um es danach abschließen zu können.

Die Art der Biographiebetrachtung ist eng verknüpft mit der Wahrnehmung, die der Kranke von seinem Zustand hat, und immer verbunden mit unterschiedlichen zeitlichen Vorstellungen von Augenblicken und Zeitspannen in Vergangenheit, Gegenwart und Zukunft. Wir kennen z. B. den Vorgang, daß jemand am Ende seines Lebens Bilanz zieht, wozu unter anderem gehört, daß man das eigene Selbst und Erfolge in der Vergangenheit, aber auch nicht mehr korrigierbare Fehlschläge im Leben bewertet. Manchmal macht der Kranke eine Bestandsaufnahme seiner Stärken und Schwächen, um seine Hilfsmittel planen zu können, die er für den langen vor ihm liegenden Kampf braucht. Man weiß auch, daß Menschen, die unmittelbar vor einer Operation stehen und noch bei Bewußtsein sind, einzelne Rückblenden, kurze Erinnerungen an vergangene Ereignisse haben. In anderen Fällen wieder blickt der Kranke auf wichtige biographische Ereignisse, wie z. B. Kindheitsszenen, zurück, oder er entwirft eine Vorstellung von der Zukunft, in der er an den Rollstuhl gefesselt sein wird.

Doch nicht nur die Biographie kann Gegenstand der Betrachtung sein, sondern auch die Symptome: Man blickt zurück auf den Beginn ihres Auftretens und verleiht dem vom gegenwärtigen Wissensstand aus einen Sinn. Der Kranke kann im Rückblick auch medizinische Behandlungen überprüfen und deren Nutzen und Risiken gegeneinander abwägen. Oder er macht sich Gedanken über die Besserung seines Zustandes (Wie weit ist es noch bis zum Normalzustand?), über eine stabile Verlaufskurvenphase (Wie lange wird die Krankheit noch so bleiben?), über die unaufhaltsame Verschlechterung seines Zustandes (Wie schlimm wird es noch werden?). Im folgenden Beispiel reflektiert der Kranke über sein Leben:

Noch nie in meinem Leben habe ich die Verbindungen zwischen Vergangenheit, Gegenwart und Zukunft so deutlich erfahren wie seit dem Verlust meines Auges. Der Umgang mit der Gegenwart und die Planung für die Zukunft haben Priorität gewonnen, doch die Vergangenheit ist ebenfalls in dieses Bild eingegangen. Um den Verlust definieren zu können, war es z. B. notwendig, daß ich eine Beziehung zwischen dem Jetzt und dem Früher herstellte. Das »Vor« und das »Nach« der Operation wurden zu einer neuen

Ära in meinem Leben. Ich war oft nervös, wenn ich Leute traf, die mich von »früher« kannten. Aber genauso hat die Vergangenheit bei meiner Krankheit einen Einfluß auf die Gegenwart gehabt: Es gibt Momente, da fange ich an, in der Vergangenheit zu graben, um eine Erklärung für meinen Tumor zu finden. Habe ich selbst etwas getan, daß ich diesen Tumor bekam? Warum hat es mich an einem besonders kritischen Teil meiner Physiognomie getroffen? Als Kind muß ich meine Augen überall gehabt haben. Später gaben sie mir Spitznamen, die mit meinen Augen zu tun hatten. Warum hat die Krankheit ausgerechnet mein starkes Sehvermögen getroffen? Antworten auf diese Fragen habe ich nicht gefunden.

Biographische Rück- und Ausblicke können in vielerlei Formen geschehen und unterschiedlich lange dauern. In den meisten Fällen ist es der Häufungseffekt der verschiedenen Erkenntnisse, der dem Patienten hilft, die Krankheit in sein Leben zu integrieren und sich mehr oder weniger mit ihr abzufinden.

Kontextualisierung

Eine schwere Krankheit muß in die Biographie eines Menschen integriert werden. Die *Kontextualisierung* ist der biographische Prozeß, durch den diese Integrationsleistung erbracht wird. Dieser Prozeß kommt in den folgenden Sätzen zum Ausdruck: »Ich sage mir, er ist einfach ein Teil von mir. Dieser Lupus (meist chronische tuberkulöse Hautflechte, die oft entstellende Narben hinterläßt – Übs.) ist wie eine Warze oder eine Runzel. Ich versuche, ihn in mein Wesen, in mein Selbstbild zu integrieren. Ich möchte ihn aber nicht als Schädling integrieren, sondern als Teil von mir, den ich akzeptieren und mit dem ich leben muß« (zitiert aus einem Interview, das zwei Jahre nach der Diagnose geführt wurde). Die Fähigkeit, die Krankheit in die Biographie zu integrieren, ist von Mensch zu Mensch sehr verschieden. Die Krankheit kann abgelehnt und von der übrigen Biographie ferngehalten werden; dann ist sie »kein Teil von mir«. Sie kann aber auch sehr gut kontextualisiert werden; dann ist sie »ein Teil von mir«. In den meisten Fällen liegt die Integration zwischen diesen Extremen, d. h. die Krank-

heit ist ein Teil der Biographie, aber nicht mit ihr verschmolzen:
»Meine chronische Krankheit ist ein Stück von mir, aber ich bestehe noch aus mehr.«

Kontextualisieren ist ein dynamischer Prozeß. Inwieweit jemand seine Verlaufskurve in sein Selbst als Ganzes zu integrieren vermag, hängt damit zusammen, ob er die Verlaufskurve als erträglich oder unerträglich betrachtet, ob er Einfluß auf die Verlaufskurve nehmen kann, ob er sie als zerstörend empfindet oder als Chance für Entwicklungsmöglichkeiten, ob seine Verlaufskurve arbeitsaufwendig ist und ob sie viel oder wenig Leiden verursacht.

Eine chronische Krankheit zwingt einem eine unfreiwillige Verlaufskurve auf. Selbst wenn man Wege findet, um mit einer schweren Krankheit und der damit verbundenen Arbeit zu leben, so betrachten doch die wenigsten Patienten das als wünschenswert oder als besonders angenehm. Oft verursacht eine Krankheit erhebliche körperliche und emotionale Leiden, und es kann sehr viel Wachsamkeit und Sorgfalt nötig sein, um sie in den Griff zu bekommen. Die einen brechen unter der Krankheitserfahrung zusammen und erholen sich nie wieder ganz davon; andere dagegen schaffen es, die Krankheit so zu nehmen, daß sie ihnen persönliche Entwicklungen erlaubt und ihr Eigen- und Fremdverstehen fördert:

Wir sind jetzt fünfzehn Jahre verheiratet und waren immer eng zusammen, aber ich meine, daß die Bewältigung der Krankheit uns noch enger zusammengebracht hat. Denn wir arbeiten zusammen, und wir sind beide denselben Weg in einen ganz neuen Lebensstil gegangen. Wir sind an dieser Erfahrung enorm gewachsen, und keiner hat sich in eine eigene Richtung entwickelt; wir haben den Krebs gemeinsam besiegt.

Auch wenn die Kontextualisierung der Krankheitsverlaufskurve vielleicht schon mit dem ersten Auftreten von Symptomen beginnt, so setzt sie doch erst dann richtig ein, wenn der Kranke die einschneidenden Folgen für seine Biographie zu realisieren beginnt. Zwar sind Anstrengungen und die Arbeit in den ersten Monaten oder Jahren der Krankheit gewöhnlich am intensivsten, doch ist dieser Prozeß nie abgeschlossen und muß, wie gesagt, jedesmal wiederaufgenommen werden, wenn es Veränderungen in der Verlaufskurve oder in der Biographie gibt. Dies zeigt das Beispiel einer jungen verheirateten Frau, die seit ihrer Kindheit Diabetes hatte und nur sehr wenig über ihre Krankheit nachdachte. Die Krankheit war einfach ein Teil ihres Lebens, der ihr kaum Probleme bereitete. Als sie aber schwanger wurde, rückte der Diabetes in den Vordergrund. Jetzt mußte sie die Krankheit streng überwachen und unter Kontrolle halten, und zwar nicht nur wegen ihrer eigenen Gesundheit, sondern um das sich entwickelnde Leben zu schützen.

Um die Krankheit in sein Leben integrieren zu können, muß der Kranke herausfinden, welche Aspekte seines Selbst vorübergehend oder für immer verloren oder unkalkulierbar geworden sind. Er muß außerdem herausfinden, welche Aspekte seines Selbst erhalten bleiben und weiterentwickelt werden können und welche neuen Aspekte er aufgreifen kann. »Man hat mir meine Diagnose Ende Februar mitgeteilt. Jetzt haben wir Mai, und ich bin immer noch gelähmt von all meinen Ängsten. ...Ich bin mir immer noch nicht im klaren darüber, was ich mit dem machen möchte, was wohl der Rest meines Lebens ist... wissen Sie, vielleicht möchte ich meine Schwester besser kennenlernen. Vielleicht möchte ich die Welt besser kennenlernen. Vielleicht möchte ich reisen.«

Während des Kontextualisierungsprozesses experimentiert der Kranke mit seinem Körper und treibt ihn an, die Grenzen seiner Einschränkungen zu erkunden. Dabei muß er auch die umweltabhängigen Bedingungen kennenlernen, die zu körperlichen Beeinträchtigungen und zu Versagen beim Handeln führen können, und Auswege finden. Es gibt Fälle, in denen sich die Funktion eines kranken Körperteils durch einen gesunden Körperteil ersetzen läßt. So war Joni Ereackson aufgrund eines Unfalls beim Tauchen querschnittgelähmt und schaffte es trotzdem, eine vollendete Artistin zu werden, indem ihr Mund die Funktion übernahm, die früher ihre Hände gehabt hatten. Der Körper wird als ein nicht voll funktionsfähiges Objekt aufgenommen, das man respektiert und in den Griff bekommen muß und das immer noch verschiedene Handlungen ausführen kann. Eine von uns interviewte Frau mit fortgeschrittener Muskeldystrophie bringt es z. B. immer noch fertig, Konzerte und Kunstausstellungen zu besuchen, Gäste zu empfangen, den Gesundheitsdienst ihrer Gemeinde zu vertreten und in Bürgerinitiativen mitzuarbeiten, die für sie von besonderem Interesse sind, und das alles – allerdings mit Unterstützung ihres Mannes – im Rollstuhl.

Soll der Kontextualisierungsprozeß Erfolg haben, so muß sich der Kranke bis zu einem gewissen Grad mit seiner Krankheit, den daraus resultierenden Einschränkungen und möglicherweise mit dem Gedanken an den Tod abfinden. Entweder lernt er damit zu leben, oder es bleiben ihm nur die Alternativen, seine Krankheit zu verleugnen, sich emotional von der Welt zurückzuziehen oder sich umzubringen. Die Krankheit in sein Leben einzubeziehen heißt *nicht*, sie voll und ganz akzeptieren, sondern sie so weit zu einem Teil des Selbst machen, daß man das Nötige tut, um das physische wie auch das biographische Überleben zu sichern.

Kranke Menschen integrieren ihre Krankheit sehr unterschiedlich: Die Bandbreite reicht von quälender Verweigerung bis zur gelassen-heiteren Überwindung von Einschränkungen. In den folgenden Beispielen finden sich beide Extreme: H. Colman erzählt die bittere Geschichte ihres Mannes, der sich nach einem zweiten Schlaganfall vom Leben verabschiedete. Obwohl er geistig rege war, hielt er sehr wenig Kontakt mit der Außenwelt. Seine Frau versuchte, seinem Leben einen Sinn zu geben, er aber schien an diesem Kampf kaum teilzunehmen. Aus ihren Erzählungen geht hervor, daß er sein Leben als sehr qualvoll empfand und sich fast völlig in sich zurückzog. Für sie war es gleichermaßen schmerzlich, seinen biographischen Tod und sein physisches Dahinwelken beobachten zu müssen. Ganz anders reagierte ein querschnittgelähmter Mann aus unserer Untersuchung, der es trotz gravierender körperlicher Einschränkungen schaffte, mit seiner Frau ein erfülltes Leben zu führen, das Kindererziehung, gesellschaftliche und kulturelle Veranstaltungen sowie ein aktives Sexualleben beinhaltet. Dadurch, daß das Paar sich Wege für gemeinsame Aktivitäten erschlossen hat, konnte es die schweren körperlichen Beeinträchtigungen meistern. Das tut beiden gut: »Für ihn zu sorgen macht Freude. Es festigt eine Beziehung, wenn jeder ein Stück von sich gibt. Ich möchte gebraucht werden. J. möchte gebraucht werden. Das ist der Grund, weshalb wir so gut zurechtkommen.«

Akzeptieren

Im Prozeß des *Akzeptierens* der Krankheit beginnt der Kranke, zu verstehen und anzunehmen, daß seine Krankheit unabänderlich und sein Handeln eingeschränkt bleibt, daß er möglicherweise sterben muß und daß biographische Konsequenzen wie Scheidung, Arbeitsplatzverlust und Abhängigkeit vielleicht die Folge sind. Der Prozeß des Akzeptierens wird dadurch, daß man mit fehlgeschlagenem Handeln konfrontiert wird, und durch biographische Überlegungen ausgelöst und kann von absoluter Verzweiflung bis zum uneingeschränkten Akzeptieren reichen. Doch selbst wenn der Kranke sein Schicksal halbwegs akzeptiert hat, erwacht aufgrund irgendeiner Unwägbarkeit möglicherweise die Trauer um das Verlorene immer von neuem in ihm, wenn vielleicht auch nicht mit der ursprünglichen Intensität. Einer, der schon eine Reihe von Einschränkungen akzeptiert hat, kann genausogut wieder in ein Stadium des Nichtakzeptierens zurückfallen. In manchen Fällen akzeptiert jemand auch nur bestimmte Verluste, andere dagegen nicht.

Die konkrete Arbeit, die mit dem Akzeptieren einer Krankheit verbunden ist, läßt sich folgendermaßen umreißen: Zunächst wird der Kranke mit potentiellen oder konkreten gescheiterten Handlungen konfrontiert. Dem folgen eine oder mehrere biographische Reflexionen, die mit Verdrängen, Wut, Trauer, Bedauern enden können und in manchen Fällen dazu führen, daß ein Mensch mit Gott und dem Schicksal hadert, während er versucht, an wichtigen Aspekten seines Selbst festzuhalten. Durch weitere Erlebnisse des Scheiterns und daraufffolgende Reflexionen realisiert der Kranke allmählich, daß bestimmte Aspekte seines Handelns und seines Selbst endgültig verloren sind, und er beginnt, Teile der Vergangenheit loszulassen. Dieses Loslassen ist mit Trauer um das Verlorene, vielleicht mit Depressionen verbunden. Schließlich begreift der Kranke, daß er nicht mehr in der Vergangenheit leben kann, sondern allmählich in die Zukunft schauen muß. Hier fängt das Akzeptieren an; denn man kann erst akzeptieren, wenn es Hoffnung auf eine bessere, wenn auch andere Zukunft gibt.

Hoffnung heißt hier, daß der Kranke einen Ausweg aus der gegenwärtigen Situation sieht. Die Zukunft wird besser sein: »Vielleicht können sie mein Leben noch so lange erhalten, bis es Möglichkeiten der Heilung gibt.« – »Vielleicht hilft diese Medizin, und ich werde erleben, daß mein Kind Examen macht.« Der Kranke kann die Hoffnung haben, daß seine Einschränkungen zurückgehen, wenn sich sein Zustand renormalisiert. Hoffnung kann auch darin bestehen, daß man mit der Befreiung von Strapazen, Leiden und Schmerz rechnet, wie etwa in der Erlösung durch den Tod, im Glauben an ein Leben im Jenseits.

Ich erzähle ihm, daß ich einen Traum hatte, in dem wir alle bei seiner Beerdigung waren und weinten. Der Priester sagte: »Warum weint ihr? J. ist glücklich. Er weint nicht. Heute ist sein Geburtstag. Es ist sein erster Tag in der neuen Welt, auf dem neuen Planeten, zu dem er ging. Ihr solltet glücklich sein.« Ich erzähle ihm, daß ich vorhabe, ewig zu leben. Dies hier ist nur ein Teil unseres Lebens. Wenn wir dieses verlassen, gehen wir zu einem anderen Planeten. ... Auf diese Weise möchte ich ihn dazu bewegen, daß er das Kommende akzeptieren kann.

Ein Zustand ist hoffnungslos, wenn ein Mensch verzweifelt, weil er keinen Ausweg aus seiner Lage sieht, wenn es für ihn kein Entrinnen gibt, nur die unauflösbare Gegenwart.

Wie Kübler-Ross sagt, meint Akzeptieren nicht einen Zustand des Glücks. Akzeptieren heißt, daß ein Mensch einen Weg gefunden hat, seine Biographie durch verändertes Handeln der Krankheit anzupassen, und daß er dabei trotz anhaltender oder fortschreitender körperlicher Gebrechen seinem Leben einen Sinn geben kann.

Manche Menschen erreichen nicht nur die Stufe des Akzeptierens, sondern *wachsen darüber hinaus*. Dann hat der kranke Mensch einen Weg gefunden, seinen Körper zu überwinden, und ist fähig, wirkliche Freude am Leben (und sogar im Sterben) zu empfinden, obwohl seine Handlungsmöglichkeiten vielleicht schon stark eingeschränkt sind. Das Leben hat einen neuen Sinn erhalten und ist in mancher Hinsicht besser als vorher. Manche Menschen können über ihren Körper hinauswachsen, indem sie an ein Leben nach dem Tod glauben:

Wir sagten den Kindern, daß er keine Angst vor dem Sterben habe, daß er sehr ruhig sei und das Gefühl habe, seine Krankheit habe einen tieferen Sinn. Meine Tochter sagte: »Mama, so wie du das sagst, klingt es, als ob Papa für uns stirbt.« Ich sagte: »Aus diesem Grund ist Christus gestorben. Wenn dein Dad es so will, lohnt es sich.« Es verleiht dem ganzen Leben und Sterben einen Sinn.

Manche Menschen stellen fest, daß sie jetzt fähig sind, die Welt mit anderen Augen zu sehen. Zum ersten Mal wissen sie das Schöne in der Natur oder im Menschen zu schätzen: »Der Verlust meines Auges machte mir erst richtig bewußt, welchen Wert das menschliche Auge hat. Ich entdeckte, wie schön das Sehen ist.« Die Tänzerin und Choreographin Agnes de Mille hat diese Art Erfahrungen wunderschön eingefangen. Einige Monate nach ihrem Schlaganfall kam ihr ihr zurückliegendes Leben »schal und abgenutzt« vor, und ihr »neues Leben, das mit dem Schlaganfall begonnen hatte«, war ein neuer Anfang. Sie war fähig, »Dinge sehr frisch und sehr farbig« zu erleben, »mit neuen Freuden und ohne die alten Zwänge. Ich konnte mich entwickeln, neue Dinge lernen. Es war ein Gefühl von Freiheit, wie ich es nicht mehr gekannt habe, seit ich... fünf Jahre alt war«.

Wiederherstellen der Identität

Oft beginnt der Identitätsbruch mit der Mitteilung der Diagnose, wenn Vergangenheit und Zukunft in die unerwünschte oder gefürchtete Gegenwart einstürzen. Diesem Identitätsschock folgen Zukunftsvisionen von dem, was die Krankheit für den Lebensverlauf bedeuten wird: »Ich werde ein Krüppel sein.« – »Ich werde nicht mehr fähig sein, zu...« – »Vielleicht werde ich bald sterben.« Natürlich hängt das Ausmaß, in dem die Identität erschüttert wird, davon ab, wie viele Aspekte des Selbst verloren sind, wie wichtig sie für den Kranken sind und ob eine Rückkehr ins normale Leben möglich ist. Gewöhnlich gehen auch nicht alle Aspekte des Selbst verloren. Die meisten Menschen können zumindest einige Aspekte wiedererlangen, und diese Anknüpfung an die Vergangenheit ist wichtig für den Wiederaufbau der Identität. Verlorengegangen ist das Gefühl von der Ganzheit des Selbst; dieses Gefühl von Ganzheit muß wiedergewonnen werden, und zwar durch den Prozeß der *Wiederherstellung der Identität*.

Diese Wiederherstellung läuft in drei Schritten ab: (1) die Identität wird definiert und neu definiert, (2) die Richtung wird neu festgelegt, (3) die Identität wird integriert. Bei jedem Schritt rücken wichtige Aspekte des Selbst in den Blickpunkt, neue Aspekte werden aufgenommen. Manche Schritte verlangen mehr Einsatz und umfassen mehr Interaktionen zwischen dem Kranken und den anderen. Auch hier wird der Kranke mit seinen Handlungen konfrontiert, und er überprüft seine Biographie, um herauszuarbeiten, wer er früher war, wer er jetzt ist, wer er hätte sein können oder möglicherweise in der Zukunft sein könnte.

Seine *Identität definieren und neu definieren*. Die Wiederherstellung von Identität kann schon mit der Diagnose-Mitteilung beginnen, wenn Fragen ausgelöst werden wie: »Wer bin ich? Was bedeutet das für mein Leben?« An diesem Punkt beginnen Definition und Neudefinition der Identität, die auf mindestens zweierlei Art möglich sind. Entweder schafft es der Kranke, wieder ein gewisses Vertrauen in seinen Körper zu gewinnen, indem er – durch dagegen Ankämpfen – dessen Grenzen ausprobiert: »Was kann ich schaffen? – Was schaffe ich nicht?« – »Wie lange werde ich das schaffen?« – »Wie lange dauert es, bis ich dazu fähig bin?« Dieses Ausprobieren von Grenzen und Ankämpfen gegen sie ist oft mit Wut und Depressionen verbunden, wenn einem Handlungen gar nicht gelingen oder nicht voll umgesetzt werden können. Man muß verlorene Aspekte des Selbst loslassen und um sie trauern und einen Schlußstrich drunterziehen, bevor man den nächsten Schritt tun kann: »Ich habe die ganze Tragödie durchgemacht, die Querschnittgelähmte durchmachen – jeden verantwortlich gemacht, die Rebellion, die tiefe Depression. Dann habe ich endlich realisiert, daß niemanden eine Schuld trifft und daß es an dir selbst liegt, ob du etwas machst oder nicht. Du mußt dich allein durchkämpfen.« Oder – die andere Möglichkeit – der Kranke kann sich in seinen Wertvorstellungen umorientieren und neue Prioritäten in dem, was in seinem Leben wichtig ist, setzen. So berichtete uns ein erst vor kurzem querschnittgelähmter Mann, der seinen Oberkörper noch etwas bewegen konnte, daß er mit einer guten Therapie und viel Mühe vielleicht lernen könne, die Dinge des täglichen Lebens selbständig zu verrichten. Da dies aber sehr viel Zeit und Energie kosten würde, habe er beschlossen, diese Aufgaben seiner Frau zu übertragen, so schwer ihm das auch gefallen war (vor allem die Körperpflege). So könne er eine wichtigere Aufgabe übernehmen, nämlich andere Patienten mit Wirbelsäulenverletzungen zu beraten.

Die *Richtung neu festlegen*. Der nächste Schritt besteht darin, daß der Kranke durch rückblickende und nach vorne gerichtete Biographiebetrachtungen sowie durch erfolgreiches Handeln seiner beschädigten Identität eine neue Richtung gibt. So kann sich in seinem Handeln, auch wenn dieses aufgrund der Krankheit geändert werden muß, Kontinuität entwickeln.

Die Neubestimmung der Richtung geschieht auf verschiedene Arten: (1) Der Kranke verleiht den alten und noch intakten Aktivitäten eine neue Bedeutung; (2) er verlagert den Schwerpunkt seines Handelns vom Körper auf den Geist bzw. vom Geist auf den Körper; (3) er ersetzt alte Aktivitäten durch neue; (4) er benutzt Hilfsvorrichtungen oder andere Körperteile, um Aktivitäten auszuführen.

Hier ein Beispiel: Herr G., der querschnittgelähmt ist, und seine Frau haben vor seinem entsetzlichen Unfall sehr gern getanzt. Um seine Identität wiederzugewinnen, lernte er, wie man im elektrischen Rollstuhl tanzt, was er inzwischen mit Begeisterung auf öffentlichen Tanzflächen tut. Für ihn ist das Tanzen eine Handlung, die er für sich selbst durchführt, aber auch für seine Frau. Weil er in der Öffentlichkeit tanzt, ist dies ebenso eine Handlung vor den anderen, woran er auch Spaß hat; und sie beruht auf Gegenseitigkeit, weil jeder Partner seine Bewegungen auf den anderen hin koordiniert. Herr G. will mit seinem Handeln vor den anderen zeigen, daß er an öffentlichen Aktivitäten teilnehmen kann und Spaß daran hat.

Die *Identität wieder integrieren.* Mit jeder Handlung, die ihm gelingt, gewinnt der Kranke wieder eine Vorstellung von der Ganzheit seiner Person zurück. Allerdings reicht es nicht aus, daß ein Mensch sein Handeln nur für sich als erfolgreich bewertet; er braucht auch die Bestätigung der anderen. Nehmen wir das Beispiel des Fotomodells Lenor Madruga: Obwohl sie aufgrund einer Krebsoperation ein Bein bis zur Hüfte hinauf verloren hatte, erreichte sie wieder ein hohes Maß an Integration ihrer Identität dadurch, daß sie nicht nur für sich selbst etwas unternahm, sondern sich auch für die anderen, vor ihnen und mit ihnen erfolgreich betätigte. Sie kochte für ihre Familie, sie führte ein glückliches Eheleben mit ihrem Mann, sie fuhr Auto und organisierte kulturelle Veranstaltungen, sie sorgte für die Kinder, ritt und fuhr Fahrrad, tanzte und übte wieder ihren Beruf als Fotomodell aus. Diese Neuintegration konnte sie auch deshalb schaffen, weil sie ihr Selbst vorteilhaft zu präsentieren und ihr bewußt ausgesuchtes, »schön geformtes und echtes« künstliches Bein geschickt zu nutzen wußte.

Die Mitmenschen sind im Prozeß der Wiederintegration insofern wichtig, als sie bestimmte Handlungen für den Kranken so organisieren können, daß diese ihm gelingen, und als sie andererseits den Kranken nach mißlungenen Handlungen wieder ermutigen können. Beispielsweise besprechen F. und K. immer seine öffentlichen Auftritte als Redner. Beide wissen, daß er beim Sprechen zittert. Doch in der gemeinsamen Besprechung erwähnt keiner seine Unfähigkeit, das Zittern zu kontrollieren. Sie konzentrieren sich auf den erfolgreichen Teil der Handlung: was er sagte, wie er es sagte und wie das Publikum seinen Vortrag aufnahm.

Auf der anderen Seite können die Mitmenschen brutal offen sein; es gibt Fälle, wo selbst die Partner von Kranken deren ohnehin brüchige Identität erschüttern: »Nachdem ich drei oder vier Monate lang zwischen Krankenhaus und Zuhause hin und her gewandert bin, eröffnete mir meine Frau, sie sei es leid, mit einem Krüppel zu leben, und sie hoffe, nie mehr einen Rollstuhl sehen zu müssen, und verließ mich. Das vergesse ich nie!« L. dagegen versuchte, ihrem Mann »heimlich« zu helfen. Nachdem dieser sich wegen einer schweren Herzkrankheit hatte pensionieren lassen müssen, wurde er depressiv. L. führte dies darauf zurück, daß er sich nicht mehr gebraucht fühlte und noch sehr an seiner früheren Tätigkeit hing. Sie deckte ihn also mit allen möglichen Aufgaben im Haus ein, von denen sie behauptete, daß sie sie ohne seine Mithilfe nicht erledigen könne. Auch wenn er dieses Spiel durchschaute, verlor er doch kein Wort darüber.

Wieder in ein normales Leben zurückzukehren ist keine leichte Aufgabe, und jede erfolgreiche Handlung trägt dazu bei, die Identität eines Menschen wiederherzustellen. Bei nach unten gerichteten Verlaufskurven wirken sich Versagen beim Handeln, Symptomverschlimmerungen und schlechte Untersuchungsergebnisse fatal auf die Kette des biographischen Körperschemas aus. Menschen in dieser Situation ziehen sich eventuell völlig von der Welt zurück oder bringen sich um, während es andere wiederum schaffen, ihre Identität intakt zu halten und weiterzuleben. Was hält solche Menschen nun davor zurück, völlig zu verzweifeln und emotional unterzugehen?

Selbst in einer so schwierigen Lage gibt es noch Motive, sein Leben weiterführen zu wollen: Bei einer schweren Krankheit schwankt der Zustand des Patienten oft dramatisch; doch manchmal gibt es auch Tage, an denen sich der Kranke verhältnismäßig wohl fühlt. Hilfreich ist die Fähigkeit, seine berufliche Arbeit, zumindest bis zu einem gewissen Grad, fortzusetzen. Augenblicke der Freude können die Krankheit kurzfristig an den Rand drängen. Auch gelungene Aktivitäten oder einfach das Geschäft der Alltagsroutine wirken sich positiv auf den Kranken aus. Es kann ihm andererseits helfen, wenn die anderen ihn über seinen körperlichen Zustand, über seine äußere Erscheinung oder über sein Handeln nicht täuschen wollen. In manchen Fällen sind eigene Lebensphilosophien hilfreich: »Es ist Gottes Wille.« – »Ich lebe einfach von einem Tag auf den anderen.« – »Ich nehme es, wie es kommt.« Mut machen kann die Tatsache, daß sich der Verschlechterungsprozeß verlangsamt oder daß es dem Kranken gelingt, mit seiner Krankheit durch ganz bewußte Lebensführung zurechtzukommen. Es gibt Sterbende, die ihre letzten Tage damit verbringen, daß sie weiter nach Heilungschancen suchen, weil sie die Hoffnung haben, die Verschlechterung oder den Sterbeprozeß aufhalten zu können. Auch eine starke und tiefgehende Verpflichtung sich selbst und den anderen gegenüber kann den Lebenswillen stärken. Manche Menschen entwickeln plötzlich einen starken Lebenswunsch und eine Bereitschaft, alles nur mögliche zu tun, um ihr Leben zu erhalten, bis sie erschöpft sind oder die Krankheit sie überwältigt. Für andere wiederum ist das Leben so jämmerlich und elend geworden, daß sie sich keine andere Möglichkeit vorstellen können, als endgültig Schluß zu machen.

Das Stück *Whose Life Is It Anyway?* spiegelt diesen Prozeß am Beispiel eines Bildhauers wider, der nach einem Autounfall vom Hals abwärts gelähmt ist. Gezeigt wird der Zeitraum von dem Moment, wo er sich seines Zustands bewußt wird, bis zu seinem letzten Entschluß, die lebenserhaltenden Apparate abzuschalten. Er sieht keinen Weg mehr, sein Leben angesichts seiner schweren Verletzungen wieder zu einem sinnvollen Ganzen aufzubauen.

Wenn die Kette des biographischen Körperschemas reißt und nicht wieder zusammengefügt wird, kann sich im Kranken das Gefühl einstellen, das Leben sei nicht mehr lebenswert. An diesem Punkt geben manche Menschen auf und sterben. Aber diejenigen, die fähig sind, ihren kranken Körper zu akzeptieren und körperliche Einschränkungen zu überwinden, können, wenn die Zeit gekommen ist, bewußt vom Leben Abschied nehmen. Sie haben die Kette des biographischen Körperschemas wiederhergestellt. Auch wenn es Zeiten des Nichtakzeptierens gibt, sind sie meist nicht von Dauer, und aufgrund von Hoffnung und von anderen positiven Bedingungen schaffen solche Menschen es, die schweren Zeiten durchzustehen. Wie Frau Birch Bayh es ausdrückte: sie hatte schließlich einen Arzt gefunden, der ihr wieder Mut gemacht habe. Ihre beiden früheren Ärzte hätten ihr gegenüber ein Verhalten gezeigt, das sie »heruntergezogen« habe.

Neuentwerfen der Biographie

Im biographischen Prozeß, in dem *eine neue Biographie entworfen* wird, findet der Kranke ein Schema, das ihm für seine zukünftige Biographie eine Richtung gibt. Zwei Momente sind hier wichtig: die Strukturierung und die Kontrolle über die Verlaufskurve.

Unter *Strukturierung* verstehen wir, daß der Kranke allmählich oder plötzlich erkennt, welche Bedeutung die körperliche Beeinträchtigung für seine Biographie hat. Eine solche schlagartige Erkenntnis hatte Jonathan Nasaw, dessen untere Körperhälfte aufgrund eines Autounfalls gelähmt ist, als er zum ersten Mal auf einen Behindertenparkplatz fuhr – und plötzlich realisierte: »Das Behindertenzeichen – ich weiß nicht – strukturierte etwas für mich, konzentrierte das ganze Gejammer eines Krüppels auf einen kleinen, kalten, harten Fleck in mir, der sagte: Das ist es also.«

Die Strukturierung beruht auf der Einschätzung von aktuellen oder potentiellen Handlungen und läuft in zwei Phasen ab: Zuerst erkennt der Kranke, welche Handlungen gegenwärtig oder zukünftig nicht mehr möglich sind, dann entwirft er eine andere Biographie im Lichte dieser Einschränkungen. Dieser Vorgang wiederholt sich möglicherweise jedesmal, wenn sich das Selbstbild eines Menschen *ent*strukturiert. Dies ist z. B. der Fall, wenn der Kranke in seinem Handeln scheitert und daraufhin sein vergangenes und zukünftiges Leben überprüft: »Das war ich einmal; das werde ich jetzt sein.« Doch nicht alle Konfrontationen und Biographiebetrachtungen führen zur Entstrukturierung; der Kranke kann genauso zu dem Schluß kommen, daß sich in seinem Leben nicht viel verändert hat oder daß er seine Ressourcen einfach neu organisieren und die Arbeit anders verteilen muß, um seinen gegenwärtigen Status zu erhalten. Nach einer *Ent*strukturierung folgt nicht zwangsläufig eine *Neu*strukturierung, z. B. dann nicht, wenn der Kranke erkennt, daß seine Einschränkungen nicht mehr rückgängig zu machen sind, oder wenn die Erkenntnis über seinen Zustand zu schmerzlich für ihn ist. Bei unheilbaren Krebserkrankungen, bei denen es Phasen der Besserung und ein zeitweiliges Zurückgehen der Symptome (aber nicht der Krankheit an sich) gibt, kann es vorkommen, daß der Kranke eine zwiespältige Vorstellung vom Eingriff der Krankheit in sein Leben entwickelt und nicht einzuschätzen vermag, welche Handlungen (wann und für wie lange) ihm noch möglich sind. Diese unklare Situation wirkt sich dann negativ auf den Strukturierungsprozeß aus.

Eine gewisse *Kontrolle über die Verlaufskurve* ist notwendig, damit die zukünftige Biographie eines Menschen geplant werden kann. Grundlegend für diese Kontrolle sind klare Verlaufskurvenvorstellungen und Verlaufskurvenplanungen. Umgekehrt erleichtert eine kontrollierte Biographie die Kontrolle über die Verlaufskurve. Optimal ist die Bewältigung der Krankheit dann, wenn Verlaufskurve und Biographie in einem Zustand relativer Ausgewogenheit sind.

6 Krankheit, Biographie und Alltag in ein Gleichgewicht bringen

Chronisch kranke Menschen werden vor allem bei Akutphasen im Krankenhaus behandelt; wenn sie zum »Pflegefall« werden und in der Familie nicht versorgt werden können, kommen sie in ein Pflegeheim. Die Mehrzahl der chronisch kranken Menschen lebt jedoch zu Hause und »bewältigt« dort die Krankheit – oft mit modernen medizinischen Hilfsmitteln (Medikamente, medizinische Apparate, Therapieverfahren). Doch dies ist gewöhnlich mit Schwierigkeiten und viel Arbeit von seiten aller Beteiligten verbunden. Mit dem Konzept der *Arbeit* untersuchen wir, wie chronisch Kranke ihre Verlaufskurve in der Familie in den Griff bekommen und wie sie biographische Probleme lösen.

Drei Hauptarbeitslinien

Wird die Verlaufskurve in der Familie bewältigt, sind drei Hauptarbeitslinien zu berücksichtigen: die *krankheitsbezogene Arbeit*, die *biographische Arbeit* und die *Alltagsarbeit*. Eine Krankheit und die damit verbundene Arbeit kann die Biographie und die biographische Arbeit eines Menschen stark beeinträchtigen. Biographische Prozesse und die damit verbundene Arbeit wirken sich ihrerseits auf die Krankheit und möglicherweise auf den Krankheitsverlauf aus. Die Alltagsarbeit kann nicht nur die anderen beiden Hauptarbeitslinien beeinflussen, sondern wird ihrerseits auch von diesen beeinflußt. Wenn jemand z. B. seinen geliebten Beruf aufgeben muß, kann das zur Folge haben, daß er seine Alltagsaktivitäten nur noch lustlos und unsystematisch verrichtet.

Jede dieser Arbeitslinien setzt sich aus verschiedenen *Arbeitsarten* zusammen. Zur krankheitsbezogenen Arbeit gehört es, daß der Kranke seine Diät einhält, Krisen zu vermeiden und Symptome zu bewältigen versucht usw. Zur Alltagsarbeit gehören berufliche Tätigkeiten, Hausarbeit, Kindererziehung usw. Jede Arbeitsart impliziert Interaktionen mit dem Ehepartner, den Kindern, mit Freunden, Ärzten und anderem medizinischen Personal und sonstigen Mitmenschen.

Jede Arbeitsart wiederum umfaßt verschiedene Aufgabenbündel, die untereinander und mit den Aufgaben anderer Arbeitsarten koordiniert werden müssen. Bei einer Atemwegserkrankung kann es z. B. notwendig sein, viermal täglich Medikamente zu nehmen und dreimal täglich die Atemwege durch Abklopfen freizumachen. Ist eines der Medikamente sekretlösend, dann sollte es zweckmäßigerweise vor dem Abklopfen eingenommen werden. Das Freimachen der Atemwege muß in die tägliche Routine von Berufstätigkeit, Besorgungen, Hausarbeit und Kochen eingepaßt werden.

Alle Arbeiten werden unter bestimmten Bedingungen verrichtet, die von der Routine bis zur Krisensituation reichen können. Der Insulinschock ist eine Krisensituation, die morgendliche Insulinspritze wird zur routinemäßigen Aufgabe. Da Verlaufskurve und Alltagsleben täglichen Schwankungen unterliegen, können notwendige Arbeiten in ihrem Ausmaß, Schwierigkeitsgrad, Zeitaufwand und erforderlichen Ablauf variieren. Man geht jeden Tag zur Arbeit, richtet zwei- bis dreimal täglich etwas zum Essen, saugt aber nur einmal in der Woche ab. Medikamente müssen vielleicht dreimal täglich eingenommen werden, die physikalische Therapie ist vielleicht nur dreimal pro Woche vorgesehen. Manche Aufgaben, z. B. bestimmte Gymnastikübungen, sind zeitlich nicht festgelegt, andere, z. B. die Einnahme von Herzmedikamenten, sind es. Es gibt wiederum Aufgaben, die viel Zeit und Sorgfalt verlangen, während andere sich schnell und mechanisch erledigen lassen.

Wenn sich der Krankheitszustand, Gegebenheiten des Alltags oder biologische Bedingungen verändern, verändern sich meistens auch Art und Wesen einzelner Arbeitslinien. Nach der Genesung von einem Schlaganfall z. B. muß der Patient vielleicht noch Medikamente gegen Bluthochdruck einnehmen, aber nicht mehr so oft zur ärztlichen Kontrolluntersuchung oder zur physikalischen Therapie gehen. Dadurch, daß es dem Kranken bessergeht und er nun mehr Zeit hat, kann er zusätzliche Arbeiten im Haushalt übernehmen oder seinen Beruf wieder aufnehmen. Tritt dagegen eine Verlaufskurve, z. B. Arthritis, in eine akute Phase ein, muß der Kranke vielleicht jeden Morgen viel Zeit aufbringen, um seine steifen Gliedmaßen langsam und unter Schmerzen in Gang zu bringen und sie so weit zu lockern, daß er wenigstens die Grunddinge des täglichen Lebens erledigen kann. Eine Frau formulierte das so: »Ich sitze auf dem Bettrand und trinke meinen Kaffee. Dann nehme ich meine Tabletten und fange an, alle meine Muskeln zu bewegen, während mein Mann meinem Stöhnen zuhört.«

Der Kontext, in dem Krankheit bewältigt wird

Die Gesamtheit der Bedingungen, unter denen der Betroffene mit seiner Krankheit in der Familie umgeht, kreist um zwei Phänomene: um die *prozeßhafte Struktur des Alltags* und das *Wechselspiel von Krankheit und Biographie*. Die Struktur des Alltags ist *prozeßhaft*, weil sie sich in einem fortwährenden Wandel befindet. Eine Familie ist, anders als ein Krankenhaus, in dem viele Kranke versorgt werden, auf das gemeinsame Leben hin organisiert und darauf bedacht, die Bedürfnisse der einzelnen Mitglieder individuell zu befriedigen. Lebt ein chronisch kranker Mensch in der Familie, verändert sich ihr physisches, soziales und emotionales Gefüge. Wenn z. B. Schlafzimmer und Badezimmer nur über eine Treppe erreichbar sind und der Kranke keine Treppen mehr steigen kann, dann wird vielleicht ein Wohnzimmer zu einem Schlafzimmer und eine Abstellkammer zu einem Badezimmer umfunktioniert. Hat der Kranke Schwierigkeiten beim Gehen, entfernt man die Teppiche, stellt die Möbel um und installiert Handläufe im Badezimmer und in der Diele. Ist ein kranker Mensch an den Rollstuhl gebunden, müssen Türen verbreitert, Badezimmer anders eingerichtet und Auffahrrampen gebaut werden. Braucht der Kranke während oder nach akuten Krankenhausphasen unbedingt Ruhe und Erholung, müssen vielleicht die Aktivitäten der Kinder und anderer Leute eingeschränkt werden. Vielleicht müssen auch bestimmte Möbel einem Krankenbett, einer Waschkommode oder einem Treppenlift weichen. Weitere Veränderungen im Krankheitszustand des Patienten bringen dann unter Umständen noch einmal Veränderungen für die ganze Familie mit sich: Ein Herz- oder Schlaganfallpatient z. B. erholt sich und kann wieder die Treppen zum Schlafzimmer oder Badezimmer hochsteigen, braucht aber noch einen Ruheraum im unteren Stockwerk.

Da die mit der Krankheit zusammenhängende Arbeit im Rahmen der komplexen Alltagsarbeit verrichtet wird, müssen die Aufgaben auf verschiedene Leute verteilt werden. Die Verteilung von Aufgaben wie Haushaltsführung, Geldverdienen und Versorgen der Kinder kann so lange aufgeschoben werden, wie der Patient im Krankenhaus ist. Kommt der Kranke nach Hause, müssen Übergangslösungen durch Dauerlösungen ersetzt werden, unter anderem, weil der tägliche Arbeitsanfall nun deutlich größer ist. Vielleicht muß die Bettwäsche täglich gewechselt werden, oder man muß spezielle Mahlzeiten zubereiten. Oft nimmt die Arbeit in dem Maße zu, in dem die Fähigkeit des Kranken zur Mithilfe abnimmt, so daß mehr Arbeit auf weniger Leute verteilt werden muß.

Der alltägliche Umgang mit einer Krankheit ist auch davon geprägt, wie die Krankheitsverlaufskurve, die einzelnen Phasen und die damit verbundene Arbeit beschaffen sind. Ein Krankheitsverlauf kann Routine sein oder Probleme bereiten. Bei dem einen Kranken vertragen sich z. B. die Medikamente nicht miteinander und rufen schwere Komplikationen hervor. Bei einem anderen stört eine physische Behinderung aufgrund der einen Krankheit den Umgang mit einer anderen Krankheit: Es ist schwer, sich eine Insulinspritze zu geben, wenn der Arm durch einen Schlaganfall gelähmt ist. Starke Schwankungen im Krankheitszustand komplizieren den Routineablauf im Alltag oder in der Krankheitsbewältigung möglicherweise zusätzlich. So kann z. B. ein querschnittgelähmter Mensch aufgrund einer Grippeinfektion ernsthafte Atembeschwerden bekommen, weil er körperlich nicht imstande ist, den Schleim auszuhusten. Heißes, dunstiges Wetter verursacht bei Patienten mit verminderter Lungenkapazität Atemnot. Eine Schwangerschaft kann bei Diabetespatientinnen gefährlich werden, wenn sich der Insulinbedarf erhöht und gleichzeitig die hypoglykämischen Episoden (Unterzuckerung) zunehmen. Ebenso können schon leichte Abweichungen von der Alltagsroutine Folgen haben für den Umgang mit der Krankheit. So werden unregelmäßige Essenszeiten und eine unausgewogene Nahrung für den Diabetiker gefährlich. Eine Mahlzeit im Restaurant treibt bei einem Menschen, der eine salzarme Diät befolgen muß, möglicherweise den Natriumspiegel in die Höhe. Eine aufregende Diskussion am Vormittag kann die Energievorräte eines Herzpatienten so sehr erschöpfen, daß er am Nachmittag nicht mehr unterrichten kann. Der optimale Umgang mit einer Krankheit wäre natürlich in einem kontrollierten Umfeld gegeben, in dem Schwankungen und Zufälle reduziert sind; doch dieser Idealzustand läßt sich schwer realisieren.

Durch das *Wechselspiel von Krankheit und Biographie* wird die Verlaufskurve insgesamt bestimmt und im Grunde genommen kontrolliert. Der Schriftsteller Cornelius Ryan beschreibt das so:

Die Verbindungen zwischen meinem Kopf und meinen Händen brechen zusammen. Liegt es an mir oder liegt es am Thema, daß das Schreiben nicht weitergeht? Ich muß eine klare Antwort über meinen Gesundheitszustand bekommen. ... Ich glaube, wenn ich die Diagnose Krebs für mich abhaken könnte, könnte ich mich ernsthaft an das Buch machen. ... Dieses monotone Nicht-Schreiben-Können ist schrecklich, und die ständige Angst vor Krebs, die meine Arbeitsfähigkeit hemmt, wird allmählich unerträglich. ... Sie verfolgt mich sogar bis in den Schlaf. Neulich saß ich nachts kerzengerade im Bett und hörte, wie Neligan sagte, die Operation sei nicht erfolgreich gewesen. Es dauerte Sekunden, bis ich realisierte, daß ich einen Alptraum hatte.

Es ist auch nicht ungewöhnlich, daß sich biographische Vorgänge auf die Krankheitsbewältigung und letztlich auf den Krankheitsverlauf auswirken. Sehen wir uns folgendes Zitat an:

Vor kurzem habe ich gebetet, was ich meines Wissens seit Jahren nicht mehr bewußt getan habe. Ich möchte Zeit haben, um dieses Buch zu Ende zu schreiben. Es gibt nur noch so wenig, was ich für Katie und die Kinder tun kann. Es ist so unendlich schwer, die Tatsache zu akzeptieren, daß meine Sexualität nicht mehr existiert, und noch schlimmer, zu wissen, daß meine Männlichkeit mit jeder Einnahme weiblicher Hormone abnimmt. Wenn ich das Buch und die Familie nicht hätte, glaube ich nicht, daß ich das Östrogen überhaupt genommen hätte, nachdem Willet mir eröffnet hatte, daß der Krebs auf die Knochen übergegangen sei. Wenn ich allein gewesen wäre, ohne Verpflichtungen, hätte ich die Krankheit einfach laufen lassen.

Das Wechselspiel zwischen Krankheit und Biographie ist nicht auf den Anfang einer Krankheit begrenzt, sondern geht während der ganzen Verlaufskurve weiter. So nimmt z. B. jemand nach dem ersten Herzinfarkt seinen alten Beruf wieder auf, muß aber nach dem zweiten Infarkt feststellen, daß der Betrieb nicht mehr an ihm interessiert ist. Genau das ist J. passiert. »Den zweiten Herzinfarkt hatte ich zwei Jahre nach dem ersten. Nachdem ich mich soweit erholt hatte, ließen sie mich wissen, daß sie mich in den Ruhestand versetzen würden.« Infolgedessen mußte J. sich mit dem Verlust seines Arbeitsplatzes abfinden, seine Finanzen neu ordnen und neue Wege suchen, um noch Erfüllung im Leben zu finden.

Relative Ausgewogenheit

Was motiviert einen Menschen, trotz Krankheit und der zu ihrer Bewältigung notwendigen Anstrengungen am Leben festzuhalten? Im folgenden Zitat könnte eine Antwort zu finden sein:

Nur weil man Diabetiker ist, heißt das noch nicht, daß man am Wochenende nicht ausschlafen möchte. Gewöhnlich ändere ich einfach meinen Plan ab: Ich habe einen Plan für die Woche und einen anderen für das Wochenende, wo ich eine andere Insulindosis habe. Man muß diesen Plan seiner Lebensweise anpassen und einfach ein Gespür für sich entwickeln und darauf hören. Man muß doch weiterleben. Man kann den Lauf der Welt nicht davon abhängig machen, wieviel Insulin man genommen hat. Genausowenig würde ich z. B. in ein Restaurant gehen und mir den Bauch vollschlagen, ohne mir eine zusätzliche Injektion zu geben.

Kranke Menschen wägen die Anforderungen, die die Krankheit, der Alltag und ihre Biographie an sie stellen, offenbar ab und entwerfen danach einen Handlungsplan, in dem alle drei Bereiche berücksichtigt werden. Dieser Versuch ist vergleichbar mit einem Hochseilakt, bei dem jemand mit kostbaren Ressourcen wie Zeit, Energie, Geld jongliert und ein relatives Gleichgewicht anstrebt. Aber auch ein ausgewogenes Verhältnis von Krankheit, Biographie und Alltagsleben kann ins Schwanken kommen. Eine Krankheit kann z. B. außer Kontrolle geraten, die Behandlung keinerlei Fortschritte mehr bringen; der Tod ist unausweichlich geworden. Aber auch dann sind die Schmerzen und der Energieverlust noch so weit kontrollierbar, daß der Kranke seiner ihm noch verbleibenden Lebenszeit einen Sinn verleihen und sein Leben abschließen kann.

Fallbeispiel Clara und Paul

Dieser Fall zeigt, wie ein Ehepaar mit der Krankheit des Mannes gelebt, das Leben auf die Krankheit hin organisiert und versucht hat, eine gewisse Lebensqualität aufrechtzuerhalten, auch als die Krankheit ihrem Ende zuging. Clara, von Beruf Krankenschwester, berichtet vom Umgang mit der Krankheit ihres Mannes Paul, der Lehrer an einer High School war und vor einigen Monaten an einer Nierenkrankheit gestorben ist.

Stabile Verlaufskurve. Als Clara und Paul heirateten, wußte sie, daß er Diabetiker war. Er wirkte gesund und spielte Basketball. Erst als sie verheiratet waren, merkte sie, daß die Zuckerkrankheit ihr Leben beeinflussen würde. »Alles war geplant, damit seine Routine nicht zu arg gestört wurde, vor allem bei Mahlzeiten und Insulingaben.«

Clara und Paul bekamen drei normale Kinder, die gerne herumtobten und kämpften, besonders am späten Nachmittag zwischen vier und sechs Uhr. Solche Aktivitäten setzen schon einem gesunden Mann nach einem langen Arbeitstag zu, doch für Paul waren sie besonders schlimm, weil er zu dieser Tageszeit erschöpft war und einen niedrigen Blutzuckerspiegel hatte. Seine Unduldsamkeit gegenüber den Familienaktivitäten um diese Tageszeit wurde zu einem beliebten Scherzthema.

Auch das Reisen mit dem Auto brachte seine Schwierigkeiten mit sich. Lange Reisen waren vor allem für Clara schwer auszuhalten, weil Paul weite Strecken fahren wollte, ohne Pausen einzulegen. Sie machte sich Sorgen wegen seiner hypoglykämischen Reaktionen. Schließlich setzte sie sich selbst ans Steuer. »Ich überlegte mir, daß wir alle tödlich verunglücken könnten, wenn ich nicht fahre.« Zuerst ärgerte sich Paul darüber, aber »ich sagte ihm, daß es das Risiko einfach nicht wert sei. Ich glaube, es war zuerst ein Schlag gegen seine Männlichkeit. Für mich bedeutete das Autofahren andererseits eine Belastung, aber ich wollte es nicht anders. Später konnten dann auch die Kinder einspringen«.

Nach Claras Aussagen hatte Paul wenig Schwierigkeiten, seine Diät einzuhalten. Er legte meistens eine beachtliche Selbstbeherrschung an den Tag. »Ich glaube, das ist das Deprimierende daran. Er hielt sich wirklich fast immer an seine Diät, und doch ging diese verdammte Krankheit weiter.«

Mit der Zeit drang die Zuckerkrankheit zunehmend in ihr Leben ein. Es gab einen Punkt, an dem Paul die drohenden Anzeichen des hypoglykämischen Zustands nicht mehr spürte. Um das auszugleichen, versuchte er, die Reaktionen zu kalkulieren und darauf hinzuplanen. Wenn er wußte, daß er bis in die Nacht arbeiten mußte, aß er extra spät zu Mittag. Aber manchmal war er so vertieft in seine Arbeit, daß er das Essen vergaß, und dann passierte etwas.

Gelegentlich arbeitete Paul noch spät abends in der Schule. »Wenn er spät von der Arbeit oder von sonstwo nach Hause kam, machte ich mir Sorgen, daß er gegen einen Baum gefahren war. Seine Unterzuckerungsphasen traten gewöhnlich zwischen fünf und sechs Uhr abends auf. Beim Durchschnittsmann würde man einfach sagen, er arbeitet heute länger, aber ich wußte, daß Paul etwas essen mußte, sonst käme er in Schwierigkeiten.«

Eines Tages fiel er um und schlug sich den Kopf an. Obwohl seine Schläfe geschwollen war, nahm der Arzt keine große Notiz davon. Etwa zwei Wochen später sank Pauls Blutzuckerspiegel, und er hatte einen Anfall, der »alle zu Tode erschreckte«. Der Arzt sagte, das hinge mit einem gestörten Gleichgewicht der Gehirnströme zusammen. Infolge von Erschöpfung und niedrigem

Blutzuckerspiegel brach Paul regelrecht zusammen. Clara bemerkte, daß er nach diesem Vorfall zunehmend das Vertrauen in seine Fähigkeit verlor, allein wegzugehen – außer in die Schule. Er hatte nicht mehr das innere Vertrauen, daß ihm nichts passieren würde. Damals sagte ihr der Arzt, daß Paul nicht mit ihr zusammen alt werden würde. »Ich ärgerte mich über den Arzt, weil Paul so gesund aussah, und war überzeugt, daß der Diabetes unter Kontrolle gehalten werden könnte.«

Clara erzählt, daß Paul die Epilepsie nie ganz akzeptieren konnte. Sie erschreckte ihn und verletzte sein Selbstbild. Er hatte Angst, daß er in einem Anfall sterben könnte und dann niemand bei ihm wäre. Er sprach über den Tod. Er träumte auch davon. Als vorbeugende Maßnahme brachte Clara den Kindern bei, wie sie ihren Vater schützen konnten. Während eines Anfalls konnten sie nur sehr wenig für Paul tun. Wenn er aber wieder bei Bewußtsein war, konnten sie es ihm bequem machen und ihm die Nahrung bringen, die er brauchte, um den Schwächezustand, der immer auf den Anfall folgte, zu überwinden.

Einmal trat er in der Nähe eines Schwimmbades in einen Draht. Aufgrund seines neuropathologischen Zustandes bemerkte er nicht, daß der Draht in seinen Fuß eingedrungen war, der sich daraufhin entzündete. Die Chirurgen wollten den Fuß amputieren. Paul widersetzte sich, was die Ärzte erboste, weil sie nicht realisierten, daß er sich nichts vormachte. Schließlich wechselte er den Arzt. Die Behandlung dauerte zehn Wochen, aber sein Fuß wurde gerettet. An diesem Punkt beschloß Clara, sich beruflich weiterzubilden. »Mir wurde klar, daß ich ihn nicht mehr sehr lange haben würde. Sein Körper reagierte so heftig auf die Infektion.«

Nach der Infektion am Fuß bekam Paul einen hohen Blutdruck. Die Ärzte führten dies auf eine Nierenschädigung zurück, die eine Reaktion sei auf die Behandlung mit Antibiotika, mit der die Infektion im Fuß bekämpft wurde. Clara meinte, daß »seine Zellen zu dieser Zeit wahrscheinlich so anfällig waren, daß sich der verabreichte Medikamentenstoß auf seinen Zustand verheerend auswirkte«.

Auch nachdem der Bluthochdruck diagnostiziert worden war, arbeitete Paul als Lehrer weiter. Die Krankheit schien sich stabilisiert zu haben. Eines Tages, drei oder vier Jahre später, erhielt Clara einen Anruf von der Mutter eines der Jungen aus der Schule. Sie berichtete Clara, daß ihr Sohn gesehen habe, wie Paul im Korridor gestürzt sei. Was wie ein einmaliger Vorfall aussah, hatte in Wirklichkeit mit den Komplikationen der Krankheit zu tun. Die Sache ereignete sich am späten Nachmittag. Paul war mit einer Aktentasche voller Papiere und Bücher unterwegs zu seinem Büro und mußte noch ein paar Treppen hochsteigen. Das Treppensteigen erschöpfte ihn. Aufgrund dieses Erschöpfungszustands und einer bestehenden Nervenschädigung in den Beinen hatte er beim Gehen das Gleichgewicht verloren und war im Fallen mehrfach gegen die Mauer geprallt. Das war das erste sichtbare Zeichen, daß seine Nieren nicht mehr in Ordnung waren.

Clara war erschreckt über den Anruf, meinte aber, sie könne Paul nichts davon sagen. Als dann seine Kollegen ihr mitteilten, daß Paul erschöpfter aussähe als früher, schlug Clara vor, daß er zu seinem Arzt gehen solle. Einer von Pauls Freunden unterstützte sie dabei. Dies schien für Clara und für Paul zu bestätigen, daß sich die Situation in bezug auf seine Krankheit zu verändern begann. Der Arzt stellte fest, daß der Kreatinspiegel und die Blut- und Urinwerte zu hoch seien.

Zu dieser Zeit bemerkte Clara eine beginnende Impotenz bei ihrem Mann. »Paul«, sagt sie, »war immer ein sehr liebevoller Mensch gewesen, aber körperliche Liebe wurde für ihn immer anstrengender. Er war einfach zu erschöpft.« Das war für sie ein weiteres entscheidendes Anzeichen für eine Veränderung.

Man zog eine Nierentransplantation in Erwägung, verschob sie aber auf später, weil eine Druckstelle an Pauls Fuß nicht heilen wollte. Zwischenzeitlich wurde er auf eine Spezialdiät gesetzt, um das Voranschreiten seiner Nierenkrankheit unter Kontrolle zu halten. Clara sagt, daß die Kombination aus Bluthochdruck-Diät und Nieren-Diät einfach ihre Ehe zu zerrütten begann. Der Arzt verordnete Paul eine Natriumdiät und eine Kaliumdiät. Diese weiteren Einschränkungen zu der Diät, die Paul wegen seinem Diabetes schon einhalten mußte, deprimierten ihn immer mehr. Viele Früchte und Gemüsesorten, die er früher als Teil seiner Diabetes-Diät gegessen hatte, waren nun wegen ihres Kaliumgehalts verboten. »Mit einer 2200-Kalorien-Diät zu leben ist nicht schwer; wenn man aber auf Bluthochdruck-Diät und gleichzeitig auf Nieren-Diät gesetzt ist, dann weiß man nicht mehr, was man noch essen soll. Gewöhnlich setzen sie Nierenpatienten auf Lutscher und Eis am Stiel, um ihre Energie zu erhalten, bei ihm war das aber nicht möglich, weil er Diabetes hatte.«

In dieser Zeit regte sich Clara am meisten darüber auf, daß die Ärzte Paul immer dann beschuldigten, seine Diät nicht einzuhalten, wenn sein Elektrolythaushalt nicht in Ordnung war. Der Urologe beschimpfte ihn, weil er angeblich zu viel trank oder Obst aß. »Es wurde zu einer regelrechten Beschuldigungstour. Die Ärzte konnten die Tatsache nicht akzeptieren, daß die Krankheit an sich außer Kontrolle geraten war, und schoben ihm den Schwarzen Peter zu, wo er sich doch so tapfer bemühte.«

Paul wollte leben. Wenn etwas schiefging, war er immer zuversichtlicher als Clara. Er freute sich jedesmal, wenn seine Ärzte ihm ein neues Behandlungsverfahren vorschlugen, z. B. einen Shunt (künstlicher Venenanschluß) oder eine Nierentransplantation. Für ihn bedeutete das neues Leben. Sein Bruder spendete ihm eine Niere. Auch die Kinder wollten ihrem Vater eine Niere spenden, aber das ließ er nicht zu, weil er meinte, sie hätten das Leben noch vor sich. Für Paul bedeutete die Transplantation Hoffnung auf eine bessere Zukunft, aber Clara war nicht so optimistisch. Der Arzt eröffnete ihr, die Operation werde lediglich ein Jahr bringen, und so war es auch. Sie kannte die Gefahren der Operation, aber Paul wußte eigentlich erst nach der mißlungenen Transplantation von möglichen Fehlschlägen. Sie wollte nicht, daß er zu früh davon erfuhr, weil sie meinte, dadurch würde ihm das bißchen noch verbleibende Hoffnung genommen. Als sie dann wußte, daß Paul an eine weitere Operation dachte, bat sie den Arzt, ihn zu informieren. Der Arzt machte Paul klar, daß sie alles versuchten, so viel Lebensqualität wie möglich zu erhalten, daß er aber für den Rest seines Lebens von der Dialyse abhängig sei. Noch einen Eingriff würde sein Körper einfach nicht überstehen.

Clara erzählt, es habe Zeiten gegeben, da war Paul depressiv – aus Hoffnungslosigkeit über das endlose Leiden, mit dem er rechnen mußte. Gewöhnlich war dies der Fall, wenn er zu müde wurde, um weiterzuarbeiten. Dies dauerte jedoch nie sehr lange. Er hatte viel Humor und einen scharfen Verstand. Sein Humor half ihm, mit solchen Situationen fertig zu werden. Wenn Leute zu Besuch kamen, wollte er nicht, daß sie nur über seine Krankheit sprachen. Er liebte es, wenn sie aus ihrem eigenen Leben erzählten, auch wenn sie manchmal nur vom Ärger berichteten, den sie mit ihren heranwachsenden Kindern hatten. Wenn die Kinder wußten, daß er deprimiert war, riefen sie an oder kamen vorbei und sagten: »Wollen wir nicht zusammen essen gehen?« Sobald Clara merkte, daß Paul ganz still war, fragte sie ihn, was ihn beunruhigte. Er sprach dann offen über das, was ihn bewegte.

Gegen Ende seines Lebens wurde es aufgrund der Restriktionen im Diätplan und seiner zunehmenden Gebrechlichkeit immer schwieriger, eine gewisse Lebensqualität für ihn aufrechtzuerhalten. Paul bestellte manchmal im Restaurant ein Omelett und eine zusätzliche Portion Pfannkuchen oder auch ein belegtes Brot. Clara meint zu diesen Gelegenheiten:

Ich fügte mich einfach, auch wenn ich mir sagte, daß er das nicht durfte. Ich überlegte genau, wann ich den Mund hielt. Vielleicht – wenn er das nicht gemacht hätte, hätte er noch ein paar Jahre leben können, aber ich bezweifle, ob es viel gebracht hätte. Er machte das so selten. Ich sah ja auch seine Seite. Ich weiß, wieviel Mühe es mir macht, wenn ich abnehmen will. Natürlich hat es auch etwas mit Disziplin zu tun. – Und er ärgerte sich so über den Arzt, wenn der was sagte. »Oh, scher dich zum Teufel«, reagierte er dann. »Ich habe alles getan, was ich konnte; mein Körper funktioniert nicht richtig. Ich möchte mir noch ein paar Dinge gönnen in der Zeit, die ich noch habe.«

Paul hatte sein ganzes Leben lang riesige Mengen an Flüssigkeit zu sich genommen; plötzlich schrieben ihm die Ärzte vor, daß er nichts mehr trinken dürfte. Darüber ärgerte er sich sehr.

Wir kamen damals arg in Bedrängnis. Ich brachte ihm morgens eine Viertel Tasse Kaffee, und er murrte: »Um Gottes willen, du gönnst mir ja auch gar nichts.« Darüber wurde ich nun wieder ärgerlich, weil ich mir Sorgen machte wegen der Belastung für sein Herz. Ich erklärte ihm, daß nicht ich die Regeln festlegte. Andererseits brauchte sein Körper so viel von diesem Zeug. Ich hatte keine Ahnung, wie ich damit umgehen sollte, also sagte ich nichts mehr. Er wurde erst sehr ärgerlich, und dann war er ganz still.

Schließlich sprach Clara mit der Gemeindeschwester über Pauls Verhalten. Die Schwester meinte, Paul sei ein erwachsener Mann und könne seine eigenen Entscheidungen treffen. Und er wußte ja, daß es für sein Herz nicht gut war.

Der Arzt sagte: »Ich verstehe Paul nicht; er ist sehr klug, aber offenbar versteht er die physiologischen Zusammenhänge nicht.« Worauf ich antwortete: »Ich glaube nicht, daß das Problem ist, daß er nicht versteht. Das Problem ist, daß er *beschlossen* hat, nicht zu verstehen. Der Kompromiß ist hart für ihn. Er hat sein Leben lang nur Kompromisse geschlossen, und jetzt ist er nicht mehr bereit dazu.« Paul hat am Tag nach der Transplantation achtunddreißig Tabletten genommen. Wie kann man so viele Tabletten mit nur einem Tropfen Wasser schlucken?

Zu dieser Zeit hatte es den Anschein, als ob wir jedesmal, wenn wir uns nur bewegten, anfingen zu streiten. Eine Weile hörte ich mir an, was der Arzt sagte. Aber dann hatte ich sein ständiges Schimpfen satt. Ich wußte, daß Paul sich weitgehend an die Vorschriften hielt. Der Arzt sah den Mißerfolg einfach als eine Beleidigung seiner Kunst an.

Während der ganzen Zeit seiner Krankheit bestand Paul darauf, daß Clara berufstätig blieb. Jeden Tag gab sie ihm die Telefonnummern, unter denen sie im Notfall erreichbar war. Sie sagte, daß sie versucht habe, während der acht Stunden ihrer Arbeit alles, was mit zu Hause zusammenhing, zu vergessen, was ihr sehr oft nicht gelang. Jeden Abend, wenn sie nach Hause fuhr, hoffte und betete sie, daß sie Paul in guter Verfassung vorfinden und daß der Abend gutgehen würde.

In diesen leidvollen letzten Jahren war es für Clara wichtig, daß Paul nicht das Gefühl bekam, eine Belastung für die Familie zu sein. Manchmal sagte er, daß er ihnen ein Klotz am Bein sei. Wenn er so etwas sagte, schaute sie ihn an und sagte: »Nein, wir lieben dich viel zu sehr, als daß du uns eine Last sein könntest. Du bist ein wichtiger Teil unseres Lebens, auch wenn du krank bist.« Genauso sagten ihm das auch die Kinder.

Oft organisierten Clara und die Kinder für Paul bestimmte Unternehmungen. Einmal nahmen sie ihn zu seinem 30jährigen Klassentreffen mit. Wann immer sie eine Aktion planten, mußten sie den Dialyseplan beachten und schauen, wie er sich fühlte. Ihre Tochter half bei den Vorbereitungen für das Klassentreffen, sie und ihr Mann begleiteten Clara und Paul zu dem Ereignis. Um dieses Vorhaben auszuführen, mußten sich alle sehr anstrengen. »Ohne Hilfe von seiten der Familie«, sagt Clara,

wäre ich niemals imstande gewesen, so viele Dinge zustande zu bringen, wie ich es getan habe. Damit es klappt, muß man vorausplanen und so tun, als ob es schön wird, und es ist schön, weil man so viel geplant hat. (Sie taten das alles, ohne ihm etwas davon zu sagen.) Wenn ich mir auch nur im geringsten anmerken ließ, daß es zu anstrengend war oder wie müde ich war, dann sagte er sofort: »Oh, ich habe das Ganze so satt.« Also war mir klar, ich durfte ihn nie wissen lassen, daß ich zu müde war, um irgendwohin zu gehen oder irgend etwas zu machen. Manchmal war ich so erschöpft, daß ich nur den einzigen Wunsch hatte, er würde einmal für mich sorgen!

Paul half bei der Alltagsarbeit, z. B. bei finanziellen Angelegenheiten, wenn er sich gut fühlte, aber er hatte nicht genug Energie, viel zu tun. Er konnte sich z. B. nicht mit der Versicherungsgesellschaft auseinandersetzen und die Dinge mit seiner Behinderung regeln. Argumentieren war viel zuviel für ihn. Er wollte »das Handtuch werfen. Das geht aber nicht, wenn man die elfhundert Dollar im Monat für Ausgaben braucht. Das bedeutete, einen Rechtsanwalt zu nehmen und einen Streit durchzustehen. Er war zu erschöpft, um solche Dinge zu erledigen, und ich stellte fest, daß ich in solchen Dingen viel energischer sein mußte, als ich eigentlich wollte. Er mußte viel von seiner Stellung innerhalb der Familie einbüßen, aber keiner von uns sah ihn deswegen jemals als Schwächling an.«

Paul versuchte, Clara in bezug auf den Zeitpunkt und die Art seiner Pflege entgegenzukommen, so daß sie ein bißchen flexibel war. Am Sonntag konnte sie in die Kirche gehen. Er frühstückte und badete später. Viel Anregung kam durch seinen Humor und ihre gemeinsamen Unterhaltungen. Er erkundigte sich immer, wie sie den Tag verbracht hatte, und lobte sie auch, wenn das Essen gut war. Bevor er krank geworden war, hatte er ihr bei der

Hausarbeit und beim Einkaufen geholfen. Es quälte ihn, daß er nicht mehr im Hause helfen konnte. Er meinte, Clara arbeite zu schwer. Sie wußte, daß ihn das quälte, und es half ihr und tat ihr gut, daß er nicht von ihr erwartete, daß sie alles machte und perfekt war. Er liebte es, wenn sie neben ihm im Wohnzimmer saß, während er fernsah. Wenn sie nicht bei ihm sein konnte, sorgte sie dafür, daß eines der Kinder bei ihm saß. Das entlastete sie sehr.

Nach der Nierentransplantation konnte Paul seine Beine nicht mehr bewegen. Durch den hohen Kreatinspiegel waren die Nervenenden angegriffen. Das nahm ihn psychisch arg mit. Er versuchte, Fortschritte zu machen und Dinge zu tun, aber seine Beine taten nicht, was er wollte. Er stolperte über den Teppich. Eines Nachts wachte Clara auf und hörte, wie er im Badezimmer hinfiel. Als sie ihn fragte, weshalb er sie nicht gerufen habe, sagte er, daß er allein wieder hochkommen wollte. Aber als er schließlich feststellte, daß er keine andere Wahl mehr hatte, quälte es ihn nicht mehr so sehr, sie um Hilfe zu bitten.

Während der letzten Monate seines Lebens hatte Paul einen Unterbauchkatheter. Das war ein weiterer Schlag für ihn. Nach der Nierentransplantation hatten die Ärzte eine Zwischenkatheterisierung angeordnet, um zu verhindern, daß sich in der frisch eingesetzten Niere ein Urinstau bildete. Aufgrund seiner geringen Abwehrkräfte und der häufigen Katheterisierungen bekam er eine bakterielle Infektion. »Später fanden wir heraus, daß häufiges Katheterisieren gar nicht notwendig ist.« Von da an wurde Paul zynisch gegenüber der Ärztezunft und verkündete, er lebe noch *trotz* der medizinischen Kunst; seiner Meinung nach war der einzige Grund, weshalb er seinen Körper habe retten können, der, daß er ständig mit den Ärzten diskutierte und nicht tat, was sie sagten.

In diesen letzten Monaten wurde Pauls häusliche Pflege immer komplizierter. Nachdem der Katheter gelegt worden war, hatte er wegen der Infektion unerträgliche Schmerzen im Penis. Die Schmerzen wurden mit Demerol-Spritzen unter Kontrolle gehalten. Wenn der Katheter gelegt worden war, brauchte er dreimal täglich einen sterilen Verband. Im Badezimmer wurden Haltegriffe installiert, damit er auf die Toilette gehen konnte; eine Dusche wurde eingerichtet, damit er kein Vollbad nehmen mußte. Er ging jeden zweiten Tag zur Dialyse. Die Familie hatte einen Plan aufgestellt, wer ihn zur Dialyse fuhr und wer ihn wieder abholte. Sie planten auch die Tage, an denen die Krankenschwester ins Haus kam. Obwohl es Pauls Vorschlag gewesen war, daß eine Krankenschwester ein paarmal in der Woche kam, um Claras Kräfte zu schonen, war es schwer für ihn auszuhalten, wenn eine fremde Person ihn in die Dusche brachte.

Clara begann den Tag normalerweise um halb fünf Uhr morgens. Sie zog sich für die Arbeit an, danach weckte sie Paul und bereitete ihn für den Tag vor. Sie hatten die tägliche Routine so organisiert, daß er um acht Uhr zur Dialyse im Krankenhaus war. Ihr jüngster Sohn hatte die Aufgabe, ihn morgens ins Krankenhaus zu fahren. Die anderen Kinder holten Paul dann umschichtig nach der Dialyse wieder ab.

Die Dialyse brachte für die ganze Familie eine Art Zwangslage, und manchmal gab es Augenblicke des Unmuts unter den Familienmitgliedern: »Man konnte nicht mal sagen, zum Teufel damit; es mußte einfach gemacht werden.« Es gab auch Zeiten, da wünschte sich Clara, sie hätte mehr Geld, um sich mehr Hilfe von außen leisten zu können. Manchmal hatte sie am Ende eines Tages kaum noch die Kraft, Paul ins Bett zu bringen.

Gegen Ende fing Clara an, sehr sorgfältig auszuwählen, wen sie einlud, weil die Anwesenheit von Gästen Paul sehr anstrengte. Manchmal mußte sie Entschuldigungen erfinden, weshalb eine bestimmte Person nicht kommen konnte. Paul war der Ansicht, daß sein Leben nun zu kurz war, um Energie auf Leute zu verschwenden, die er nicht sehen wollte. Er zog sich immer mehr auf die Familie und einen engen Freundeskreis zurück. Immer wieder sahen die Kinder nach ihm.

Zeitweise fühlte Clara sich als Gefangene. Entlastung kam durch drei von Pauls engen Freunden, die fragten, wie sie helfen könnten. Daraufhin bat sie sie, dienstags und donnerstags von drei bis fünf Uhr zu kommen, damit sie eine Pause machen konnte. Manchmal war es ihr möglich, abends ein Konzert zu besuchen oder ins Kino zu gehen. Gelegentlich kamen Freunde mit Essen vorbei. Clara waren diese Geschenke willkommen, weil sie keine

Zeit mehr hatte, etwas zu kochen. Im Rückblick auf diese letzten Monate, sagt sie, hatte sie wahrscheinlich ihre Grenzen erreicht. Sie hätte nicht mehr viel verkraften können. Aber zu der Zeit realisierte sie nicht, wieviel von ihr verlangt wurde. Sie hielt durch, indem sie sich sagte: »Wenn er es tragen kann, kann ich es sicher auch.«

Schließlich zeigte Paul Anzeichen von Herzversagen. Eines Nachts bemerkte Clara, daß er Schwierigkeiten beim Atmen hatte. Paul versicherte ihr, am nächsten Morgen nach der Dialyse werde alles wieder in Ordnung sein. Um vier Uhr morgens starb er an Herzstillstand.

Wir sehen an diesem Fall, daß selbst unter Routinebedingungen – und noch mehr in kritischen Phasen der Krankheit – ein Gerangel entsteht, wenn man den unterschiedlichen Bedürfnissen im Hinblick auf Krankheit, Alltagsleben und Biographie entsprechen will. Es ist ganz und gar nicht leicht, in diesem Kampf ein relatives Gleichgewicht aufrechtzuerhalten, denn das Gleichgewicht neigt immer zur Instabilität.

Die Wechselwirkung von strukturellen Bedingungen und Krankheitsbewältigung

Wenn eine Krankheit in der Familie bewältigt und eine gewisse Lebensqualität aufrechterhalten werden soll, ist das mit Konsequenzen verbunden. Diese Konsequenzen entstehen aus der Wechselwirkung zwischen den strukturellen Gegebenheiten, unter denen eine Familie lebt, und dem sich ständig verändernden Umgang mit der Krankheit.

Gewöhnlich entsteht innerhalb der drei Arbeitslinien ein *Wettkampf um Ressourcen*, die sich auf menschliche Arbeitskraft, finanzielle Mittel für Medikamente, Energie und Raum sowie auf technische Apparaturen beziehen. Beispielsweise könnte ein Ehepartner oder ein Sohn/eine Tochter den kranken Menschen physisch und emotional unterstützen und umgekehrt irgendein Freund oder Familienmitglied dem Partner des Kranken Hilfestellung leisten. Möglicherweise sucht der Patient oder sein Partner auch Hilfe bei einer Beratungsstelle. Häufig braucht man für den Kranken technische Ausstattungen, etwa ein spezielles Krankenbett, und viel Zeit und Kraft, um ihn z. B. drei- bis viermal täglich künstlich zu ernähren. In vielen Fällen muß die Pflegeperson Fachkenntnisse haben und geschickt sein, um z. B. zu Hause Prozeduren wie Absaugen, Blasenspülungen, Katheterisierungen vornehmen zu können.

Je schwerer die Krankheit oder Behinderung ist, desto mehr Ressourcen braucht man, um die Krankheit kontrollieren und die physischen, sozialen und biographischen Bedürfnisse des kranken Menschen erfüllen zu können. Auch wenn ein Haushalt kompliziert ist, z. B. kleine Kinder und ein labiler Partner gleichzeitig zu versorgen sind, wächst der Bedarf an Ressourcen. In akuten Krankheitsphasen ist man außerdem auf zusätzliche Hilfe wie Freunde, die Gemeindeschwester, das Krankenhaus angewiesen.

Im allgemeinen sind Ressourcen nicht im Überfluß vorhanden, so daß Prioritäten gesetzt werden müssen.* Der kranke Mensch oder das Paar muß entscheiden, wofür sie ihre Zeit, Energie, ihr Geld usw. einsetzen wollen. Es gibt Phasen, in denen die Krankheit im Vordergrund steht; manchmal haben Alltagsleben oder biographische Probleme Priorität. Ein Wettkampf um Ressourcen entsteht, wenn – bei schwerer Krankheit – viele Ressourcen benötigt werden, aber nur wenige zur Verfügung stehen. In unserer Studie gab es einige Frauen, die die einzige Pflegeperson ihrer Männer waren, einfach deshalb, weil sie nicht das Geld für Hilfe von außerhalb hatten. Frau J. erzählt uns: »Mein Arzt sagte zu mir: ›Sie müssen aufpassen, weil Ihr Rücken nicht in Ordnung ist.‹

---

* In Deutschland werden für Pflegebedürftige vor allem in folgenden Bereichen öffentliche Leistungen erbracht und Pflegekosten finanziert: gesetzliche Unfallversicherung; gesetzliche Krankenversicherung; Kriegsopferversorgung und andere Bereiche der sozialen Entschädigung; Lastenausgleich; Pflegegeldgesetze der Länder Berlin, Bremen und Rheinland-Pfalz; Beihilferegelungen des öffentlichen Dienstes; Sozialhilfe. Einen knappen Überblick gibt die Zeitschrift *Selbsthilfe* 23, 1991, S. 113 ff. Einen umfassenden Überblick über sozialpolitische und ökonomische Aspekte einer Pflegeversicherung gibt Reinhold F. Thiede, *Die gestaffelte Pflegeversicherung*, Frankfurt/M. 1990. (A. H.)

Ich passe auf, denn wenn ich den Rat nur einmal in den Wind schlagen würde, wäre ich am Boden. Ich kann mir keine Hilfe leisten. Kein Mensch sagt einem, wie man damit klarkommt, wie man es anstellt, daß man Hilfe von außen bekommen kann. Ich muß alles alleine machen.« Hilfe von außerhalb ist teuer. Viele Paare sind Rentner mit niedrigem Einkommen und ohne zusätzliche Geldquellen. Oft verliert der Mann, der Alleinverdiener war oder die Hauptlast des Familienunterhalts getragen hat, seinen Arbeitsplatz oder muß eine schlechter bezahlte Arbeit annehmen. Manchmal muß die Frau ihren Arbeitsplatz aufgeben, um den kranken Ehemann zu pflegen. Viele Paare leben von der Sozialhilfe und von ihren geringen Ersparnissen. Die Kosten für Nahrung, Miete, Kleidung, Strom und Wasser, Medikamente und andere für die Gesundheit notwendige Dinge verschlingen alles, was die Betroffenen haben. Selbst wenn staatliche Unterstützung für Hilfe von außen gewährt wird, reicht das Geld manchmal nicht aus, um qualifiziertes Personal finanzieren zu können. Doch manchmal lehnt ein Paar trotz staatlicher Zuwendungen Hilfe von außen ab, weil der Kranke eine fremde Pflegeperson als Eindringling in die Privatsphäre empfindet.

Eine Krankheit verschlingt nicht nur Geld, sondern auch Energien. In den Vereinigten Staaten gibt es bestimmte Hilfsprogramme, um den pflegenden Ehepartner zu entlasten. So bieten in Kalifornien die Veterans Medical Centers Möglichkeiten der Krankenpflege an, damit sich die pflegenden Familienmitglieder erholen können. Es gibt Altentagesstätten, in denen ältere Menschen den Tag verbringen können; gegen eine geringe Gebühr werden sie morgens abgeholt und am späten Nachmittag wieder nach Hause gebracht. Es gibt auch Gemeindeschwestern. Und manchmal helfen Nachbarn, Freunde oder die Kinder. Doch die meisten Hilfeleistungen von außen sind keine vierundzwanzig Stunden verfügbar, wie das der pflegende Partner sein muß. Dieser hat keine Diätküche und keine Hauswäscherei, er hat keine Zeit für Urlaub und Freizeit. Er hat nicht einmal das tröstende Wissen, wie es die Mutter eines Säuglings hat, daß das Objekt der Pflege bald wachsen und unabhängig sein wird. Für die Zukunft ist eher noch mehr an Belastung zu erwarten.

Wenn ein chronisch Kranker in der Familie lebt, kommt es oft zu *einseitigen Arbeitsbelastungen*, was auf eine ungleiche Verteilung der anfallenden Aufgaben hinweist. Sobald der Kranke seinen Anteil an der Arbeit nicht mehr leisten kann, muß ein anderer diese Lücke füllen; und das ist gewöhnlich der Ehepartner. So muß der Ehemann neben seiner regulären beruflichen Arbeit vielleicht noch einkaufen und kochen und andere Dinge im Haushalt erledigen. Oft muß jemand seinem kranken Partner bei den intimsten und grundlegenden Verrichtungen der Selbstversorgung beistehen. Ein Ehemann muß z. B. mitten in der Nacht aufstehen und seine arthritiskranke Frau auf den Nachttopf setzen, weil sie nicht bis zur Toilette gehen kann. Während manche Aufgaben, z. B. ein nasses oder schmutziges Bett zu reinigen, einfach unangenehm sind, empfindet der gesunde Partner andere Aufgaben als unangemessen: »Ich bin fast ausgeflippt, als er wollte, daß ich auf das Dach klettere, um etwas an der Antenne zu richten, und ich habe mich beinahe zu Tode geängstigt.« Andererseits ist es für den Kranken genauso deprimierend und schwer, sich von einem anderen versorgen zu lassen oder Aufgaben, die einst seine Domäne waren, dem Partner zu übertragen.

In vielen Fällen können die betroffenen Paare die Arbeit neu verteilen. Oft übernimmt der kranke Partner alternative Aufgaben wie Abstauben, Gemüseschälen, Kinder zu Verabredungen bringen. Bestimmte Aufgaben können in einem zeitlich flexibleren Rahmen erledigt werden oder nach Grundbedürfnissen und weniger wichtigen Wünschen sortiert werden. Gelegentlich kann der pflegende Partner von der Arbeit entlastet werden und sich erholen, oder das Paar unternimmt gemeinsam etwas. Ohne derartige Strategien nehmen Erschöpfung, Deprimiertheit und Ärger immer mehr zu, so daß selbst Partner mit starkem Verantwortungsgefühl schließlich feststellen, daß sie die Last nicht mehr tragen können. »Wir sprachen oft darüber, daß ich ihn eines Tages in ein Pflegeheim bringen müsse. Im vergangenen Oktober dann (nach vierundzwanzig Jahren) mußte ich einsehen, daß ich es einfach nicht mehr schaffte. Da war es soweit. Schlimm war die Entscheidung. Ich habe dabei viel durchgemacht. Viel leichter wäre es gewesen, ihn einfach ganz zu verlieren.«

Gewöhnlich ist das Arbeitsvolumen am größten, wenn die Krankheit akut ist oder wenn in Krankheit, Alltagsleben oder Biographie des Individuums Komplikationen auftreten. Dann steigt die Arbeitsbelastung, während die Handlungsfähigkeit des Kranken abnimmt oder gleich bleibt. Wenn sich der pflegende Partner überlastet fühlt, kann das aber auch daher kommen, daß er über Jahre hinweg einseitig belastet war und kaum Möglichkeiten hatte, von der Arbeit Abstand zu bekommen. Zusätzliche Arbeiten wie neue und anstrengende Diäten oder Therapien, zunehmende Gebrechlichkeit des Kranken oder abnehmende Handlungsfähigkeit des gesunden Partners aufgrund von Krankheit, Alter oder Verletzung können ebenfalls zur Überlastung führen.

Ein weiteres Problem beim Umgang mit einer Krankheit in der Familie ist die *Unterbrechung des Arbeitsflusses*. Die Arbeit insgesamt kann in gewissen Grenzen routinemäßig organisiert werden, doch wird die Routine nicht selten durch unvorhergesehene Ereignisse gestört. Geringfügige, selten auftretende und vorübergehende Unterbrechungen sind im allgemeinen zu meistern; die Routine wird wieder aufgenommen, sobald die Ursache der Störung behoben ist. Doch auch kurzfristige Unterbrechungen können die Bewältigung problematisch machen. Es ist z.B. für einen Diabetiker schwierig, im Urlaub oder auf Reisen nach einem bestimmten Diätplan zu leben. Ähnlich schwierig ist es für eine Ehefrau, die Grippe hat, nachts alle zwei Stunden den querschnittgelähmten Mann umzudrehen.

Auch ernsthafte Krisen im Krankheitszustand können den Arbeitsfluß beeinträchtigen. Hält die Unterbrechung an oder wird sie gravierender, z.B. nach akuten Episoden oder wenn es aufs Ende zugeht, dann müssen neue Arbeitsverteilungsmuster entwickelt und Routine neu erarbeitet werden.

Damit man chronische Krankheit bewältigen kann, sind bestimmte *Motivationsbedingungen* nötig. Im Berufsleben ist es meistens so, daß Geld, Ansehen und Zufriedenheit zur Arbeit motivieren. Doch der Umgang mit einer Krankheit ist nicht mit der normalen beruflichen Arbeit vergleichbar, und Geld und Ansehen sind hier keine maßgeblichen Beweggründe. Die Motivation zur Arbeit liegt in Verlaufskurvenplanungen und biographischen

Entwicklungen, in der Hoffnung und im Verantwortungsgefühl. Die Betroffenen müssen eine Vorstellung davon haben, welche Arbeit sie Tag für Tag zu verrichten haben und wie der Verlauf der Krankheit in ihr Leben eingreifen wird; und sie brauchen eine Vorstellung davon, wie sie das schaffen können. Ebenso wichtig ist eine biographische Planung, um persönliche Angelegenheiten zu regeln, z. B. sein Testament zu machen oder – um das Leben abzuschließen – sich zu verabschieden. Wenn jemand sein Leben mit der Krankheit plant, heißt das, daß er sich bis zu einem gewissen Grad mit seiner Krankheit, seinen Einschränkungen und dem möglichen Ausgang der Krankheit abgefunden hat. Hoffnung ist also eine weitere motivierende Bedingung; denn Verlaufskurvenplanungen und biographische Pläne sind sinnlos, wenn man nicht daran glaubt, daß diese Planungen zum Ziel führen. Ein Patient würde vermutlich keine kräftezehrende Chemotherapie über sich ergehen lassen, wenn er nicht hoffte, daß sie Heilung bringt oder ihn zumindest von Schmerzen befreit. Ebensowenig würde sich ein Schlaganfallpatient einer schmerzhaften Physiotherapie unterziehen, wenn nicht die Hoffnung bestünde, daß er eines Tages wieder gehen kann.

Arbeitsmotivierend ist auch das Verantwortungsgefühl – in dem Sinne nämlich, daß die Betroffenen die ihnen jeweils zugewiesenen Aufgaben verrichten, weil sie sich füreinander verantwortlich fühlen. Bei Ehepartnern ist dieses Gefühl nicht immer Liebe im herkömmlichen Sinne; in vielen Fällen hat sich die Liebe eines Partners – zumindest im romantischen Sinn – im Laufe der Zeit verflüchtigt und ist einem starken Pflicht- oder Verantwortungsgefühl gewichen. So hat z. B. eine Frau in unserer Studie ihren kranken Mann nach zehnjähriger Trennung wieder zu sich genommen und ihn bis zu seinem Tod gepflegt.

Wenn eine chronische Krankheit allerdings dem pflegenden Partner über einen langen Zeitraum viel abverlangt und keinerlei Belohnung in Aussicht ist, dann ist es oft schwer, die Arbeitsmotivation zu erreichen. Manche Krankheiten, z. B. die Alzheimersche Krankheit sowie bestimmte Arten von Schlaganfällen und psychische Krankheiten, bringen oft drastische Persönlichkeitsveränderungen mit sich. Bei der Versorgung des Kranken stellt der gesunde Partner dann fest, daß die Pflege seinen ständigen Einsatz verlangt, der kranke Partner aber nur sehr wenig oder gar nichts zurückgeben kann. Dann ist trotz Pflicht- oder Verantwortungsgefühl der gesunde Partner nicht mehr imstande, die Arbeitsbelastung durchzuhalten, und sucht schließlich für den Kranken ein Pflegeheim, was allerdings oft von Schuldgefühlen und Vorstellungen, den anderen verlassen zu haben, begleitet ist.

Der *Domino-Effekt*. Die vielfältigen Konsequenzen aus der Wechselwirkung von strukturellen Gegebenheiten und Krankheitsbewältigung sind vergleichbar mit eng hintereinander hochkant aufgestellten Dominosteinen: Wird der erste Stein einer Reihe angestoßen, stürzen die anderen der Reihe nach mit ihm. Wird eine Reihe negativer Konsequenzen nicht unterbrochen, geraten damit schließlich alle Versuche der Krankheitsbewältigung außer Kontrolle. Die Suche nach Ressourcen, einseitige Arbeitsbelastungen, Unterbrechung des Arbeitsflusses und verminderte Arbeitsmotivation führen zu Erschöpfung, Überarbeitung, Überlastung, akuten Krankheitseinbrüchen, Wut, Zorn und schließlich zum Auseinanderleben der Ehepartner. Diese Konsequenzen können im Endeffekt das zerbrechliche Gleichgewicht in der Krankheitsbewältigung empfindlich stören und zum Verlust der Kontrolle über die Krankheit und/oder über das Alltagsleben führen.

Der einzige Weg, eine unwiderruflich nach unten verlaufende Spirale zu verhindern, besteht darin, daß die aus der Bewältigungsarbeit entstehenden Konsequenzen rechtzeitig unter Kontrolle gebracht werden. Wie aber erreicht man das und schafft es, einen Zustand relativer Ausgewogenheit aufrechtzuerhalten, wenn die Arbeitsbedingungen gleichzeitig ihrer Tendenz nach Instabilität produzieren?

Krankheitsbewältigung als Prozeß

Die Balance zwischen Krankheit, Biographie und Alltag zu halten und die der Bewältigungsarbeit zugrunde liegenden Bedingungen unter Kontrolle zu bekommen verlangt einen besonderen Umgang mit der Krankheit. Das bedeutet, daß der Kranke und sein Partner die zur Bewältigung notwendigen Aufgaben verstehen, planen und koordinieren, daß sie Probleme antizipieren, sich Ressourcen verfügbar machen und daß sie zur Arbeit motiviert sind. Darüber hinaus werden – im Unterschied zu anderen Managementmethoden – die grundlegenden *Arbeitsverfahren* so eingesetzt, daß die Arbeit den jederzeit eintretenden Veränderungen angepaßt werden kann. Entscheidend ist, daß (1) Ressourcen kalkuliert werden, (2) die Verteilung der Arbeit flexibel ist, (3) die gesamte Arbeit geplant und koordiniert wird und (4) das Selbst des Kranken und das des Partners gestützt werden.

Wenn man um *Ressourcen* kämpfen muß, dann *müssen* sie *kalkuliert* werden, damit man sie relativ gleichmäßig zwischen krankheitsbezogener, biographischer und Alltagsarbeit aufteilen kann. Dieses Verfahren läuft in vier Schritten ab: (1) Zuerst wird der Bedarf an Ressourcen für die einzelnen Arbeitslinien eingeschätzt, damit man weiß, welche Ressourcen benötigt werden, für welche Zwecke, wann, wie lange usw. Dann schaut man, (2) welche Ressourcen verfügbar sind und wie diese zwischen den einzelnen Arbeitslinien aufgeteilt werden können. Eine bestimmte Medikation kann z. B. die Leistungsfähigkeit eines Kranken steigern, so daß die Familie mehr Zeit und Energie für die Durchführung anderer Aufgaben hat. Anschließend prüft man, (3) ob die benötigten Ressourcen auch verfügbar sind. Da der Bedarf und die Verfügbarkeit sich nicht immer decken, muß man Optionen prüfen, Prioritäten setzen, Ressourcen gegeneinander abwägen, eine Arbeitslinie nach der anderen durcharbeiten usw. Zu berücksichtigen sind oft ethische Gesichtspunkte, z. B. Lebensqualität und das Recht zu leben oder zu sterben, Aspekte der Gesetzgebung, z. B. Anspruch auf Sozialhilfe, bestimmte Strukturen des familialen Umfelds, der Stand der technischen Entwicklung. Schließlich weist man (4) die Ressourcen den einzelnen Arbeitslinien je nach Bedarf zu. Durch eine flexible Handhabung von Ressourcen wird ihre Effizienz erhöht und eine Erschöpfung der Ressourcen verhindert.

Bei der *Arbeitsteilung* müssen die *Grenzen flexibel gehalten* werden. In einer Familie werden Aufgaben nach unterschiedlichen

Kriterien verteilt: nach Tradition, Effizienz, physischer Fähigkeit, Wunsch, Sicherheit, Verfügbarkeit usw. Dann gibt es bei der Aufgabenverteilung die täglichen Schwankungen, was von Bedingungen wie Überdruß, Erschöpfung, Urlaub, akuter Krankheitsphase abhängt.

Wird die Arbeit, die ein Paar oder eine Familie im Umgang mit einer chronischen Krankheit zu leisten hat, verteilt, müssen die Betroffenen die Verteilung der Aufgaben verstehen und akzeptieren. Wichtig ist auch, daß jeder Partner einen angemessenen Beitrag leistet oder alles tut, was unter den gegebenen Bedingungen machbar ist, um die Arbeitsbelastungen so ausgewogen wie möglich zu halten. Bei schweren Behinderungen kann das Gefühl gemeinsamer Anstrengungen leicht verlorengehen. Aber schon eine kleine Geste des kranken Menschen kann diese Gemeinsamkeit erhalten helfen. Die Aufgaben müssen auch mit Beharrlichkeit, Ausdauer und Verantwortung durchgeführt werden. Schließlich braucht es eine gewisse Flexibilität, wer welche Arbeit zu welchem Zeitpunkt verrichtet, d. h. daß man sich auf individuelle Befindlichkeiten, Krankheitszustand usw. einrichtet, aber auch die Grenzen der eigenen Belastbarkeit erkennt und die Aufgaben gegebenenfalls neu verteilt.

Ein effizienter Umgang mit der Krankheit verlangt, daß *die gesamte Arbeit organisiert wird*. Jedes Unternehmen erfordert Planung und Koordination, wenn die konkrete Arbeit reibungslos ablaufen und ihr Ziel erreicht werden soll. Die Organisation von krankheitsbezogener und Alltagsarbeit findet auf drei Ebenen statt. Die erste Ebene ist die der Arbeitsarten mit ihren einzelnen Aufgaben, die nacheinander oder gleichzeitig verrichtet werden müssen. Insulin z. B. muß vom Glasbehälter in die Spritze umgefüllt werden, bevor es injiziert wird. Die zweite Ebene ist die der Arbeitslinien, die koordiniert werden müssen, um Lücken in der einzelnen Linie zu vermeiden. Der Urintest und die Insulinspritze am Morgen müssen in die tägliche Routine des Aufstehens und Sich-für-die-Arbeit-Anziehens integriert werden. Manchmal muß man sich entscheiden, welche Aufgabe oder Arbeitsart Vorrang hat. So sollte z. B. der Urintest gemacht werden, bevor das Insulin gespritzt wird, und das Insulin sollte vor dem Frühstück injiziert werden. Die dritte Ebene ist die der Ressourcen. Menschen, Zeit, Raum, Apparaturen usw. müssen geplant und koordiniert werden. Es gibt Verfahren, bei denen zwei Leute zusammenarbeiten müssen, wenn z. B. der Patient abgeklopft werden muß, um den Schleim abzuhusten; doch es kann vorkommen, daß der gesunde Partner im Büro (oder über den kranken Partner verärgert) ist. Also muß der Kranke die Prozedur allein durchführen, was wiederum ohne Hilfe des anderen nicht so effektiv ist.

Wenn man ein Paar fragt, wie es ein gewisses Gleichgewicht zwischen Krankheit und Leben zu bewahren und gleichzeitig beide unter Kontrolle zu halten vermag, dann kann es gewöhnlich keine präzise Antwort darauf geben. Analysiert man aber einzelne Geschichten, die ein Paar erzählt, dann erkennt man, daß die Bewältigung einer Krankheit in der Familie eine starke Ähnlichkeit mit der Arbeitsorganisation in einer Fabrik hat. Auch der Umgang mit einer Krankheit umfaßt eine Reihe von organisatorischen und koordinierenden Strategien, die darauf abzielen, den Arbeitsfluß reibungslos zu gestalten und Lücken in der Gesamtarbeit zu vermeiden. Hier einige Beispiele:

- Absprachen treffen, z. B. mit dem Labor, um zweimal wöchentlich oder einmal im Monat das Blut untersuchen zu lassen.
- Ressourcen sichern, zuweisen und erhalten, z. B. Geld für einen Helfer oder für Pflegedienste beantragen.
- Die Zeit planen, einteilen, ihr Tempo bestimmen; Aufgaben aufeinander abstimmen, z. B. Urlaub und chemotherapeutische Behandlung, so daß im Urlaub der höchste Wirkungsgrad der Chemotherapie erreicht ist und die schlimmsten Nebenwirkungen vorbei sind.
- Routine entwickeln, d. h. Aufgaben, Menschen, technische Hilfsmittel planen, sich mit der Arbeit vertraut machen, die Arbeit rationalisieren.
- Informationsarbeit verrichten, d. h. ein Kommunikationsnetz aufbauen, auf Erkundungstour gehen, lernen und sich weiterbilden, Anweisungen geben und berichtigen, zwischen Bedürfnissen und Wünschen unterscheiden, nach Leuten, Orten und notwendigen Dingen suchen – z. B. ein Restaurant anrufen

und herausfinden, ob es für einen Gast auf Krücken oder im Rollstuhl geeignet ist.
- Sich um Details kümmern, z. B. Sozialhilfeanträge oder Versicherungsformulare ausfüllen.
- Zwischen Optionen wählen: »Soll ich mich dieser Behandlung unterziehen oder lieber nicht?«
- Bei Aufgaben Prioritäten setzen: Manchmal hat die krankheitsbezogene Arbeit Vorrang, manchmal das Alltagsleben.
- Hilfsmittel nutzen, d. h. arbeitsunterstützende Vorrichtungen finden, z. B. ein Geländer im Flur installieren, um einem Schlaganfallpatienten beim Laufen zu helfen.
- Störquellen ausfindig machen, d. h. mögliche Probleme wie Überlastung, die eigenen Grenzen und die der anderen erkennen, Konfliktsituationen verhindern und bewältigen.
- Aufgaben, Verantwortung und Belohnungen unter dem Arbeitskräftepotential verteilen; Ressourcen auf mehrere Arbeitslinien verteilen.
- Arbeitsdurchführung und Arbeitsfluß überwachen: Werden ärztliche Anweisungen befolgt? Gibt es genug Zeit für Erholung? Wenn nicht, warum nicht?

Ein wesentlicher Faktor bei der Krankheitsbewältigung besteht auch darin, daß *das eigene Selbst und das des Partners gestützt* wird. Wenn jemand sich pausenlos anstrengen und notwendige oder gewünschte Arbeit verrichten soll, dann braucht er eine »Belohnung«, um motiviert zu werden. Doch manchmal ist keine Belohnung in Sicht, z. B. bei einer progressiv sich verschlimmernden Krankheit. Wie sehr man sich auch um die Kontrolle der Krankheit bemüht, der Zustand verschlechtert sich zusehends. In solchen Situationen ist es entscheidend, daß die Partner sich jeder für sich und gegenseitig stützen, und das *trotz* Bedingungen wie Überarbeitung, vermindertem Vertrauen, wachsender Abhängigkeit und verlorener Träume. Warum muß das sein?

Als Paar oder als Familie hat man individuelle und gemeinsame Vorstellungen und Planungen für die Verlaufskurve und die Biographie. Man hat auch Hoffnung und Verantwortung dem anderen, sich selbst und der Arbeit gegenüber, und man hat eine individuelle und eine gemeinsame Identität.

Um eine gemeinsame verlaufskurvenbezogene und biographische Vorstellung und Planung zu erreichen, müssen beide Partner über die Krankheit, über die Bedürfnisse, Wünsche und Erwartungen des anderen Bescheid wissen. Das erfordert einen offenen Umgang miteinander. Wenn ein Partner dem anderen eine wichtige Information vorenthält, ist es fast unmöglich, gemeinsame Vorstellungen von der Krankheit oder vom Leben zu entwickeln oder Pläne, mit denen diese Vorstellungen erreicht werden sollen, zu entwerfen. In gemeinsamen Gesprächen kann ein Paar Konflikte lösen und Hoffnung aufbauen: Es gibt einen »Ausweg« aus der Situation, die Chance auf Heilung, das Nachlassen der Schmerzen, eine bessere Zukunft, auch die Erlösung im Tod.

Darüber hinaus erhält die Verantwortung dem Partner gegenüber eine Beziehung lebendig. Man nimmt sich Zeit füreinander und findet Wege, z. B. Intimitäten mit oder ohne Sexualität zu genießen. Durch einen verantwortungsvollen Umgang mit der Arbeit lernt ein Partner auch, wann er Aufgaben übernehmen oder abgeben muß. Dazu gehört, daß ihm Raum und Zeit gewährt werden, um eigene Ziele zu verfolgen und Distanz von der Arbeit zu finden. Manche Paare schaffen es, liebgewonnene Eigenheiten beizubehalten und durch einfühlsames Handeln den anderen spüren zu lassen, wie wichtig er ist. So kann der gesunde Partner den Kranken ermuntern, an Familienentscheidungen und an der Erziehung der Kinder mitzuwirken, oder ihm zu verstehen geben, daß er trotz Krankheit und Einschränkungen gebraucht und geliebt wird.

Die Grundlage, auf der alle diese Aufgaben und Arbeiten durchgeführt werden, ist die Interaktion. Ohne sie ist es nicht möglich, Ressourcen zu sichern und zuzuweisen, Arbeit zu verteilen und Aufgaben zu organisieren oder das eigene Selbst und das des Partners zu stützen.

7 Zusammenarbeiten, um die Krankheit zu bewältigen

Wanda war die rechte Brust amputiert worden. Das ganze nächste Jahr ging sie regelmäßig zu den Nachsorgeuntersuchungen. Als der Arzt in der anderen Brust einen Knoten entdeckte, ließ sie eine Biopsie machen. Das Ergebnis war negativ. Als dann ein weiterer gutartiger Knoten entdeckt wurde, schlug der Arzt vor, auch die linke Brust (mit nachfolgender Implantation) abzunehmen, damit Wandas Angst vor Metastasen gemildert würde. Dieser Vorschlag verstörte sie sehr. Sie konnte förmlich sehen, wie sie »Stück für Stück weggeschnitzelt« wurde, und fürchtete sich davor, daß eines Tages weitere bösartige Tumoren an anderen Stellen entdeckt würden. So beschloß sie, ihre Krankheit in den Griff zu bekommen, und verbrachte in den folgenden Wochen viel Zeit damit, mit anderen Leuten über Krebstherapien zu reden und in Bibliotheken darüber zu forschen. Schließlich entschied sie sich für eine Behandlung mit einer Diät aus organischen Nahrungsmitteln, frisch gepreßtem Lebersaft und Karottensaft.

Wandas Ehemann Bill unterstützte sie sehr. Zu der Behandlung gehörte auch, daß Wanda viel Ruhe haben und frei von Belastung leben sollte. Obwohl Bill jeden Tag von neun bis fünf Uhr arbeitete, besorgte er alle organischen Nahrungsmittel, half an Wochenenden bei der Zubereitung des Lebersaftes und übernahm fast die ganze Arbeit in der Küche. Da Wanda es schwierig fand, den Lebersaft zuzubereiten, stellte sie für ein paar Stunden täglich eine Frau an, die bei der Saftherstellung und anderen Haushaltstätigkeiten half. Dadurch waren Wanda und Bill von manchen Hausarbeiten befreit und hatten mehr Zeit füreinander. Etwa ein Jahr lang, so Bill, drehte sich ein Großteil ihres Lebens um diese Therapie. Sie halfen sich gegenseitig bei den täglichen Anforderungen. Da beide Künstler sind, arbeiteten sie auch beruflich zusammen und machten gemeinsame »Auftritte«. Obwohl sie sich schon immer nah gewesen waren, hatten sie nun das Gefühl, daß diese intensive Zusammenarbeit, um die Krankheit und andere Aspekte ihres Lebens zu meistern, sie einander noch näherbrachte; sie »brauchten sich gegenseitig zur Unterstützung«.

Die Behandlung war sowohl teuer als auch zeitraubend, weil erhebliche Mengen an Leber gekauft und mühselig von Hand durchgedreht und gepreßt werden mußten, um den Saft zu erhalten. Dennoch war das Paar, im Gegensatz zu anderen Betroffenen, in der glücklichen Lage, über die Ressourcen für die Durchführung der Behandlung zu verfügen, mit der Wandas Körper von toxischen Stoffen gereinigt und seine natürlichen Fähigkeiten und Abwehrkräfte wiederhergestellt werden sollten. Was die Behandlung für Wanda und Bill durchführbar machte, waren folgende Umstände: Sie stützten sich gegenseitig; Bill hatte ein geregeltes Einkommen; sie hatten ein bequemes und schön eingerichtetes Haus, ihre Kunst und einen konstanten Freundeskreis; sie hatten ihre Erinnerungen an gemeinsame Reisen und ihre Pläne für zukünftige Reisen und Kunstprojekte. Darüber hinaus lebten sie in einer Gegend, in der die benötigten Lebensmittel leicht zu bekommen waren. Das Ergebnis ihrer Mühen war, daß es Wanda besser ging, sie sich gesund fühlte und auch Bill von der gezwungenermaßen gesünderen Ernährungsweise profitierte.

Dieses Beispiel zeigt, wieviel Arbeit der Kranke und sein Partner zu bewältigen haben, und das angesichts der Zwänge, denen sie bei einer Krankheit oft ausgesetzt sind. Eine Analyse von Wandas und Bills Situation ergibt, wie gesagt, daß das Paar über viele Hilfsmittel verfügt und ein kooperatives Arbeitsmuster entwickelt hat. Sie bewältigen die Arbeit mittels der elementaren Arbeitsverfahren: (1) Arbeitsteilung, (2) Arbeitsorganisation (sie koordinieren Zeit und Energie zwischen den Arbeitsarten, sie entwickeln Routine), (3) Verwaltung von Ressourcen (Umgang mit Geld und Zeit, Hilfe von außen) und (4) Stützung des eigenen Selbst und des Selbst des Partners (ihr gemeinsames Interesse an Kunst, ihre kontinuierliche gegenseitige Unterstützung).

Dazu kommt noch ein anderer Aspekt, ohne den die Arbeit nicht möglich wäre: die *Interaktion*. Die Handlungen des einen richten sich nach den Handlungen des anderen; die Handlungen des Paares (und die der anderen »Helfer«) passen zusammen.

Interaktion ist wie *ein Kreisel, um den sich die einzelnen Arbeitsverfahren drehen*. Bildlich ausgedrückt, könnte man die Arbeit, die Arbeitsverfahren und die Interaktion mit dem Rad eines Fahrrads vergleichen. Der Reifen stellt die Arbeit dar, die Speichen stehen für die Arbeitsverfahren, und die Nabe ist die Interaktion. Alle drei Teile wirken zusammen, um die Balance und das Bewegungsmuster herzustellen, das ein Fahrrad zum Laufen bringt.

Wie wirken nun Arbeitsarten, Arbeitsverfahren und Interaktion zusammen und ermöglichen die *Arbeitsdurchführung*? Wir behandeln diese Frage an einem ausgedehnten Fallbeispiel, möchten zunächst aber einen Rahmen für die Analyse schaffen. Mit dem Begriff »Arbeitsdurchführung« ist ein Schlüsselthema aus der Arbeitssoziologie angesprochen. Man geht davon aus, daß Arbeit mittels Arbeitsteilung und mit adäquaten Ressourcen durchgeführt wird, daß freiwillige oder unfreiwillige (bezahlte oder verpflichtete) Helfer die Arbeit verrichten und daß die Arbeit effizient oder nicht effizient ist. Doch die Frage, *wie* Arbeit im Falle der Krankheitsbewältigung konkret durchgeführt wird, d. h. welche sozialen Mechanismen, Verfahren oder Prozesse dabei wirksam sind, kann mit diesem Ansatz allein nicht zufriedenstellend beantwortet werden.

Die einzelnen *Arbeitsverfahren*, die in unserer Studie im Vordergrund stehen, haben grundsätzlich die Tendenz, sich gegenseitig zu beeinflussen. Wenn z. B. die menschlichen Ressourcen von außen gering sind oder fehlen und der Kranke nur sehr wenig Arbeit selbst verrichten kann, verlagert sich die Arbeitsbelastung auf den Partner. Ist der Partner überlastet, kann er vielleicht nicht mehr alle drei Arbeitslinien organisieren, und so beschränkt er sich auf die, die er organisieren muß oder kann. Da außerdem ein Großteil der Ressourcen dafür verbraucht wird, das Grundlebensniveau zu sichern, bleiben oft nur wenige Ressourcen für höhere Ebenen von Biographiearbeit übrig. Aber in der Krankheitssituation, die von Arbeitsbelastung, Druck und Anspannung begleitet ist, spielen gerade sie eine Sonderrolle dabei, den Partner »bei der Stange« und die Ehe in Gang zu halten.

Dann hängen die einzelnen Arbeitsverfahren nicht nur von der individuellen Arbeit ab, sondern auch von der kollektiven Arbeit oder der Interaktion. Auch wenn bestimmte Aufgaben oder Arbeitsarten von einem Partner allein erledigt werden, bedarf es doch der gemeinsamen Anstrengungen beider Partner, um die miteinander verflochtenen Arbeiten in bezug auf Alltag, Biographie und Krankheit schaffen zu können.

Darüber hinaus machen sich sämtliche Arbeitsverfahren in jeder Situation mehr oder weniger stark bemerkbar. Es ist z. B. schwer vorstellbar, daß Wanda ihre Behandlung durchziehen könnte, wenn nicht alle vier Arbeitsverfahren gleichermaßen wirksam wären.

Die einzelnen Arbeitsverfahren werden zu bestimmten Zeiten unterschiedlich gewichtet. Manchmal steht die Verteilung von Aufgaben oder deren Organisation im Vordergrund, manchmal haben Bedarf und Verfügbarkeit von Ressourcen Priorität, manchmal muß entschieden werden, wie man sich selbst oder den anderen Menschen stützen kann.

Interaktion und Ausrichtung des Handelns

Kaum eine Form von Arbeit ist ohne Interaktion durchführbar. Sogar bei Handlungen, die man allein durchführt (wenn man z. B. ein Buch schreibt), gibt es gewöhnlich die Interaktion mit dem Selbst in der Form, daß Ideen durchdacht werden und das Geschriebene überprüft und kritisiert wird. Auch scheinbar so »einsame« Arbeiten wie Hausarbeit verlangen, daß der Arbeitende bei der Planung und Organisation seiner Aktivitäten nicht nur mit sich selbst kommuniziert, sondern in zahllosen täglichen Interaktionen ebenso mit anderen: mit den Kindern, dem Lebensmittelhändler, dem Bankangestellten.

Wenn wir im Zusammenhang mit Arbeit von Interaktion sprechen, meinen wir mehr als nur die Tatsache, daß Leute miteinander kommunizieren. Wir meinen den Prozeß, in dem Menschen mittels Kommunikation mit ihrem Selbst und mittels Kommunikation mit anderen ihre Handlungen gemeinsam auf die Durchführung einer Form von Arbeit ausrichten.

Bei der Behandlung dieses Themas beziehen wir uns zunächst

auf die Schriften der amerikanischen Pragmatisten John Dewey (1922) und George H. Mead (1934). Sie stellen fest: (1) Interaktion ist eine Bedingung für menschliches Handeln, aber nicht in einem streng deterministischen Sinn. (2) In einer Interaktion interpretiert jeder fortwährend die Handlungen der anderen. (3) Jeder benutzt die so gewonnene Information als Grundlage für eigenes Handeln. (4) Das Ergebnis ist, daß während einer Interaktion die Haltung des einzelnen gegenüber einer Handlung sich in Reaktion auf die Handlungen der anderen verändert. Der Soziologe H. C. Hughes (1971) definiert Interaktion als etwas, das den Mittelpunkt der Arbeit bildet, weil ohne sie die Organisation einer kollektiven Arbeitsteilung nicht stattfinden könnte.

Wir verbinden diese beiden Konzeptionen mit unseren Überlegungen und definieren den Begriff der *Ausrichtung* als einen Prozeß, in dem Akteure ihre jeweiligen arbeitsbezogenen Handlungen mittels Interaktion mit dem Selbst und mittels Interaktion mit den anderen abstimmen. Dadurch, daß die Akteure ihre Handlungen aufeinander abstimmen, können sie die Arbeit verteilen und organisieren, Ressourcen kalkulieren und herausfinden, welche Arbeitsarten nötig sind, um das eigene Selbst und den andern zu stützen. Hier ist noch anzumerken, daß die von der Krankheit, der Biographie und vom Alltagsleben gesetzten Strukturbedingungen sowie die umfassenderen Makrobedingungen einen starken Einfluß darauf haben, wie effektiv und schnell die Arbeit erledigt wird. Von ihnen hängt auch ab, an welcher Stelle die Arbeit zusammenbricht, wo sie stagniert und wo sie vielleicht wieder aufgenommen wird. Ebenso wirken sich die genannten Bedingungen auf die Ausrichtung des Handelns aus; denn wenn *sie* sich ändern, müssen neue Anpassungsleistungen erbracht und die Handlungen wieder aufeinander abgestimmt werden.

Der Prozeß, in dem jemand seinem Handeln eine Ausrichtung gibt, läuft in zwei Phasen ab: In der *Interaktionsphase* (Interaktion mit dem eigenen Selbst und mit den anderen) wird die Arbeit verteilt und organisiert, Ressourcen werden berechnet, und die zur Stützung des eigenen Selbst und des anderen nötige Arbeitsart wird identifiziert. In der *Ausführungsphase* werden die in der Interaktionsphase getroffenen Vereinbarungen ausgeführt. Die

Gerichtetheit des Handelns kann in beiden Phasen jederzeit zusammenbrechen, und sie kann in jeder Phase von null bis hundert Prozent reichen. Bei einem Wert von Null gibt es keinerlei *Ausrichtung*. Hat einer der Handelnden das Gefühl, daß Vereinbarungen nicht getroffen oder ausgeführt werden, liegt eine *falsche Ausrichtung* vor. Werden neue Vereinbarungen getroffen oder ausgeführt, geben die Akteure ihrem Handeln eine *erneute Ausrichtung*. Dem Handeln kann aber nur dann eine neue Richtung gegeben werden, wenn die Akteure erkannt haben, daß ihr bisheriges Handeln falsch ausgerichtet war. Hier ergeben sich Fragen wie: Wer hat die Lösung vorgeschlagen? Mit welchen Strategien soll das Problem gelöst werden? Welche Handlungssequenzen sind dazu notwendig? Welche Konsequenzen hat die Neuausrichtung? Was passiert, wenn dem Handeln keine neue Richtung gegeben wird?

Unserer Konzeption von gerichtetem Handeln liegt eine *strukturell-interaktionale Perspektive* zugrunde. Diese theoretische Sichtweise geht zurück auf eine frühere Arbeit von Anselm Strauss (1978) und bedeutet, daß zwei Gruppen von Bedingungen einen Kontext des Aushandelns bilden, der sich auf das zu jedem Prozeß des Aushandelns gehörende Handlungsbündel auswirkt. Zu der einen Gruppe gehören die weiteren politisch-sozioökonomischen Bedingungen, z. B. das Justizwesen eines Landes. Zur anderen Gruppe gehören Bedingungen, die enger mit dem konkreten Aushandeln verbunden sind, z. B. bestimmte Interessen der Akteure. Diese beiden Gruppen von strukturellen und interaktionalen Bedingungen beeinflussen den Prozeß des Aushandelns; das Ergebnis wirkt seinerseits zurück in diese beiden Bedingungsgruppen, um wieder in den nächsten Kontext des Aushandelns einzugehen.

In diesem Buch meinen wir mit dem Begriff Handeln in erster Linie, daß die bei der Krankheitsbewältigung nötige Arbeit durchgeführt wird. Die strukturellen Aspekte dieses Arbeitskontextes beziehen sich, wie betont, auf die Krankheit, die Biographie und das Alltagsleben und auf die Überlegung, wie diese drei Dimensionen bestimmte Arbeitsarten hervorbringen und Bedingungen schaffen, unter denen diese Arbeit stattfindet. Mit diesen Strukturbedingungen *verbinden* wir nun die Interaktion, d. h. die interaktionalen Aspekte, um damit einen Arbeitskontext zu schaffen, und zeigen anhand dieses Kontextes, wie mit Hilfe der Interaktion die Arbeit durchgeführt wird, d. h. Struktur und Interaktion werden miteinander verwoben.

Eine *Interaktion* hat verschiedene *Eigenschaften*. Zum einen können die Partner durch Interaktion miteinander vereinbaren, welche Arbeit wie und wo durchgeführt wird. Zum anderen hat jeder Partner eine eigene interaktionale Sichtweise, die sich in einer konkreten Interaktion verändern kann und davon abhängt, inwieweit er über den Standpunkt des anderen informiert ist, wie er die Signale des anderen interpretiert. Darüber hinaus entwickelt sich eine Interaktion im Laufe einer Interaktionssequenz: Geht sie voran, wird sie unterbrochen, aufgegeben, mittendrin verändert? Außerdem kann ein Partner danach fragen, ob und wie die getroffenen Vereinbarungen durchgeführt wurden.

Nun bleibt noch die Frage nach den Konsequenzen, die sich aus den jeweils gewählten Handlungsverläufen ergeben. Mit Konsequenzen meinen wir nicht nur die sofort spürbaren, sondern auch das »Zukunftspotential« (Schütze 1981), d. h. die Konsequenzen, die sich in der Zukunft zeigen könnten, wenn die gegenwärtigen strukturellen und interaktionalen Bedingungen in ihren negativen Auswirkungen andauern oder sich verstärken.

Für die Bewertung einer Arbeitsdurchführung brauchen wir einen Rahmen.

Interaktionssystem und Bedingungszirkel

Unser Rahmen ist ein Interaktionssystem, das aus verschiedenen miteinander verbundenen Ebenen, die jeweils einer Gruppe von Bedingungen entsprechen, besteht. Diese Ebenen lassen sich mit konzentrischen Kreisen als Zirkeldiagramm graphisch darstellen. Sie bewegen sich von außen nach innen dem Zentrum zu, also vom größten zum kleinsten Kreis, und gleichzeitig von innen nach außen vom Zentrum weg, also vom kleinsten zum größten Kreis. Jede Ebene geht bei diesen Bewegungen nach innen und nach außen in die nächste über.

Mit unserem Zirkeldiagramm kann zwar der Verlauf einer

Interaktion durch ihre verschiedenen Phasen hindurch verfolgt werden, doch läßt sich diese Bewegung nur schwer in einem einzigen Diagramm einfangen. Also muß man bedenken, daß der unten abgebildete Bedingungszirkel nur eine Phase der gesamten interaktionalen Entwicklung darstellt, er ist ein Querschnitt durch eine sich entwickelnde Interaktion (Abb. 5).

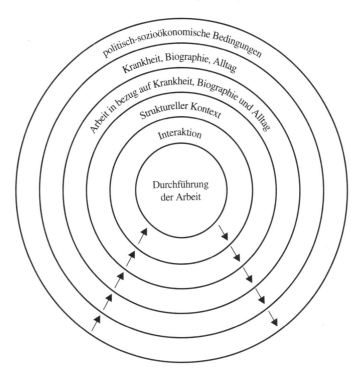

Abb. 5 Transaktionssystem zwischen Partnern

Der äußere Kreis stellt die sogenannten Makrobedingungen dar. Das sind die politisch-sozioökonomischen Bedingungen, die bei jeder Interaktion und zu jeder Zeit existieren und z. B. gesetzliche Grundlagen des Gesundheitswesens, Verfügbarkeit von Ressourcen, Stand der medizinischen Technologie usw. beinhalten.
Der nächste Kreis steht für eine Gruppe von Bedingungen, die

sich auf die Durchführung von Arbeit beziehen und Krankheit (Art, Schwere und Verlauf), Biographie (Körper, Ausmaß der Behinderung und biographische Prozesse) und Alltagsleben (Beruf, ehelicher und elterlicher Status, Freundschaften) umfassen.

Der nächste Kreis repräsentiert die Arbeit mit ihren drei Hauptarbeitslinien in bezug auf Krankheit, Biographie und Alltag und ihren verschiedenen Arbeitsarten.

Der nächste innere Kreis steht für den strukturellen Kontext, in dem die Krankheit bewältigt wird, d. h. für die prozeßhafte Struktur des Alltags und für das Wechselspiel von Krankheit und Biographie. Mit bestimmten Arbeitsverfahren werden Ressourcen ausgeschöpft, wird Arbeit verteilt und organisiert sowie zur Arbeit motiviert.

Der dann folgende Kreis repräsentiert die Interaktion, auf der die einzelnen Arbeitsverfahren basieren. Die Partner sehen eine Interaktion jeder auf seine Art und entwickeln bestimmte Handlungsstrategien. Ob sie dann Vereinbarungen treffen und ausführen können, hängt u. a. davon ab, welchen Grad an Ausrichtung ihr Handeln hat.

Der innerste Kreis stellt die Durchführung und Bewertung der Arbeit dar. Die Konsequenzen, die von dieser Ebene ausgehen, wirken unterschiedlich stark in die anderen Ebenen hinein. (Dieser Kreislauf wird im Diagramm durch die Pfeile dargestellt.) Infolgedessen werden die Konsequenzen der Arbeitsdurchführung zu Bedingungen für die nächste Handlungsphase.

Fallanalyse Helen und Tom

Wir können nun mit unseren – untereinander zusammenhängenden – Konzepten die Frage bearbeiten, wie Arbeit organisiert und verrichtet wird. Die Durchführung der Arbeit ist auf die Bewältigung der drei Hauptarbeitslinien gerichtet und beruht auf der Interaktion.

Bei der Analyse des nachstehenden Falles untersuchen wir, wie die beiden Partner die im Zusammenhang mit der Krankheit, der Biographie und dem Alltagsleben anfallende Arbeit durchführen.

Dabei konzentrieren wir uns auf die Arbeitsarten und die einzelnen Arbeitsverfahren. Zunächst möchten wir aber den strukturellen Kontext, in dem sich das Paar bewegt, vorstellen.

Beide Partner leiden an einer chronischen Krankheit: Die Krankheit des Mannes äußert sich in körperlichen Symptomen, die Krankheit der Frau zeigt sich im Verhalten. Durch diese zweifache Krankheitsbelastung nimmt das gesamte Arbeitsvolumen zu, während die Handlungsfähigkeit des einzelnen abnimmt. Beide Partner nehmen enorme Anstrengungen auf sich, um die Krankheit mit allen Implikationen in den Griff zu bekommen, scheitern aber oft in ihren Bemühungen. Daraus erwächst ein starker physischer und emotionaler Druck, der sich auf das Leben jedes einzelnen und auf ihre eheliche Beziehung auswirkt.

Helen und Tom haben geheiratet, als sie Ende Zwanzig waren. Zum Zeitpunkt unserer Studie waren sie zwei Jahre verheiratet. Helen ist Schriftstellerin und lehrt stundenweise an einem College; Tom arbeitet als freiberuflicher Fachberater und erledigt die meiste Arbeit zu Hause. Helen leidet seit fünfzehn Jahren an unerklärbaren migräneartigen Kopfschmerzen. Jetzt nimmt man an, daß die Schmerzen auf eine Immunschwäche zurückgehen, die von Zeit zu Zeit Helens Stoffwechsel durcheinanderbringt und schließlich zu Hirnschwellung mit Kopfschmerzen, Jähzorn, persönlichkeitsverändernden Symptomen, Benommenheit und Orientierungslosigkeit führt.

Elf Jahre lang wurden Helens Kopfschmerzen mit einem ergotaminhaltigen Präparat, auf das sie stark allergisch reagierte, behandelt. Dieses Medikament bewirkte in Verbindung mit bestimmten Nahrungsmitteln, ungereinigtem Wasser und verschmutzter Luft eine toxische Belastung, die ihr Körper aufgrund der Immunschwäche nicht bewältigen konnte. Die Konsequenz war, daß sie immer kränker wurde.

Vor zwei Jahren stellte Helen die Einnahme des Medikaments auf kleinere, tagesprophylaktische Dosen um, worauf ihre Symptome noch stärker wurden. »Ich dachte, ich sei geisteskrank, und Tom dachte das auch. Ich war paranoid, regelrecht feindselig, weinerlich, launisch und hatte Anwandlungen auszuflippen, war selbstzerstörerisch und absonderlich.« Daraufhin veränderte sie, in Absprache mit dem Arzt, die Dosierung ihres Medikaments von neuem.

Vor etwa einem Jahr wurden ihre Verhaltenssymptome so schlimm, daß sie das Präparat absetzen mußte. Die Folge waren derart starke Kopfschmerzen, daß sie nur noch sterben wollte. Nach drei Monaten hatte Helen sämtliche Medikamente abgesetzt und fühlte sich »großartig«. Sie nahm sogar ab. Doch fühlte sie sich noch nicht fähig, ihre Arbeit als Schriftstellerin wieder aufzunehmen. Sie beschäftigte sich im Haus mit Tätigkeiten, die sie intellektuell nicht forderten.

Dann nahm Helen ihre Tätigkeit als Dozentin wieder auf und fühlte sich, da die starken Kopfschmerzen wieder anfingen, immer kränker. Widerstrebend nahm sie erneut Medikamente, weil sie »vor Schmerzen verrückt wurde«. Ihr Verhalten wurde wieder absonderlich. Sie probierte ein anderes Medikament aus, das die Kopfschmerzen zu kontrollieren und ihre Verhaltensauffälligkeiten zu mildern schien. Das ging etwa drei Monate gut, und in dieser Zeit konnte sie ihre Doktorarbeit fertigstellen. Doch nach und nach kam das psychoseartige Verhalten wieder, und sie dachte: »Vielleicht sind es doch nicht die Medikamente, sondern ich bin wirklich verrückt.« In Fakultätssitzungen wurde sie aggressiv, Studenten behandelte sie abweisend, und körperlich fühlte sie sich krank. Während dieser Zeit fuhr sie mit Tom einmal über das Wochenende weg. Was schöne und romantische Tage werden sollten, endete im Desaster. »Pausenlos habe ich über alles gemeckert. Ich wußte nicht, woher diese neue Persönlichkeit gekommen war, die ich entsetzlich fand! Und Tom mochte sie mit Sicherheit auch nicht.«

Schon bald trat ihr stark psychoseartiges Verhalten wieder auf. Der Arzt riet ihr, alle Medikamente abzusetzen. Infolgedessen hatte sie wieder heftige Kopfschmerzen, die nahezu ununterbrochen zwei Monate lang anhielten. Man behandelte sie mit Morphiumspritzen und Sauerstoff. In dieser Zeit »war ich zu krank, um allein zu Hause zu bleiben. Ich hätte mich so schlimm übergeben können, daß ich hätte umkippen können und mir beim Hinfallen den Kopf aufgeschlagen hätte. Ich brachte überhaupt nichts mehr zustande und war fürchterlich klammernd und ängstlich.«

Tom, der über Helens Krankheit nachgeforscht hatte, vermutete eine Nahrungsmittelallergie. »Also versprach ich ihm, keinen Zucker, keine Schokolade zu essen und keinen Kaffee zu trinken. Und zwei Monate lang habe ich nichts dergleichen in seiner Anwesenheit gegessen. Das war mein Zugeständnis. Dazwischen aber habe ich diese Dinge suchtartig verschlungen. Was ich erst nach meiner Einlieferung ins Krankenhaus erfuhr: Genau auf diese Nahrungsmittel in ihrer chemischen Zusammensetzung war ich allergisch.« Als sie schließlich nicht mehr weiter wußte, las sie ein Buch, das Tom ihr gegeben hatte. Sie erkannte Parallelen zwischen dem, was dort stand, und ihren Symptomen; daraufhin ging sie zu dem Arzt, den Tom ihr empfohlen hatte. Alle ihre Symptome paßten auf die Beschreibung der Immunschwäche. Es folgte eine ärztliche Untersuchung im Krankenhaus.

Helen sagt über sich während dieser Zeit:

An diesem Punkt wollte ich einfach aussteigen. Ich hatte zwei Episoden schwerster Migräne hinter mir. Deshalb setzte ich mich mit Tom zusammen und erklärte: »Ich überlege ernsthaft auszusteigen. Ich verspreche dir, daß ich keinen Abschiedsbrief zurücklasse und es einfach tun werde. Ich verspreche dir, vorher werden wir uns zusammensetzen und die Sache durchsprechen. Es wird eine rationale Entscheidung sein. Ich kann so nicht weiterleben. Mein Leben hat keinen Sinn mehr, ich kann nicht mehr arbeiten, ich kann nicht mehr mit Freunden umgehen. Es ist für mich ein ernsthaftes Problem, weshalb du mit mir rumhängen sollst, denn es macht keinen Spaß, mit mir zusammenzuleben.«
Als ich mir dann aber ausrechnete, daß ich noch nicht alles versucht hatte, überlegte ich, daß die Tests und Untersuchungen im Krankenhaus mir noch einen kleinen Spielraum ließen, um herauszufinden, was zum Teufel ich letztendlich machen wollte.

Im Krankenhaus erlebte Helen die typischen drei bis vier Tage dauernden Entzugserscheinungen. Dann fühlte sie sich allmählich besser. Allerdings hatte sie noch Anfälle von irrationalem Verhalten. Das Schwierigste war für sie, daß niemand sie verstand oder ihr eine Erklärung für ihr Verhalten geben konnte. Man hatte ihr wiederholt gesagt, ihre Krankheit sei Hypochondrie. Das Problem dabei war für sie, daß ihr Verhalten nicht zu ihrer eigenen Wahrnehmung paßte: »Mein irrationales, feindseliges, launisches, schwieriges Verhalten stimmt nicht überein mit meiner Einschätzung von mir selbst. Ich nehme mich als einen wirklich gutmütigen Menschen wahr. Ich bin nett zu den Menschen. Ich gehe auf sie zu und tue für sie, was ich kann.«

Toms chronische Krankheit war jüngeren Datums. Einen Monat nach ihrer Hochzeit hatten sie einen Unfall. Sie waren Arm in Arm die Straße langgegangen, als ein Auto Helen anfuhr und sie in die Luft schleuderte. Tom packte sie und riß sie vom Auto weg. Er fing den Aufprall von Helens Sturz ab. Die Konsequenz war, daß er sich eine dauerhafte Rücken- und Genickverletzung zuzog, an die er immer wieder schmerzhaft erinnert wird. Manchmal sind die Schmerzen so stark, daß er seinen Körper nicht mehr bewegen kann.

Helen sagt:

Ungefähr einen Monat, nachdem wir unser gemeinsames Leben begonnen hatten, war immer einer oder beide in einer Krise. Bedenkt man, wie schwierig es schon ist, wenn nur eine Person in einer Beziehung krank ist, dann ist es unvorstellbar, wenn beide krank sind. Wenn nämlich beide krank sind, hat man kaum die Ressourcen, die eigene Krankheit zu bewältigen, aber gleichzeitig muß man doppelten Dienst tun – für den anderen auch noch. Im Grunde genommen pflegen wir uns gegenseitig. Ich versuche, Besorgungen für ihn zu machen. Tom bringt sich selbst in Schwierigkeiten, weil er versucht, für andere nette Dinge zu tun. Er hat nur noch sehr wenig Energie. Einen Teil davon muß ich schützen, weil ich nicht möchte, daß er zu erschöpft ist. Dann kann er nicht nur mir nicht helfen, sondern sich selbst auch nicht, und ich muß ihm helfen. Und ich kann meinen Kram kaum selbst zusammenhalten. Es ist eine Menge Eigennutz oder Selbstsucht im Spiel, je nachdem, wie man es betrachtet. Aber so ist es eben.

Im folgenden zitieren wir Ausschnitte aus den Gesprächen mit Helen und Tom. Beide Partner äußern sich unabhängig voneinander zu gleichen Problemen. Jedem Gesprächsausschnitt folgt eine Analyse, in deren Mittelpunkt die Frage steht, wie die Arbeit durchgeführt wird. Dabei achten wir besonders auf folgende Punkte: (1) Mit welchen Handlungen werden Arbeitsverfahren durchgeführt? (2) Haben die Handlungen eine Ausrichtung? (3) Welche strukturellen und interaktionalen Bedingungen beeinflussen die Ausrichtung? (4) Wie versucht das Paar, falsch ausgerichteten Handlungen wieder eine Ausrichtung zu geben? (5) Was machen die Partner, wenn sie ihr Handeln nicht neu ausrichten können? (6) Welche Konsequenzen ergeben sich aus diesen Vorgängen?

Helen. Ich kann nicht in den Keller gehen oder in die Nähe der Garage, wo Tom sich ein Büro eingerichtet hat, weil die Wände so feucht und schimmlig sind. ... Tom kann die Mülleimer nicht tragen. Bevor ich ins Krankenhaus kam, habe ich die schweren Sachen allein gemacht. Ich habe alles hin und her geschleppt, wie z. B. die Wäsche und den Müll. Jetzt soll ich nicht mehr da runtergehen. Was sollen wir machen?

Analyse. Helen steht vor dem Problem, wie die alltäglichen Aufgaben organisiert werden können. Vor ihrem Krankenhausaufenthalt waren das ihre Aufgaben in der Arbeitsteilung. Hier berechnet Helen den Bedarf an Ressourcen (die physische Fähigkeit) und stellt den Mangel fest: Sie soll sich nicht in verunreinigter Luft aufhalten, Tom soll nicht schwer heben. Eine neue Verteilung der Aufgaben ist im Moment keine realistische Alternative. Doch die Arbeit muß gemacht werden, also erledigt Helen sie. Das hat persönliche Konsequenzen: »Jeder Handgriff, den einer von uns tut, ist mit physischen Kosten verbunden. Jede Annehmlichkeit, die wir uns gegenseitig gewähren, ist mit physischen Kosten verbunden.«

Helen. Eines der Dinge, die mich in meiner Ehe mit Tom verrückt machen, ist, daß ich, aus welchem Grund auch immer, diejenige bin, die das Geld verwaltet. Ich glaube, das kommt teils daher, daß etwas Geld aus meiner Familie kommt, teils daher, daß er keinen sehr guten Geschäftssinn hat. Ich verdiene auch mehr Geld als er. Ich hasse diese Geldangelegenheiten. Außerdem bin ich frustriert, wenn er nicht einmal das Notwendigste tut. Die Tatsache, daß wir zwei Krankheiten haben, bedeutet, daß wir viel Geld ausgeben. Meine Arztrechnungen waren enorm. Tom kann gut Maschineschreiben, aber es ist unter seiner Würde, viel tippen zu müssen, also gibt er die Schreibarbeiten weg. Seine Krankheit zwingt ihn, Dinge außerordentlich unökonomisch zu tun. Er fährt mit dem Taxi statt mit dem Bus, er geht zu einem Kopiergeschäft in der Nähe, das teurer ist, und wenn er Sachen kauft, die nicht in

Ordnung sind, bringt er sie nicht zurück, weil das zuviel Zeit kostet.
 Ich meinerseits bin pausenlos dabei, das zu tun, was notwendig ist, um Geld zu sparen – z. B. Arztgutachten zu besorgen, um günstigere Tarife zu bekommen. Ich gehe zur Krankenhausverwaltung und bespreche alles, und das Gutachten kommt, und Tom läßt es dann auf dem Schreibtisch liegen. Er kümmert sich einfach nicht darum, und das macht mich verrückt. Das regt mich furchtbar auf! Auf der anderen Seite muß Tom das so machen, wie er es macht, um zu überleben. ... Aber wenn die Dinge nicht erledigt werden, heißt das, daß *ich* es tun muß, weil sich sonst niemand darum kümmert. So meine ich, daß ich zusätzlich zu dem, was ich machen muß, auch noch die Unordnung, die er hinterläßt, aufräumen muß, Rechnungen bezahlen muß, die sonst nicht bezahlt werden usw. ... Andererseits, wenn ich keine chronische Krankheit hätte und er keine chronische Krankheit hätte, müßten wir nicht so oft Besorgungen füreinander machen. Das heißt also eigentlich, wer zu Hause ist, muß die Rechnungen bezahlen.

Analyse: Hier geht es hauptsächlich um die Verwaltung des Geldes. Helen berichtet, wie die Aufgaben hier verteilt sind. Im Grunde genommen ist diese Aufteilung durch eine fehlende Arbeitsteilung entstanden, weil ein Großteil des Geldes, von dem das Paar lebt, aus Helens Erbschaft stammt und sie sich außerdem im Umgang mit Geld für geschickter hält. Tom ist nicht bereit, solche Aufgaben zu übernehmen, er weist sie – sogar während ihres Krankenhausaufenthalts – zurück an Helen. Aus Helens Sicht unternimmt Tom nichts, um die Arbeit im Hinblick auf ihr eingeschränktes Handeln neu zu verteilen und seinem Handeln eine neue Ausrichtung zu geben. Damit die Arbeit überhaupt durchgeführt wird, erledigt sie die einzelnen Aufgaben widerstrebend selbst. Hier stellt sich die Frage, wie lange es dauert, bis eine falsche Ausrichtung zu ernsthaften Konsequenzen führt.
 Problematisch sind einmal die finanziellen Ressourcen, mit denen sorgfältig umgegangen werden sollte, was aufgrund krankheitsbedingter Umstände aber nicht der Fall ist. Zum anderen stehen beiden Partnern aufgrund ihrer jeweiligen Krankheit Zeit und Energie nur begrenzt zur Verfügung. Helen versucht, ihre kostbaren Ressourcen zu bewahren und ihre Aufgaben gleichmäßig zu verteilen, aber Tom akzeptiert dies nicht.

Die Motive für Toms Einstellung gegenüber dieser Arbeitsverteilung sind unklar; Helen ist an einer Verlagerung von Aufgaben interessiert, weil sie – von Natur aus sparsam – die finanziellen Ressourcen schonen möchte und weil sie das Gefühl hat, daß sie die ganze Verantwortung für die Erledigung dieser Aufgaben hat. Aus ihrer Sicht muß sie viel Zeit und Energie für die Verwaltung des Geldes aufwenden, so daß für andere Arbeitsarten zu wenig übrigbleibt.

Helen. Ich bin zwanghaft, wenn es um Kleinigkeiten geht, was mit meinem Bedürfnis zusammenhängt, wenigstens eine Sache im Leben zu haben, die richtig funktioniert, wenn alles andere im Chaos versinkt. Tom dagegen soll, um über die Runden zu kommen, nur das machen, was ihn am wenigsten anstrengt. So führen unsere Krankheiten dazu, daß wir uns pausenlos und unbarmherzig gegenseitig provozieren. Er muß nur entspannt sein, dann gehe ich in die Luft. Nicht so sehr wegen der Schmerzen, obwohl die unglaublich stark sind, aber die Schwellung des Gehirns macht einen verrückt. Ich habe zwei unterscheidbare Persönlichkeiten. Eine ist ausgeglichen und rational, freundlich, organisiert, selbstsicher und kompetent. Die andere ist ausgeflippt und sagt: »Rutsch mir den Buckel runter!« Diese zweite zeigt sich gewöhnlich, wenn Dinge im Haushalt schiefgehen. Wegen seiner Krankheit kann Tom seine eigene tägliche Arbeit fast nicht bewältigen. Aber ich stelle fest, daß seine berufliche Arbeit in jedem Fall gemacht wird. Das macht mich unglaublich neidisch! Denn wenn man ein Haus hat, muß man Steuern bezahlen, das Elektrizitätswerk anrufen usw. Und Tom vertieft sich einfach in seine Arbeit und sagt: »Es tut mir leid, ich kann das diese Woche nicht machen. Es tut mir leid, ich kann das diesen Monat nicht machen.« Also bleibt es an mir hängen, und ich habe schon riesige Schwierigkeiten, meine eigene Berufsarbeit erledigt zu bekommen. Es ist für mich wie ein berufliches Konkurrieren. Natürlich freue ich mich für ihn, und ich halte seine Arbeit für wichtig. Ich sehe aber andererseits, daß er *seine* Arbeit gemacht kriegt, und zwar auf meine Kosten. Denn manche Dinge müssen einfach erledigt werden, damit man wohnen und essen kann. Und wegen der Krankheit gibt es bei uns beiden Dinge, die gemacht werden müssen, z. B. Arztrechnungen, besondere Medikamente... Man muß doppelt und dreifach soviel rumrennen und besorgen, als man es sonst müßte.

Analyse. Krankheit ist hier eine Bedingung, die nicht nur den gesamten Arbeitsaufwand erhöht, sondern auch die für diese Arbeit verfügbare physische Fähigkeit und Energie einschränkt. Biographische Vorstellungen beeinflussen den Umgang mit Ressourcen: Tom organisiert seine biographische Arbeit, indem er Alltagsaufgaben abgibt. Helen organisiert Alltagsarbeit, indem sie ihre biographische Arbeit abgibt. Dadurch entsteht ein Wettkampf um Ressourcen, die Arbeitsbelastung wird einseitig, vielleicht verändert sich auch die Arbeitsmotivation. Unter diesen Bedingungen ist es schwer, die Verteilung der Ressourcen und die Durchführung der drei Hauptarbeitslinien im Gleichgewicht zu halten. Helen fühlt sich bei den Alltagsaufgaben überlastet und frustriert, und sie ist neidisch auf Tom, weil sie – im Gegensatz zu ihm – ihre biographische Arbeit vernachlässigen muß.

Helen. Ja, und wie reagiert Tom? Nun, er geht in die Luft, wenn ich in die Luft gehe, oder er schmollt oder sonstwas, wie jeder andere das auch tun würde, aber er hat auch eine Menge Mitgefühl. Er hat mir geholfen, meine Symptome zu verstehen. Er hat meine Krankheit erforscht und den Arzt gefunden, der schließlich die richtige Diagnose gestellt hat. Er ist nicht sehr geschickt im Umgang mit den Alltagsdingen, das ist nicht sein Gebiet. Und er fühlt sich körperlich so schlecht, wenn er morgens aufsteht, so steif, und hat so arge Schmerzen, daß er nicht angefaßt werden möchte. Das Schlimmste in dieser Ehe sind wohl die Konsequenzen aus meiner Krankheit, die ihm das Leben in einer Weise schwer machen, die ich für wirklich schmerzhaft halte. Ich habe schon zu ihm gesagt: »Schau, ich hätte dich längst verlassen, wenn du nur halb so garstig gewesen wärst, wie ich es bin.«
 Allerdings bin ich ganze Phasen lang auch in Ordnung. Gestern abend z. B. kam Tom in schlechter Verfassung heim. Obwohl ich nur das esse, was auf meinem Diätplan steht, machte ich ihm ein gutes Abendessen. Das half. Es war, als ob er Aufmerksamkeit gebraucht hätte, und dem kann ich schließlich abhelfen. Ich habe das Gefühl, daß ich bei dieser Krankheit so viel mehr bei allem dazugeben muß, einfach um nicht zu sehr in Rückstand zu geraten. Wenn ich für den Rest meines Lebens den ganzen Papierkram erledigen und den Lebensunterhalt verdienen würde, wäre das dann vielleicht ein Ausgleich dafür, daß er mit mir, so wie ich bin, zusammenleben muß? Manchmal habe ich das Gefühl, daß nicht mal die netten Dinge, die ich mache, zählen, weil ich schon so im Rückstand bin. Meine persönliche Schuld ist so groß, es gibt keine Möglichkeit, sie zu tilgen.

Analyse. Helen stellt fest, daß die Bürde der Alltagsarbeit zwar auf ihr lastet, Tom aber die Hauptlast ihrer Krankheiten trägt. Also erledigt sie nicht nur die Alltagsarbeit, sondern auch andere Aufgaben – und macht z. B. ein gutes Essen –, um die erheblichen Ressourcen zurückzuzahlen, die sie ihm zu schulden glaubt. Hier wird deutlich, wie das Nachdenken über sich und den Partner Helens zukünftiges Handeln beeinflußt.

Helen. Tom kann mehr wegstecken als ich. »Laß uns morgen darüber sprechen, in drei Tagen. Heute ist kein guter Tag. Ich möchte jetzt nicht sprechen.« Ich gehe in die Luft. Schließlich setzen wir uns doch zusammen und versuchen herauszufinden, was nicht in Ordnung ist und wie wir es wieder hinkriegen. Ich muß Tom versprechen, nicht zu schreien. Wenn ich schreie, duckt er sich buchstäblich und zieht den Kopf ein, und sein Hals tut ihm weh. Ich habe eine Vereinbarung mit ihm getroffen: »In Ordnung, ich werde nicht schreien unter der Bedingung, daß du nicht jedesmal, wenn ich vernünftig über meine Sorgen sprechen möchte, sagst, ich würde weinen oder dozieren. Ich gehe in die Luft, weil du mir jedesmal, wenn ich über meine Sorgen sprechen möchte, nicht zuhörst.« Wir arbeiten hart daran, solche Vereinbarungen einzuhalten. Wir schaffen es auch nicht immer, aber wir versuchen es zumindest.

Leider vergesse ich nichts Negatives. Ich weiß nicht, ob Tom weniger nachtragend ist als ich, aber ich habe die Tendenz, in meinem Kopf alles zu speichern, was mich jemals verletzt hat. Das ist für eine Beziehung schrecklich destruktiv. Trotzdem arbeite ich schwer daran, herauszufinden, was ich verdaut habe und woran ich *nicht* schuld bin. Tom und ich haben abgemacht, daß ich den Mund halte, wenn er zu mir sagt: »Du bist aggressiv.« Manchmal antworte ich noch: »Ich bin vielleicht aggressiv, aber es ist mir egal, du bist doch ein Arschloch.« Aber damit hat sich's dann auch. Wir hören auf zu reden. Wir sprechen nicht mehr über das, worüber ich mich aufgeregt habe, bis meine Augen wieder normal sind. Ich schaue in den Spiegel, und wenn meine Augen noch nicht normal sind, steht es für mich fest, daß ich die Hände von dem Thema lasse.

Ich bin kein totales Ungeheuer. Ich schreie und kreische nicht die ganze Zeit. Vielleicht einmal am Tag erhebe ich meine Stimme. Er stammt aus einer Familie, in der niemand rumschreit. Nachdem wir die Vereinbarung, nicht zu schreien, getroffen hatten, sah die Sache schon ganz anders aus. Er mag z. B. das Gefühl nicht, daß er mich überwachen muß und daß ich kein erwachsener

Mensch bin, der für seine Handlungen verantwortlich ist. Es kommt wohl reichlich oft vor, daß ich wegen der Allergie außer Kontrolle gerate. Er sagt dazu: »Also, wenn ich das so mitmache, glaub mir, dann bin ich eine Art ›Verwalter‹. Wir leben dann nicht in einer Beziehung wie unter Freunden.« Meiner Meinung nach stimmt das so nicht! Wir haben dieses Problem noch nicht gelöst. Ich möchte, daß er anerkennt – und teilweise tut er das auch –, daß ich wirklich das mir absolut Mögliche tue und daß ich nicht immer für mein Verhalten verantwortlich bin, weil meine Gefühle oft irrational sind und von der Allergie kommen. Ich möchte den Punkt erreichen, daß ich, obwohl ich in die Luft gehen möchte, erkenne, daß das Konsequenzen hat, und daß ich dann aufhöre.

Analyse. In diesem Gesprächsausschnitt kommt der Prozeß der Ausrichtung des Handelns zur Sprache. Während einer Interaktion versucht das Paar, seinem Handeln eine neue Richtung zu geben. Helen und Tom haben Vereinbarungen darüber getroffen, wie sich jeder zu verhalten hat und was jeder vom anderen erwartet. Folglich kennen sie auch die Sichtweisen, die jeder vom anderen in die Interaktion eingebracht haben möchte. Obwohl sie Strategien haben, um die Ausrichtung einer Interaktion zu erhalten, bricht diese manchmal zusammen; dann entwickeln sie miteinander Taktiken, um eine Neuausrichtung zu schaffen. Wenn Helens Krankheitssysmptome die Ursache für die falsche Ausrichtung sind, versucht Tom, die Neuausrichtung hinzukriegen. Damit Tom das gelingt, muß Helen reagieren.

Beide Partner denken über ihre Handlungen und Interaktionen nach; und diese Reflexionen gehen als Bedingungen in die nächste interaktionale Sequenz ein. Die Konsequenzen aus ihren Handlungen und Interaktionen wirken sich auf die Handelnden selbst und auf die Gerichtetheit ihres Handelns aus.

Helen. Es hat sich herausgestellt, daß meine Verrücktheiten sich logisch nachweisen lassen, aber vorher habe ich immer Beweise für meine Absonderlichkeiten gesucht. Also war ich sehr vorsichtig in bezug auf seine Wahrnehmung, daß ich mich unseren Freunden gegenüber seltsam benähme. Ich habe meine Symptome vor unseren Freunden besser versteckt als vor Tom. Tom moniert sehr schnell etwas. Meine Fahrweise (ich fahre meistens, weil er nicht gerne fährt) war der erste Punkt, weil ich seiner Meinung nach desorientiert war und wegen der Medikamente nicht richtig sah.

Tom ... sagte einfach, er möchte gerne fahren. Ich wußte, er sagte das deshalb, weil er mich für desorientiert hielt. Solange er nichts sagte, war alles in Ordnung. Wenn er dann etwas sagte, wurde ich aggressiv ...

Ein anderer Bereich, an dem wir gemeinsam arbeiteten, waren unsere Freunde. Er gab mir Zeichen, wenn ich mich seltsam benahm. Wir machten das zur Formsache. Ich war einverstanden, weil ich wußte, daß ich mich nicht unter Kontrolle hatte. Manchmal, wenn wir auf einem Fest waren, versuchte Tom auch, mich auf das aufmerksam zu machen, was ich aß. Meistens mag ich nicht, daß er mir Zeichen gibt, jedenfalls nicht in dem Moment, wo es passiert, aber hinterher bin ich fast immer dankbar dafür.
... Er hat in dieser Hinsicht eine enorme Autorität, so daß ich den Mund halte, wenn er mir sagt, ich sei aggressiv. Diese Autorität hat er noch nie mißbraucht. Und weil er sie noch nie mißbraucht hat, vertraue ich ihm.

Analyse. Helen und Tom haben bei mehreren Arbeitsarten eine gewisse Ausrichtung erreicht, indem sie formalisierte und auf Arbeitsteilung beruhende Interaktionssignale entwickelt haben: Einer überwacht und gibt Zeichen, der andere reagiert. Dadurch können Helens Symptome kontrolliert werden, die beiden können miteinander Auto fahren und Beziehungen zu Freunden aufrechterhalten. Diese Strategien tragen zur Entspannung beider Partner bei, weil sie das individuelle Selbst und die Beziehung stützen. Doch der Erfolg ihrer Ausrichtungsversuche ist von einigen Bedingungen abhängig: So muß einer Zeichen geben, der andere muß diese Zeichen akzeptieren oder ablehnen, dann reagiert wieder der erste darauf usw. Die Konsequenz ist, daß eine noch so durchdachte Interaktion nicht immer nach Plan abläuft.

Helen. Ich sehe mich als den wirklich Kranken hier. Es ist nicht so, daß ich glaube, er habe keine richtige Krankheit und keine Schmerzen; aber er braucht nicht die emotionale Fürsorge, wie ich sie brauche. Er braucht jemanden, der dafür sorgt, daß er sich nicht anstrengt, der den Mülleimer rausträgt, der fragt: »Erzählst du mir etwas von deiner Arbeit?« Die emotionale Fürsorge, die er braucht, heißt für mich, still und ruhig und aufmerksam zu sein und Interesse an seiner Arbeit zu zeigen. Manchmal fühle ich mich von seiner Arbeit regelrecht bedroht, weil ich Zeiten habe, wo ich überhaupt an nichts interessiert bin. Ich kann dann nicht einmal meine Arbeit tun....

Die emotionale Unterstützung, die ich ihm gebe, besteht darin, meine eigenen Bedürfnisse, von denen ich mehr als genug habe, hintanzustellen und das zu tun, was ihn zufrieden macht, z. B. für ihn zu kochen. Ich halte Telefongespräche von ihm fern. Ich weiß, mit wem er sprechen möchte oder wen er sehen möchte. Obwohl Leute abzuwimmeln eine Aufgabe ist, die ich nicht besonders schätze, habe ich gelernt zu lügen und sage, daß er nicht zu Hause ist und daß sie ihm eine Nachricht hinterlassen können. Ich sehe ihn als jemanden, dessen Talent geschützt werden muß, der körperlich so behindert ist, daß er an guten Tagen vielleicht zwei oder drei Stunden arbeiten kann. Also ist seine Zeit sehr kostbar, und ich schütze diese Zeit – auch dadurch, daß ich nicht zuviel für mich davon wegnehme. Ich schütze sie zweifellos auch dadurch, daß ich anderen Leuten nicht erlaube, unzumutbare Forderungen an ihn zu stellen. Er wiederum meint, sich für andere Leute einsetzen zu müssen, weil andere Leute das für ihn auch tun, aber das ist für ihn immer mit physischen Kosten verbunden. Manchmal werde ich eifersüchtig, weil ich sehe, daß er für andere Besorgungen macht, die er für mich nicht machen würde.

Er braucht eine Form von Unterstützung, die über meine Kräfte geht, und folglich ist das keine rationale Sache. Ich habe mich im Laufe dieser Krankheit stark verändert und hoffe, daß ich, wenn es mir besser geht, weniger angespannt, weniger verzweifelt, weniger launisch bin.

Analyse. Helen setzt ihr Handeln bewußt als Ressource für Tom ein, um ihn in seiner biographischen Arbeit zu stützen. Die Art, wie sie ihre Arbeit, ihre Person, ihre Reaktionen auf Tom und sein Handeln sieht, geht als Bedingung in die weiteren Interaktionen und Handlungen ein. Obwohl Helen viel Mühe auf sich nimmt, um Tom zu stützen, weil er seinerseits viel tut, um sie zu stützen, ist diese – vorwiegend biographische – Arbeit für sie *nicht* falsch ausgerichtet, wie es etwa ihrer Meinung nach bei der Alltagsarbeit der Fall ist.

Helen. Nachdem ich meinen Doktor gemacht hatte, wollte ich ein Fest geben, und ich wollte, daß Tom es organisiert. Er wollte nicht. Ich habe nicht realisiert, daß er sich zu der Zeit wegen seiner Krankheit zu schwach fühlte. Ich war lange beleidigt. Er erklärte mir schließlich, daß die Krankheit der Grund war, aber da war es fast zu spät. Er erklärt nur zehn Prozent seines krankheitsbedingten Verhaltens, und ich erkläre zweihundert Prozent. Ich rede über alles bis zum Exzeß, und er redet nicht genug. ... Man fühlt sich verwirrt und verletzt, weil der andere nicht erklärt, aber das tut er nicht, weil er nicht kann. Wenn ich das früher erkannt hätte, hätten wir uns fünfundneunzig Prozent unserer Verletzungen ersparen können; aber er sagt eben meistens nichts.

Analyse. Tom hat es aufgrund seines Krankheitszustandes versäumt, eine für Helen wichtige Art der biographischen Arbeit durchzuführen. Über die Gründe für diese Unterlassung ist nie offen gesprochen worden. Folglich ging jeder Partner in der Interaktion von einer anderen Perspektive aus; erst viel später konnten sie ihrem Handeln eine neue Richtung geben. Die Konsequenz war, daß Helen sich lange Zeit gekränkt fühlte.

Helen. Die vielen praktischen Dinge, die erledigt werden müssen, wenn man eine chronische Krankheit hat, erdrücken einen förmlich. Selbst mit der Energie eines gesunden Menschen käme ich nicht aus, denn es braucht die Energie von drei Leuten, um all die komplizierten Dinge, die getan werden müssen, zu erledigen. Tom hat hervorragende, hochrangige, sehr subtile Fähigkeiten im Umgang, daß er z. B. nicht herausposaunt, wie krank ich war, weil das Konsequenzen haben könnte, etwa für die Stellensuche. Aber er pfeift auf den täglichen Kleinkram. Langfristig ist das, was er tut, von großer Bedeutung. Was ich für ihn tue, ist eine endlose Anhäufung von Kleinkram. ... Wenn er acht Stunden am Tag arbeiten könnte, würde ich ihn nicht so beschützen, wie ich das jetzt mache. Darüber besteht kein Zweifel. Er verrichtet viel emotionale Dreckarbeit; ich verrichte viel körperliche Dreckarbeit. Keiner von uns würde so viel für den anderen tun, wenn wir nicht beide krank wären.

Analyse. Dieser Ausschnitt zeigt, wie enorm stark eine chronische Krankheit in das tägliche Leben eines Menschen eingreift und wie sich dieser Eingriff vervielfacht, wenn beide Partner krank sind. Die Art der Arbeit richtet sich nach der individuellen Krankheitssymptomatik. Die Partner haben eine Arbeitsteilung ausgearbeitet, bei der jeder das tut, was für die Stützung des anderen erforderlich ist. Sie haben ihrem Handeln eine generelle Ausrichtung gegeben und sind dabei von den individuellen Bedürfnissen und Fähigkeiten, wie sie vom Partner jeweils für sich wahrgenommen werden, ausgegangen.

Tom. Die Schlüsselrolle, die ich all die Zeit gespielt habe, besteht wahrscheinlich in einer Art Überwachungsinstanz in psychologischen Dingen. Benimmt sie sich verrückt? Und wenn dem so ist, kommt es daher, daß ihr etwas gegen den Strich geht? Ist es das Medikament, oder ist es ein bestimmter physiologischer Zustand? Wenn das zutrifft, dann ist es meine Aufgabe, sie zu beruhigen. Ich versuche, ihr verständlich zu machen, was meiner Meinung nach los ist. Zeitweise hat sie eine verzerrte Zeitwahrnehmung, und dann braucht sie eine halbe Stunde, um von einem Zimmer ins andere zu kommen, um sich anzuziehen, um dies oder das zu tun. Wenn das vorkommt, treibe ich sie an. Und wenn ich merke, daß sie blockt, sage ich: »Hoppla, du hast es wieder mit der Zeit. Weißt du, daß schon zwanzig Minuten vorbei sind?« Sie antwortet: »Nein, du machst nur Spaß«, und schaut auf die Uhr. Manchmal trage ich dazu bei, daß sich die Erde für sie langsamer und geordneter dreht. Das kann bedeuten, daß man ihr einfach etwas erklärt und ihr versichert, so verwirrend ist das ganze gar nicht.

Analyse. Tom befindet sich in einem inneren Dialog, d. h. in Interaktion mit seinem Selbst. Das Ergebnis ist, daß er für Helen die Arbeit der Symptombewältigung übernimmt, indem er ihr neue Orientierung gibt und die Welt für sie übersichtlicher macht. Dieser Handlung geht eine Analyse voraus, in der er ihr Verhalten zu erklären versucht. Aus seiner Analyse entwickelt er Strategien der Symptombewältigung.

Tom. Es ist eine schwere moralische Verantwortung, wenn ein Mensch den psychischen Zustand eines anderen Menschen beurteilen muß, besonders dann, wenn es um ein sich ständig veränderndes Wesen handelt. Ich weiß nicht, ob ich richtig entscheide. Zum Beispiel weiß ich nicht, wann sie die Schnauze von mir wirklich voll hat, wenn ich sage: »Du bist momentan verrückt.« Ich muß mich immer wieder vergewissern, daß ich keinen Vorteil aus ihrem Zustand ziehe, und ich versuche, wirklich vorsichtig damit umzugehen, aber es geht gegen mein moralisches Empfinden, so etwas überhaupt zu tun. Ein Teil von mir denkt, daß einer für seine Handlungen – egal welcher Art – verantwortlich sein sollte. Der andere Teil sagt: »Nun gut, bei ihr ist es anders.« Das heißt nicht, daß sie für ihr Verhalten keine Verantwortung tragen soll. Doch praktisch korrigiere ich ihr Verhalten immer wieder, weil das einfacher ist, als mich rauszuhalten. Korrigieren tue ich nur dann, wenn sie richtig launisch ist. Ich kann dann auch Nachsicht mit ihrem Verhalten zeigen und sagen: »Du bist ein kompletter

Dummkopf. Im Moment kann ich überhaupt nichts mit dir anfangen.« Aber wenn ich das jedesmal machen würde, wenn sie launisch ist, wäre unsere Beziehung im Eimer. Gegen mein moralisches Empfinden versuche ich also meist, sie wegen ihrer Krankheit zu entschuldigen. ...

Wir haben darüber gesprochen. Ich habe leider den Eindruck, daß sie ihr Verhalten stärker mit physiologischen Gründen entschuldigt, als mir das recht ist. Sie sagt: »Mein Gehirn schwillt an; das ist der Grund, wehalb ich dich anschreie.« Ich antworte ihr dann: »Das mag schon sein, aber du kannst dich entscheiden, wie du reagieren oder *nicht* reagieren willst. Du kannst dir deine Reaktion immerhin aussuchen!.«

Analyse. Zum einen nehmen die Partner unterschiedliche Perspektiven ein, was zu Abweichungen in ihren Handlungen führt. Zum anderen haben diese unterschiedlichen Perspektiven Konsequenzen für die weiteren Interaktionen und folglich auch für die Beziehung zwischen den Partnern.

Hier schätzt Tom sein eigenes Handeln und das von Helen ein und beurteilt es. Seine Bewertungen sind stark davon geprägt, daß die medizinische Diagnose von Helens Krankheit unsicher ist. Helen selbst weiß oft nicht, weshalb sie sich »verrückt« benommen hat. Tom ist manchmal unsicher, ob der Grund im physiologischen Zustand oder in der Persönlichkeit Helens liegt. In Momenten der »Verrücktheit« kann Helen ihren Zustand nicht reflektieren. Doch auf solche Episoden folgen Phasen, in denen sie – auch gemeinsam mit Tom – über ihr Verhalten sprechen kann, um ähnliche Episoden in Zukunft zu vermeiden. So gehen die vor und nach einer Episode stattfindenden Reflexionen beider Partner in die darauf folgenden Interaktionen ein, was sich wiederum auf die Beziehung zwischen den beiden auswirkt.

Der Gesprächsausschnitt zeigt, daß Tom und Helen während einer Interaktionsphase Vereinbarungen treffen, die sie in der sich anschließenden Durchführungsphase auch einlösen. Eine Ausrichtung ist in der beschriebenen Situation aber in keiner Phase vorhanden. Tom bietet die Aufgabe an; Helen weist sie zurück. Dann gibt Tom auf ihre Reaktion hin seinem Handeln eine Ausrichtung, indem er sich ihrer Deutung anpaßt und sie entschuldigt, d. h. indem er die notwendige Arbeit der Symptombewältigung verrichtet.

Tom. Wir haben eine Vereinbarung: Wenn ich sage: »Du bist wieder am Platzen«, dann hört sie auf. Das ist die Vereinbarung. Das funktioniert allerdings nicht immer. ...Manchmal versuche ich, die Situation zu entschärfen, und beruhige sie, damit sie nicht noch mehr verwirrt wird. Solche Situationen enden damit, daß ich eine Menge Ärger herunterschlucke und mir die Sache dann im Magen liegt. Ich halte mich einfach zurück und versuche, später darüber zu sprechen, wenn wir das auf vernünftige Weise tun können.

Analyse. Damit die Auseinandersetzung und Helens irrationales Verhalten nicht eskalieren, nimmt Tom eine interaktionale Perspektive ein, die der von Helen entgegengesetzt ist. Um sein Handeln in solchen Situationen auf Helens Handeln abzustimmen, schluckt er seinen Ärger herunter und wartet, bis Helen vernünftig mit ihm über das Problem sprechen kann.

Tom. Da ist noch die Geschichte mit dem Öffentlich-Privaten in unserer Beziehung. Helen ist ja nicht immer so, nur manchmal. Zu Hause passiert das nicht so oft. Wenn wir mit Freunden zusammen sind, bin ich immer wieder in der Situation, sagen zu müssen, daß sie zu Hause nicht so ist. Es kommt einfach, wenn sie viele Leute um sich hat und viel verkraften muß, das bringt sie ganz durcheinander. Sie realisiert dann nicht, was los ist. ...Manchmal wollen Leute mit ihr darüber reden, und sie geraten in hitzige Debatten. ...So brüllten Helen und noch jemand sich einen ganzen Abend lang an, und ich saß da und stöhnte nur: »O nein, bloß das nicht!« Es war nicht nur eine Debatte, auch wenn vieles davon Diskutieren war, aber sie war einfach ein wenig weggetreten. Ich war der einzige, der das erklären konnte, vielleicht zu viele Gespräche oder zu lautes Lachen. Und ich wußte, daß das später noch schlimmer werden würde. Ich glaube, ich werde allmählich überempfindlich, wenn andere sagen: »Sie ist doch ganz in Ordnung. Mach dir keine Sorgen, wir werden ihr schon sagen, wenn etwas nicht stimmt.«

Analyse. Bilder von Helens früherem Verhalten gehen in die Gegenwart ein und beeinflussen Toms Wahrnehmung der Situation und die Richtung seines Handelns. Weil Tom weiß, daß Helens Verhalten in der Öffentlichkeit eskalieren kann, achtet er ständig darauf, ob ihr Verhalten auf das Verhalten anderer Menschen ausgerichtet ist. Falls Helen in Toms Augen zu weit geht, überlegt er, wie er ihrem Verhalten wieder eine Richtung geben kann. Vieles, was in der Öffentlichkeit geschieht, hängt davon ab, wie andere Leute Helens Verhalten interpretieren und darauf reagieren. Tom sieht einen Grund für seine kontinuierliche Überwachung von Helens Verhalten darin, daß er überempfindlich auf die Bemerkungen anderer Leute reagiert.

Tom. In Gesellschaft versuche ich, ihr Zeichen zu geben oder leise in der Küche zu ihr zu sagen: »Beruhige dich, du benimmst dich unvernünftig.« Weil sie verwirrt ist, antwortet sie dann ganz laut: »Was meinst du damit, ich sei unvernünftig!«, und jeder sieht zu uns hin. Wir haben schwer daran gearbeitet, eine Reihe von Zeichen zu entwickeln, die wir in Gesellschaft benutzen, wo ich ihr z. B. ein Zeichen mit der Hand gebe. Aber dann reagiert sie nicht. Keines der Signale funktioniert wirklich gut, und ihr Verhalten hat einige meiner Freunde arg befremdet. Wenn ihr Verhalten in der Situation untergeht, etwa bei einem lauten Fest im Freien, dann macht es nicht soviel, aber bei einem kleinen Essen wird es schon problematisch.

Analyse. Tom hat mit Helen Interaktionssignale entwickelt und Vereinbarungen getroffen, damit ihr Verhalten entsprechend der sozialen Situation ausgerichtet bleiben kann. Diese Versuche klappen meist nicht, was davon abhängt, welche Symptome Helen hat, wie sie auf Toms Signale reagiert und ob sie ihrem Verhalten wieder eine Ausrichtung gibt. Tom kann Helen ein Zeichen geben, aber nur Helen selbst kann ihr eigenes Verhalten kontrollieren.

Tom. Ich glaube, daß die Gegenseitigkeit sehr wichtig ist. Es gibt eine Menge Dinge, die sie für mich tut. Es ist von meiner Seite nicht nur ein Geben und nochmals Geben. Ihr Verhalten ist nicht durchgängig so. ... Eine Woche, mehrere Tage können ohne Symptome vorbeigehen. In solchen Zeiten vergißt man das andere, und das Bild, das man in sich trägt, ist das von einem gesunden Menschen. Man trägt immer ein bestimmtes Bild von einem Menschen in sich, und mein Bild von Helen ist nicht das einer kranken, sondern einer gesunden Helen. Ich bin auch zunehmend in meine Arbeit versunken, und sie hat das mit ihrer Arbeit versucht, und das hilft. ... Ich bin ein eigenwilliger Mensch und in vielerlei Hinsicht nicht alltäglich und alles andere als angepaßt, in dieser Hinsicht ist Helen sehr tolerant. Das samt ihrer Unterstützung und Loyalität hält unsere Ehe aufrecht.

Analyse. Die Handlungen des Paares zeigen eine allgemeine Ausgerichtetheit; denn Helens erratisches Verhalten ist nicht durchgängig, und Tom selbst trägt in schwierigen Zeiten das Bild von einer gesunden Helen in sich. Des weiteren dient ein Großteil der Arbeit, die sie füreinander tun, der gemeinsamen Unterstützung, und jeder Partner hat seine berufliche Karriere, der er sich zur eigenen psychologischen Unterstützung zuwenden kann. Aus alldem ergibt sich, daß sie sich gegenseitig motivieren, die Arbeit fortzusetzen, die ihrerseits ihr Leben und ihre Beziehung aufrechterhält.

Dieses Fallbeispiel belegt, welche zentrale Rolle die Interaktion – und speziell die Gerichtetheit des Handelns – spielt, damit die Arbeit – ganz gleich, ob es sich um verlaufskurvenbezogene, alltägliche oder biographische Aufgaben handelt – durchgeführt werden kann. Der Fall zeigt auch, wie manche wichtige biographische und alltägliche Arbeit aufgrund von zeitweiliger falscher oder fehlender Ausrichtung nicht stattfindet. Das Paar unternimmt enorme Anstrengungen, um die drei Hauptarbeitslinien in den Griff zu bekommen. Deshalb überrascht es nicht, daß der Riesenberg von Arbeit, die aufgrund von Helens und Toms chronischen Krankheiten anfällt, samt den Problemen, die bei der Bewältigung dieser Arbeit zu lösen sind, das Paar schließlich zu der Entscheidung geführt haben, sich zu trennen.

TEIL II:
Sich mit einer chronischen Krankheit auseinandersetzen

Nachdem wir im ersten Teil des Buches unsere eher theoretischen Ansätze vorgestellt haben, kommen wir nun zum »praktischen« Teil, in dem wir uns mit unterschiedlichen Schicksalen von chronisch kranken Menschen beschäftigen. Vermutlich kämpfen alle Kranken mit ähnlichen Grundproblemen; doch die individuellen Formen, in denen sich diese Probleme zeigen, und die Lebensverhältnisse der Kranken weichen voneinander ab. Mit unseren Analysen wollen wir sowohl die Gemeinsamkeiten als auch die Unterschiede in ihren Erfahrungen erfassen. Zu diesem Zweck haben wir unterschiedliche Verlaufskurvenformen herausgegriffen und diese entsprechend ihrem Richtungsverlauf (nach oben gerichtet, stabil, instabil, nach unten gerichtet) eingeteilt. Solche Verläufe treten oft kombiniert auf: So kann sich eine auf Gesundung hindeutende Kurve nach unten entwickeln, eine fortlaufende Abwärtsentwicklung kann lange stabile Phasen haben, eine an sich stabilisierte Krankheit kann sich kurvenmäßig nach oben oder nach unten bewegen. Entscheidend ist hier, wie der Kranke seinen Zustand erlebt, d. h. ob er das Gefühl der Verschlechterung, der Renormalisierung oder der Stabilität hat. Dabei muß betont werden, daß der Kranke seinen Zustand vorwiegend in Symptomen wahrnimmt und darauf mit Symptomen reagiert.

Wir bringen nun unsere beiden Hauptkonzepte der Verlaufskurve und der Arbeit in die Untersuchung von Fallbeispielen ein und stellen bei jeder *Verlaufskurvenphase* Fragen wie: Welche Arbeiten fallen an, und wie werden sie durchgeführt? Wie wirken sich interaktionale Entwicklungen auf die Durchführung der Arbeit aus? Welche biographischen Prozesse begleiten und beeinflussen die Arbeitsverfahren?

Im 8. Kapitel zeigen wir, daß die Phase der Renormalisierung für den Kranken nicht nur eine Zeit körperlicher Erholung ist, sondern zu einer mühsamen Bergwanderung werden kann, die schließlich in ein zufriedenes Leben innerhalb der Grenzen, die ihm möglicherweise durch physische oder psychische Einschränkungen gesetzt sind, mündet. Wichtige Aspekte des Selbst, die durch die Krankheit oder Verletzung verlorengegangen sind, werden wiedergewonnen. In diesem Prozeß fragt sich der Kranke: Wie weit werde ich mich wieder normalisieren? Wie lange wird das dauern? Kann ich durch mein Handeln die Renormalisierung beschleunigen oder intensivieren?

Im 9. Kapitel belegen wir, daß eine Krankheit nicht allein dadurch stabil gehalten wird, daß man seine Therapien streng befolgt und diszipliniert lebt. Genauso wichtig ist, daß die Betroffenen bereit und fähig sind, den für die Wahrung von Stabilität nötigen Arbeitskomplex zu meistern.

Im 10. Kapitel geht es um instabile Phasen, in denen alles mehr oder weniger außer Kontrolle ist: der Krankheitsverlauf, die Symptome, die Lebensverhältnisse und das eigene Handeln. Instabilität kann sich verheerend auf die Selbstkonzeptionen auswirken, weil dadurch das Leistungsvermögen eines Menschen stark in Mitleidenschaft gezogen wird.

Im 11. Kapitel untersuchen wir nach unten verlaufende Phasen (Phasen der Verschlechterung oder des Sterbens). Praktiker im Gesundheitswesen, die solche Krankheitsphasen mit ihren Patienten durchleben, verstehen zwar diese Phasen auf der deskriptiven Ebene; doch selbst die allgemeinen Muster von Verschlechterungs- oder Sterbephasen, geschweige denn deren Variationsmöglichkeiten, sind noch nicht zufriedenstellend in Begriffe gefaßt. Unser Beitrag, der helfen soll, begriffliche Lücken im Wissen über die (von Laien, Ärzten und Pflegepersonal sowie Verhaltenswissenschaftlern) am meisten diskutierten Krankheitsphasen zu schließen, besteht vor allem darin, immer wieder daran zu erinnern, daß fast keine nach unten gerichtete Verlaufskurvenphase unabhängig von anderen Phasen verläuft.

Im 12. Kapitel schließlich beschäftigen wir uns mit den Erfahrungen und Handlungen der (oftmals selbst kranken) Partner chronisch kranker Menschen. Es gibt Fälle, in denen der Partner emotional verkümmert, obwohl die körperliche Pflege des kranken Partners nicht schwer ist. An unseren Beispielen zeigen wir, wie die Arbeit beider Partner je nach Verlaufskurvenphase schwankt und daß auch der gesunde Partner biographische Arbeit leisten muß, daß sich der Arbeitsanfall aber nicht zwangsläufig negativ auf die Betroffenen auswirkt. Allerdings gibt es in allen von uns untersuchten Partnerschaften ein »Zukunftspotential«, das den physischen oder psychischen Zusammenbruch des gesunden Partners oder der ehelichen Beziehung auslösen kann.

8 Phasen der Renormalisierung: Sich von einer Krankheit erholen

In folgenden untersuchen wir an drei Fallbeispielen unterschiedliche Merkmale von Renormalisierungsphasen. Das erste Fallbeispiel basiert auf Gesprächen mit einem querschnittgelähmten Mann und seiner Frau. Beide versuchen, ihre Situation zu begreifen und Vorstellungen für ihr zukünftiges Leben zu entwickeln. In unserer Analyse konzentrieren wir uns auf die biographische Arbeit des Paares und auf die Wechselwirkung zwischen dieser Arbeit und seinem Handeln. Im zweiten Fallbeispiel geht es um einen Herzpatienten und um Themen wie Körperbild, Unterscheidung zwischen Körper und Geist, Rehabilitation, Verbesserung der körperlichen Kondition usw. Das dritte Fallbeispiel handelt von einer Tänzerin, die einen Schlaganfall überwindet, und veranschaulicht biographische Phasierung, Verlaufskurvenarbeit, Beziehungen zum klinischen Personal und zu Verwandten sowie ihr Verhältnis zum Tanzen und zum Publikum.

Zunächst noch einige allgemeine Merkmale von Verlaufskurvenphasen, in denen der Patient in ein »normales« Leben zurückkehrt. Bei einer akuten Krankheit oder einem Unfall mit Folgeschäden wird der Patient zuallererst medizinisch versorgt, um körperlichen Krisen vorzubeugen und sein Überleben zu sichern. Hier steht die krankheitsbezogene Arbeit im Vordergrund, biographische Probleme werden vorübergehend zweitrangig. Ist die akute Krisenphase vorbei und der Zustand des Patienten stabilisiert, sind oft bleibende Einschränkungen oder Folgeschäden zu bewältigen. Der Kranke versucht allmählich, Krankheit oder Behinderung in sein Leben zu integrieren. Der Prozeß einer Renormalisierung setzt sich aus drei allgemeinem Prozessen zusammen, die getrennt, einer nach dem anderen oder zusammen ablaufen: (1) Mit der *Heilung* beginnt die körperliche Genesung, d. h. dem Kranken geht es besser. (2) Der Kranke beginnt, die *körperlichen Einschränkungen abzubauen*, so daß sich seine Körperleistung erhöht und u. U. auch seine Gesundung beschleunigt. (3) Die Biographie des Kranken wird unter den gegebenen Einschränkungen im körperlichen und sozialen Handeln *wieder zusammengefügt*. Im medizinischen Sprachgebrauch bezeichnet man den Renormalisierungsprozeß gewöhnlich als *Rehabilitation*, womit in erster Linie der physische Aspekt von Erholung gemeint ist.

Damit ein Mensch nach einer schweren Akutphase wieder den Weg in ein »normales« Leben findet, braucht es bestimmte Voraussetzungen.

- Der Kranke muß sich körperlich erholen; hier sind durch physische Beeinträchtigungen oft starre Grenzen gesetzt.
- Der Patient muß daran glauben, daß es sich lohnt, verlorengegangene Aspekte seines Selbst wiederzugewinnen.
- Damit der Patient für den mühsamen Renormalisierungsprozeß motiviert ist, muß er seine Zukunft strukturieren.
- Es braucht jemanden (das ist gewöhnlich der Arzt), der die Renormalisierung einleitet, d. h. die erste Verlaufskurvenplanung entwirft.
- Der Plan, nach dem die Renormalisierung ablaufen soll, muß medizinisch und biographisch auf das betroffene Individuum abgestimmt sein.
- Man braucht Ressourcen (Menschen, positives Umfeld, klinisches Personal, finanzielle Mittel, Gegenstände), auf die man sich verlassen kann.
- Der Kranke muß bereit sein, die für den Umgang mit der Krankheit notwendige Arbeit zu leisten.
- Jemand muß da sein, der den Prozeß der Renormalisierung organisiert, d. h. die Arbeit und die Arbeitenden koordiniert.
- Der Kranke, die Pflegepersonen und die anderen Helfer müssen zusammenarbeiten.
- Der Kranke braucht realistische Ziele, auf die er hinarbeitet.
- Der Patient braucht die Fähigkeit, sich von Rückschlägen nicht entmutigen, deprimieren oder niederschmettern zu lassen.
- Der Kranke muß flexibel sein, Kompromisse eingehen können und Vorstellungskraft haben.
- Hin und wieder muß der Kranke Zeichen des Fortschritts spüren.

*Fall 1: Ein querschnittgelähmter Mann und seine Frau:
Peter und Mary –
die ersten Monate der Genesung*

Eine Querschnittlähmung läßt kaum eine Besserung im körperlichen Zustand des Patienten zu und bringt enorme physische, interaktionale und biographische Probleme mit sich. Der Körper hat nicht nur seine Beweglichkeit verloren, sondern auch die Funktion physiologischer Systeme eingebüßt. Unmittelbar nach dem Ereignis, das die Lähmung verursacht hat, ist der Betroffene physiologisch aus dem Gleichgewicht und psychisch wie betäubt. Doch allmählich stabilisiert sich der Körper, und wenn der Kranke motiviert ist, kann er durch intensive Rehabilitationsarbeit in ein relativ normales Leben zurückkehren. Natürlich sind Renormalisierungen nur im Rahmen der gegebenen körperlichen Einschränkungen möglich und individuell verschieden. Wenn auch die physiologische Genesung im Renormalisierungsprozeß bei querschnittgelähmten Menschen eine zentrale Rolle spielt, so ist letztlich doch entscheidend, inwieweit der Kranke seine Biographie zu »flicken« vermag.

In diesem Fallbeispiel geht es um Peter, der querschnittgelähmt ist, und seine Frau Mary, die ihren Mann tatkräftig stützt; beide sind ungefähr Mitte vierzig. Wir haben mit den beiden etwa zwei Monate nach Peters Verletzung gesprochen und sie zu gleichen Themen separat interviewt. Peter sortiert buchstäblich die ihm und seiner Frau noch verbleibenden Möglichkeiten und entwirft ein Bild von der Zukunft und der Vergangenheit. Marys Aussagen ergänzen und erweitern den Blick auf die motivierenden Bedingungen, auf Ressourcen, Arbeitsteilung und Organisation der Arbeit. Ihre Mitwirkung im Renormalisierungsprozeß ist für Peter, der sich in den Anfangsphasen der Renormalisierung befindet, entscheidend.

Mary erzählt, daß der Arzt ihnen nach dem Unfall gesagt habe, es bestehe so gut wie keine Aussicht, daß ihr Mann noch einmal werde gehen können. »Aber es gibt«, so glaubt sie, »immer noch einen Schimmer Hoffnung. Ich denke, Ärzte wissen zwar viel, aber sie haben nicht immer das letzte Wort.« Sie berichtet weiter:

Wenn ich auf die letzten beiden Monate zurückblicke, so habe ich viel von ihm ferngehalten, was ich normalerweise nicht tue. Ich bin sehr stolz auf mich; denn obwohl ich eine große Heulsuse bin, habe ich nie vor ihm geweint. Ich habe nicht geheult, weil er mich sehr liebt, und ich wußte, wenn er merkte, wie schlecht es mir ging, hätte das die Sache für ihn noch schlimmer gemacht. Es ging ihm nämlich schlecht, weil er alles, wofür er so hart gearbeitet hatte, den Bach runtergehen sah. Er hat mir öfter gesagt, daß er nicht gewußt habe, ob er es ertragen hätte, wenn er mich hätte heulen sehen. Deshalb meine ich, daß das geholfen hat. Er brauchte sich um uns keine Sorgen zu machen. Er konnte sich einfach um sich selbst kümmern. ...

Ich habe das nicht gewußt, und der Durchschnittsmensch weiß das sicher auch nicht, aber wenn ein Mensch verletzt ist, hat er von hier bis unten keine Kontrolle über seine Muskeln, und er ist wie ein Säugling. Er muß lernen, wieder aufrecht zu sitzen. Jede Kleinigkeit wird so zu einer Errungenschaft. ...

Zunächst hatte er eine Phase der Verweigerung. Er wollte keine Therapie beginnen. Ich habe mit dem Arzt und dem Physiotherapeuten geredet und wollte wissen, ob es richtig wäre, wenn ich ihn aufrüttelte und zur Therapie schleppte. Ich habe dann für mich entschieden, daß ich ihn nicht bemuttern kann; er muß selbst der Wirklichkeit ins Auge sehen. Ich hatte einfach das Gefühl, daß es an der Zeit war, daß er eine gewisse Verantwortung übernahm. Sein Verstand ist nicht beschädigt, also kann er ihn einsetzen. Wenn er sich wie ein Kind benimmt, sage ich ihm das. Ich argumentiere mit ihm, wie ich das früher auch getan hätte.

Peter. Wenn ich Mary um mich habe, hilft mir das, mich wie ein Mann zu fühlen, und sie gibt mir Sicherheit. Man ist am Boden zerstört. Sie macht mir Mut. Wenn sie bei mir ist, kann ich nicht schwach werden, und für sie ist es wahrscheinlich genauso. Ich weiß, das hat mir wirklich geholfen. Zuerst versuchte der Arzt, mir beizubringen, daß ich nie mehr werde laufen können, aber ich habe einfach nicht hingehört. Ich dachte, du wirst wahrscheinlich wieder alles machen können, was du vorher auch gemacht hast. Ich habe das immer noch nicht akzeptiert – naja, ich habe akzeptiert, aber ich glaube immer noch an die Möglichkeit, daß ich wieder laufen kann. Vielleicht, vielleicht auch nicht. Wenn es möglich ist, dann laufe ich wieder. Wenn nicht, dann eben nicht. Diese Tatsache zu akzeptieren, daß ich nie mehr fähig sein werde zu laufen, das war das Härteste.

Ich habe Glück, daß ich so eine Frau habe. Für sie ist es wahrscheinlich noch schlimmer. Ich mache mir um sie mehr Sorgen als darum, daß ich nicht mehr laufen kann. Schauen Sie, was sie durchgemacht hat, die Sorgen, die ganze Verantwortung und das alles. Ich weiß, ihr Leben ist fast genauso zerstört wie meines. Wir werden noch vieles machen können, aber es wird auch vieles geben, was wir zusammen gemacht haben und jetzt nicht mehr können. Andererseits sind wir dann vielleicht fähig, mehr Zeit füreinander zu haben. Ich war immer mit irgendwas beschäftigt. Ich habe zehn, zwölf, vierzehn Stunden am Tag gearbeitet.

Daß ich nicht mehr auf den Traktor (seine Arbeit) steigen werde, beunruhigt mich wirklich. Aber ich werde etwas anderes machen. Meine Frau ist Antiquitätenhändlerin, ich habe ihr früher immer geholfen. Sie hat immer etwas zu reparieren. Es gibt viel Arbeit mit Messing und Kupfer, das poliert werden muß. Diese Arbeit kann ziemlich lukrativ sein. Daß ich mit ihr zusammenarbeite, paßt zu meinem Lebensstil. Ich möchte nicht um sechs Uhr antreten oder nach der Stechuhr arbeiten. Es ist gemütlicher so, und ich werde meinen eigenen Rhythmus haben.

Meine Frau versorgt den Haushalt, die Kinder, das Vieh, kümmert sich um alle anderen und ihr Geschäft. Die Kinder verhalten sich prima. Sie können bei vielen schweren Arbeiten mithelfen, z. B. den Müll raustragen. Mit der Jagd gibt es etliches an Arbeit, die ich nicht mehr machen kann. Rotwild kann ich noch jagen und vom Lastwagen aus schießen. Ziemlich viele Arbeiten, die hier von den Schwestern auf der Reha-Station erledigt werden, kann meine Frau dann übernehmen. Sie wickelt mein Bein mit einem tollen Verband und legt mir das Stützkorsett besser an als die meisten hier, schneller. Man gewöhnt sich schnell daran, jemanden zu haben, der einem in den Rollstuhl hilft, auch wenn man es selbst kann. Oder daran, jemanden zu haben, der einem etwas holt, auch wenn man es selbst tun kann. Man ist hier, um zu lernen, wie man für sich selbst sorgt. Zu Hause hat man auch keinen, der tagein, tagaus neben einem sitzt. Glauben Sie, daß sie mich jeden Morgen anziehen möchte? Das wird doch langweilig und ermüdend. Dann würde ich bald keine Frau mehr haben. Sie soll mich nicht bemuttern. Sie tut nur das, wozu ich nicht in der Lage bin. Alles andere, was ich tun kann, werde ich tun. ... Wer möchte schon sein Leben lang einen Krüppel bemuttern und nicht ausgehen können und etwas für sich unternehmen? Sie möchte (auch) ausgehen und etwas für sich unternehmen. Gewisse Dinge wird sie für mich tun müssen. Wenn sie ausgehen möchte, werde ich sie nicht davon abhalten. Ich weiß, wir werden ein gutes Leben haben. Ich mache mir keine Gedanken um sie, wenn sie ausgeht.

Und wieder Mary:

Ich habe das Gefühl, daß ich meinem Mann helfe. Er sagt mir, er vermißt mich, wenn ich nicht da bin. ... Vor dem Unfall hat er in meinem Geschäft Schleifarbeiten und Reparaturen gemacht, und ich habe lackiert und aufgearbeitet. Das kann er auch weiter tun. Er kann auch etwas in kleinem Umfang helfen, die Waren auf- und abzuladen, und mich auf Geschäftsreisen begleiten. Anstatt allein in den Osten zu fahren, werden wir gemeinsam reisen. Wir können zusammen auf Flohmärkte gehen. Ich werde seinen Rollstuhl vollpacken, und er kann die Sachen zum Auto bringen. Wir haben auch viel Messing und Kupfer zu säubern und zu polieren, was er jetzt auch schon tun kann. ... Ich sage dauernd zu ihm: »Glaubst du nicht, daß du das auch kannst? Ich möchte nicht hören, was du nicht kannst; denn woher weißt du das, bevor du es nicht versucht hast?«

Natürlich werden wir auch schwierige Zeiten haben. Er hat zu mir gesagt: »Wie werden mich die Leute behandeln, wenn ich hier herauskomme?« Meine Antwort: »Sie werden dich nicht anstarren, weil sie grausam sind, sondern weil sie nicht kapieren. Du wirst derjenige sein müssen, der ihnen die Peinlichkeit nimmt.« Ich mache ihm klar, daß es da nichts geben wird, wohin er nicht gehen kann oder was er nicht tun kann, nur weil er im Rollstuhl sitzt. Es ist absurd, das zu denken. ...

Früher konnte er abends noch in den Laden laufen und eine Tafel Schokolade oder sonstwas kaufen. Das wird jetzt schwieriger. Ich werde ihn vermutlich darum bitten, und er wird gehen, aber es wird schwieriger. Er wird das Haus streichen wollen, aber nicht bis ganz nach oben an die Decke kommen. Das werde ich dann machen müssen. Viele kleine Dinge werden schwieriger für ihn sein. So gehen wir sehr gern an den Strand, aber wir haben noch nicht herausgefunden, wie wir mit dem Rollstuhl dorthin kommen. Wenn wir früher auf Reisen waren, haben wir in Motels übernachtet; jetzt müssen wir darauf achten, daß wir ein Zimmer im Parterre bekommen. Es wird noch viele Dinge geben, auf die ich achten muß, z. B. auf Behindertenparkplätze, Rampen usw. Wir müssen das Haus umgestalten, aber nicht übermäßig. ...

Ich weiß, wenn er nach Hause kommt, wird er kaum anstrengender sein als jetzt. Ich ärgere mich hin und wieder über ihn, wenn er sagt: »Gib mir das oder jenes«, und sage dann: »Hast du noch nie das Wort *bitte* gehört?« Dann fängt er sich wieder und bittet höflich. Er ist so frustriert, daß er nichts aus eigener Kraft tun kann.

Peter. Es ist ein Mist, gelähmt zu sein. Man verliert den Gleichgewichtssinn. Als sie mich das erste Mal auf die Matte gesetzt haben, konnte ich nichts machen. Ich konnte nicht aufrecht sitzen. Ich war wie ein kleines Kind. Ich habe noch meine Hände und den oberen Teil meines Körpers. Es ist schon erstaunlich, was man damit machen kann, aber es dauert alles viel länger. Ja, es macht mir Kummer, daß ich von meiner Frau abhängig sein werde. Ich möchte nicht, daß sie mich bedient. Es hat gewissermaßen auch ihr Leben ruiniert, weil sie mich pflegen muß. Aber wenn es sie erwischt hätte, würde ich sie natürlich auch pflegen. Aber etwas anderes ist das doch. Es würde mir weniger ausmachen, sie zu pflegen, als es mir ausmacht, von ihr gepflegt zu werden. Es war schwer für mich zu akzeptieren, daß ich von einem Rollstuhl abhängig sein werde, aber nachdem ich so lange im Bett gelegen hatte, sah der Kerl doch recht vielversprechend aus! Ich werde mich reinsetzen und ihn ausprobieren. . . .

Sie baut mich auf. Sie sagt mir, daß sie mehr um mich sein wird und daß wir mehr Zeit füreinander haben können. »Du wirst mit mir reisen können, auf Einkaufsreisen gehen.« Glauben Sie, daß ich früher Messing poliert oder etwas ähnliches gemacht hätte? Zum Teufel, nein! Ich hatte keine Geduld dazu. Nun muß ich es wohl lernen. Der Grund, weshalb ich früher die Geduld dafür nicht hatte, war der, daß ich mit meinen Gedanken eigentlich bei meiner Arbeit auf dem Traktor war. Ich habe die Sachen dann beiseite gelegt und bin gegangen. Vielleicht habe ich jetzt etwas mehr Geduld. Vor allem werde ich mehr Zeit dafür brauchen.

Ich kann mir das Ausmaß der Veränderung in meinem Leben noch nicht vorstellen, weil ich noch nicht zu Hause war. Wenn man allein schon jemanden dafür braucht, der einem diese zwei winzigkleinen Stufen hochhilft, um ins Haus zu kommen! Wenn jemand mir helfen muß, dann wird mich das schon arg stören. Wenn ich etwas aus dem Schrank holen möchte, werde ich nicht drankommen. Ich weiß jetzt schon, daß mich das verrückt machen wird. Und wenn ich verrückt werde, wird sie auch verrückt. Sie kann doch nicht alle zwei Minuten aufspringen, wenn sie im anderen Zimmer sitzt und ich etwas aus dem Schrank haben möchte. Ich will auch nicht, daß sie das tut. Aber dann werde ich verrückt, weil ich zwar an die Milch kommen kann, nicht aber an die Haferflocken. Das ärgert mich zu Tode. Also werde ich einfach warten müssen, bis jemand kommt, den ich bitte: »Gib mir die Erdnußbutter.« Ich werde niemanden extra aus dem anderen Zimmer herrufen. Ich muß wohl auf viel verzichten. Selbstaufopferung. . . . Für mich soll der Haushalt nicht umorganisiert werden. Weshalb, zum Teufel, sollen sie ein Haus zerstören nur wegen mir. . . . Ich plane auch immer noch, campen zu gehen. . . .

Sie haben mit mir noch nicht über das Thema Sexualität gesprochen, und ich weiß nicht, wie das sein wird. Wir haben noch nicht darüber geredet, aber ich würde wohl darüber reden. Ich glaube, das meiste davon spielt sich sowieso im Kopf ab. Ich habe noch Erektionen. Ich muß über Mary nachdenken. Auf irgendeine Weise, irgendwie werde ich sie erfreuen. Ich muß. Ich weiß nicht, ob ich es fühlen werde. Ich bin noch am Überlegen.

Nachdem Mary über mögliche Komplikationen wie etwa eine starke Bronchitis oder eine Blasenentzündung geredet hat, sagt sie:

Wir haben nie besonders viel über Sexualität gesprochen. Sie ist ein wunderbarer Aspekt einer Ehe, aber nicht der wichtigste. Es ist nicht völlig ausgeschlossen, was ich so gehört habe. Ich werde es vermissen, aber auch nicht mehr als er. Zumindest habe ich Peter noch. Es ist nicht wichtig, daß wir unsere Gefühle füreinander unter Beweis stellen. Wir werden später darüber sprechen. Er fragte mich einmal, was wir in dieser Hinsicht tun werden? Ich sagte, er solle erstmal wieder gesund werden, und dann würden wir darüber sprechen. Seit damals habe ich das Thema nicht mehr aufs Tapet gebracht, weil es ihn aufregt; ich möchte jetzt nicht darüber sprechen. Er hat mit zwei Freunden Scherze gemacht, daß er sich einer plastischen Operation unterziehen will. Das spukt wohl noch in seinem Kopf herum, und ihm ist nicht gerade wohl, was diese Sache angeht. Aber immerhin kann er darüber Witze machen. Ich hoffe, daß ich ihn richtig verstehe. Es wird so sein wie früher. Die Sexualität ist nicht so wichtig in einer Ehe, und sie war auch nicht der wichtigste Punkt in unserer Ehe.

In den ersten Monaten dieser Renormalisierungsphase tauchen viele Phänomene auf, die für diese Phase typisch sind. Der Kranke beginnt mit Hilfe seiner Frau, die Grenzen seiner körperlichen Einschränkungen hinauszuschieben und darüber nachzudenken, wie er sein Leben und das seiner Frau auf einer neuen Basis wieder zusammenfügen kann. Mary nimmt ihrem Mann Handlungen ab, überlegt aber, wie sie seine Leistungsfähigkeit steigern kann. Peter stellt sich recht früh die Frage, wie weit sich sein Zustand renormalisieren wird. Es zeichnen sich auch die Anfänge biographischer Veränderungen ab. Dieses Paar kann unter Umständen Jahre der Stabilität, die durch gelegentliche Akutphasen unterbrochen werden, vor sich haben. Später treten vielleicht Verschlechterungen in Peters physischem Zustand und zusätzliche

Belastungen der Ehe ein. Doch zum jetzigen Zeitpunkt konzentrieren sich Peter und Mary auf den schmalen Grat der Gegenwart und auf die nahe Zukunft, von der sie hoffen, daß sie besser sein wird.

Fall 2: Genesung von einem Herzinfarkt: Professor Einshtein

Diese Fallbeschreibung umfaßt eine längere Zeitspanne der Renormalisierung. Die Geschichte beginnt im Jahr 1972, als Professor Einshtein einen leichten Herzinfarkt hatte, von dem er sich erholte und allmählich in ein relativ normales Leben zurückfand. Im Oktober 1980 überlebte er einen beinahe tödlich verlaufenden Herzanfall, der auf einen angeborenen Herzfehler zurückgeht. Nach seiner Entlassung aus der Klinik durfte er das Haus nicht verlassen und sich erst einmal nicht sehr bewegen. Man verordnete ihm eine komplizierte medikamentöse Behandlung und teilte ihm mit, daß man frühestens in sechs Monaten etwas über das Ausmaß einer möglichen Renormalisierung sagen könne.

In den folgenden drei Monaten hielt sich der Professor strikt an die ärztlichen Vorschriften und wartete geduldig darauf, daß seine frühere Energie wiederkäme. Seine Frau behütete ihn, wozu auch gehörte, daß sie ihm gelegentlich riet, sich auszuruhen; denn sie kannte allmählich die Anzeichen für sein plötzliches »Wegtreten«, noch bevor er sie selbst wahrnahm. Sie lernte salzarm und doch schmackhaft kochen, weil er nur eine geringe Menge Kochsalz zu sich nehmen durfte. Sie sorgte auch dafür, daß ihr Mann nie allein war: So ließ sie sich die Lebensmittel bringen, oder Freunde paßten auf den Patienten auf, während sie einkaufte. Nach einigen Monaten schränkte sie ihre ehrenamtliche Mitarbeit bei einer Organisation, für die sie drei Jahrzehnte lang gearbeitet hatte, drastisch ein. Beide Ehepartner redeten sehr offen über die Notwendigkeit und das Problem der krankheitsbedingten Arbeit und über ihre individuellen biographischen Anliegen.

Zwischenzeitlich war der Professor von seinen Lehrverpflichtungen an der Universität entbunden worden. Er wartete darauf, daß sein Körper sich erholen würde, und entspannte sich, indem er seine Lieblingsromane noch einmal las. »Das war alles, wozu ich einigermaßen imstande war.« Später dann konnte er Stendhals Roman *Rot und Schwarz* in Französisch lesen: »Das war ein Zeichen von Fortschritt für mich, daß ich mich konzentrieren konnte, und eine kleine intellektuelle Aufgabe.« Obwohl er weiterhin Klavier spielte – seine Lieblingsbeschäftigung –, beließ er es bei langsamen Stücken und hörte mit dem Spielen auf, wenn es ihn physisch zu sehr anstrengte. Nach weiteren Monaten spielte er vorsichtig schnellere Stücke, hielt sich aber drei Jahre lang mit intensivem Üben zurück. Später, nachdem Herr Einshtein wieder völlig beweglich war, fügte er sich in sein Schicksal, daß er nicht mehr Auto fahren durfte und hin und wieder den Bus verpaßte, weil er nicht zur Haltestelle spurten konnte. Doch konnte er sich nie ganz damit abfinden, daß er seiner Frau die schwereren Tätigkeiten wie Kofferschleppen, Teppichklopfen, Müll raustragen nicht mehr abnehmen konnte.

Im Januar des darauffolgenden Jahres organisierte Professor Einshtein bei sich zu Hause ein kleines Seminar mit graduierten Studenten. Anfangs reichte seine Energie nur, um die Diskussion zu leiten; doch mit der Zeit mischte er sich lebhafter ein. Bald darauf durfte er kleinere Spaziergänge unternehmen, konnte es aber nicht, weil er urplötzlich Herzschmerzen bekam. Das Ziel seiner eigenen Verlaufskurvenplanung war es, das Spazierengehen sobald wie möglich zu trainieren (obwohl der Kardiologe ihn vor Überanstrengung gewarnt hatte). Als ein weiterer Monat vergangen war und er immer noch keine Spaziergänge machen konnte, war er enttäuscht und verwirrt, weil mittlerweile »mein Kopf völlig klar war und ich Mitte Januar schon angefangen hatte, die Monographie zu schreiben, mit der ich eigentlich letzten Oktober hatte beginnen wollen«.

Unter den wachsamen Augen seiner Frau schrieb er einige Stunden täglich und wurde gelegentlich von ihr erinnert: »Glaubst du nicht, daß du dich jetzt ausruhen solltest?« und: »Du hast für heute genug gearbeitet; hör jetzt auf!« Er schrieb mit der Hand und nicht mit der Schreibmaschine, was ihn mehr angestrengt und mehr Energie gekostet hätte. Energie war nämlich eine zentrale Ressource, auf die er sich trotz gemäßigter Gangart in seinen Aktivitäten nie ganz verlassen konnte. Er mußte damals – wie jetzt, vier Jahre später, auch noch – mit unerwarteten Schwächeanfällen rechnen. Dann ließ er seine Arbeit ruhen und wartete, bis die Phase vorbei war. Seine Denk- und Schreibaktivitäten hatte er zwar wieder, war aber enttäuscht, daß die Fähigkeit des Spazierengehens, die ebenfalls ein wesentlicher Aspekt seiner erhofften Zukunft war, nicht mit gleicher Geschwindigkeit zurückkehrte. Er beschrieb das so:

Mein Geist war gesund, er arbeitete effektiv – was meistens in den Morgenstunden der Fall war –, solange ich keinen Schwächeanfall hatte; aber mein Körper hinkte weit hinterher. Ich konnte nicht einmal um den Häuserblock gehen, ohne Herzschmerzen zu bekommen! Mit plötzlichen und unvorhersehbaren Schwächeanfällen, von denen Herzkranke wie ich geplagt sind, kann man sich abfinden, auch wenn sie jetzt noch, vier Jahre später, auftreten; aber die Aussicht, Monat um Monat immer noch nicht richtig gehen zu können, ist nicht zu ertragen.

Seine »normale« Arbeit als Wissenschaftler und Lehrer stimmte mit seiner Vorstellung von einem angemessenen Tempo der Renormalisierung überein, während seine körperliche Mobilität trotz Beachtung der ärztlichen Vorschriften zunächst nicht nach Plan verlief. Schließlich gab es aber doch ermutigende Anzeichen für eine physische Erholung; vor allem hatte Herr Einshtein wieder mehr Energie und brauchte weniger Schlaf. Laut Aussage des Kardiologen konnte man frühestens im April Genaueres über den Genesungsverlauf sagen, weil man erst dann die Wirkung der Medikamente einschätzen könne. Mitte Februar zeigte er sich über seinen Gesundheitszustand dem Arzt gegenüber enttäuscht, der ihm kurz angebunden antwortete: »Sie werden nie mehr spazierengehen können.« Diese Mitteilung löste im Patienten eine Krise im Renormalisierungsprozeß aus; seine verlaufskurvenbezogenen und biographischen Vorstellungen wurden damit zunichte gemacht. Die Konsequenz war, daß er mit intensiver biographischer Arbeit begann: Entsetzt stellte er sich – was er vorher nie ernsthaft getan hatte – ein Leben vor, das ihn für immer ans Haus fesseln würde und in dem er seine Position an der Universität nicht mehr hätte.

Ein paar Monate später sah alles schon anders aus. Als er einen kleinen Spaziergang machte und ein Konzert besuchte, traf er zufällig seinen Internisten, der ihm berichtete, daß sich der Kardiologe kürzlich über die völlig unerwarteten Fortschritte seines Patienten erstaunt gezeigt habe. »Er war überzeugt, Sie würden ein ›Herzkrüppel‹ werden.« Dieses Erlebnis und die inzwischen ermutigende Steigerung seiner Mobilität bestärkten den Professor in seiner Entschlossenheit, den Prozeß der Renormalisierung weiter voranzutreiben. Nach seiner Vorstellung mußte der Geist *mit* dem Körper *zusammen*arbeiten, um den physischen Zustand und die Handlungsfähigkeit zu verbessern.

Unbeantwortet blieb dabei aber die bedrängende Schlüsselfrage, wie weit der Kranke – mit medikamentöser Unterstützung des Herzsystems – auf seinem Weg in die Renormalisierung kommen würde. Er hatte nämlich immer noch unvorhersehbare, wenn auch nicht unerwartete Minuten oder Sekunden der Benommenheit, Tage der Schwäche und allgemeiner Teilnahmslosigkeit, und am späten Nachmittag hatte er oft Phasen, in denen er »weggetreten« war – und nur noch schlief. Es quälte ihn, daß er längere Gespräche mit Freunden oder Arbeitssitzungen mit Studenten trotz sorgfältiger Planung nicht verläßlich durchhalten konnte. Doch obwohl ihm die Genesung oft viel zu langsam ging und er sich nicht selten über seinen kranken Körper ärgerte, meisterte er die Situation mit humorvoller Resignation – besonders seit seine wissenschaftliche Arbeit voranging. Die Sorgen über seine Zukunft hatte er einigermaßen unter Kontrolle, weil er überzeugt war, daß er gesund werden würde. Er und seine Frau achteten auf alle Anzeichen für einen Rückschritt, was die körperlichen und die Handlungsaspekte betraf, und diskutierten heftig darüber, wenn sie solche Hinweise entdeckten. Frau Einshtein glaubte fest daran, daß der starke Wille ihres Mannes zu seinen Fortschritten beitrüge, und verbarg ihre eigenen Zweifel; doch unbewußt signalisierte sie ihre ständige Angst vor einem Rückschlag.

Während dieser Zeit war es sehr wichtig, daß Handlungen, die Herr Einshtein ausprobierte, auch gelangen. Er konnte jetzt größere Spaziergänge machen, ausgedehntere Besuche zu Hause durchhalten, an kleinen Einladungen teilnehmen und Konzerte besuchen. Wenn Handlungsversuche glückten, lobte er seinen Körper, und er ärgerte sich, wenn dieser nicht wie gewünscht funktionierte. Schließlich gelang ihm ein schwieriger und wichtiger Schritt: Er nahm die Einladung eines Kollegen zu einem Gastvortrag in dessen Seminar an. Am Ende seines Vortrags war er sehr stolz: »...fühlte mich wunderbar, psychisch und physisch«. Diese Handlung stellte einen Wendepunkt für sein Selbstvertrauen und für seinen Willen zur weiteren Renormalisierung dar.

Zehn Monate nach seiner Entlassung aus dem Krankenhaus unternahm Professor Einshtein eine sorgfältig geplante Reise zu einem Kongreß. Seine Frau stimmte der Reise unter der Bedingung, daß er seine Aktivitäten auf die Entgegennahme der akademischen Ehrung und auf das Treffen mit ein paar Freunden beschränkte, widerstrebend zu: »...kein Rumrennen – du kannst das noch nicht, und ich möchte das auch nicht.« Einen Monat später nahm er seine Lehrtätigkeit wieder auf, allerdings nur in kleinen Gruppen mit Studenten der höheren Semester. Er verlegte seine Seminare vom Spätnachmittag, wenn er meistens sehr müde war, auf die frühen Nachmittagsstunden. Nachdem er sich so physisch weitere sechs Monate langsam, aber stetig erholt hatte, besserte sich seine Kondition nun schlagartig: Seine Schwächeanfälle und die leichte Benommenheit waren weitgehend verschwunden. Zwei Jahre nach dem Infarkt hatte die Stabilisierung der Krankheit eine höhere Ebene erreicht, was sich natürlich stark darauf, wie der Patient seinen Körper einschätzte, und auf seine Erwartungen an die noch vor ihm liegenden Jahre auswirkte. Zu diesem Zeitpunkt dachte auch seine Frau daran, ihre Arbeit wieder aufzunehmen. Doch hatte sie immer noch Angst, ihren Mann allein zu Hause zu lassen, auch wenn er dort glücklich an seiner Arbeit saß. Sie erlebte die gar nicht so seltene Schwierigkeit eines Partners, den anderen nach einer langen Phase der Krankheitsbewältigung loslassen zu können.

Der Professor hatte beruflich noch eine schwere Entscheidung zu treffen: Zwei Jahrzehnte lang hatte er mehrere kleine Forschungsprojekte aufgebaut und dafür nicht unbeträchtliche Forschungsgelder erhalten. Die letzte Mittelbewilligung lief etwa zwei Jahre nach seinem Krankenhausaufenthalt aus. Sollte er diese Art der Forschungsarbeit als einzelner fortsetzen oder besser mit anderen Wissenschaftlern zusammenarbeiten? Sollte er überhaupt noch Monographien in Buchform schreiben oder nur noch Aufsätze? Die Entscheidung, zumindest vorläufig keine Forschungsgelder mehr zu beantragen und die Dinge sich entwickeln zu lassen, fiel ihm nicht leicht und brachte viel emotionalen Wirbel mit sich. Und er brauchte mehrere Monate, bis er sich mit seinem Entschluß abgefunden und für seine wissenschaftliche Arbeit neue Organisationsmuster aufgebaut hatte.

Obwohl er seine wissenschaftliche Arbeit auf einer nur geringfügig veränderten Basis verrichten kann, erinnern ihn »schwache« Stunden, Tage der Teilnahmslosigkeit und Herzschmerzen an seine Grenzen. Andererseits ist er angenehm überrascht, wenn er an manchen Tagen aufwacht und sich fühlt,

wie ich mich früher gefühlt habe, bevor ich krank wurde. Ich fühle mich leicht, lebendig; es ist wundervoll, sich zu bewegen, und ich spüre meinen Körper nicht. Alles scheint möglich, auch für meinen Geist. Ich habe nicht unbedingt das Gefühl, mich sofort in die Arbeit stürzen zu müssen; denn es kommt mir so vor, als werde mir die Arbeit leicht von der Hand gehen, wenn ich erst einmal dransitze. Ich muß mich daran erinnern, daß das nicht immer so sein kann und wird. Und natürlich kann alles innerhalb einiger Stunden vorbei sein. Es ist eine Erinnerung, aber keine traurige – daran, wie das Leben und man selbst einmal war. Wie die Tage und die Aktivitäten einmal waren. Und so ist es eine Erinnerung an das, mit dessen Verlust man sich eigentlich abgefunden hat. Selbstmitleid ist nicht erlaubt, sonst öffnet man nur die Büchse der Pandora von neuem. Wenn ich nicht so ein Arbeitstier wäre, könnte ich mich mit meinen Einschränkungen und meinem Leben nur schwer abfinden.

Kürzlich gestand er seiner Frau: »Trotz allem weiß ich, daß es unmerkliche Veränderungen in meinem angeschlagenen Herzen gibt. Ich mache mir da nichts vor – aber ich versuche, mich nicht damit zu beschäftigen.«

Fall 3: Genesung von einem Schlaganfall: Agnes de Mille

Auch bei diesem Fallbeispiel wirken sich die körperlichen Symptome stark auf die Renormalisierung aus. Wenn jemand einen Schlaganfall erlitten hat, geht es primär darum, daß die gelähmten Körperteile wieder aktiviert werden, daß der Kranke seine Körperempfindungen wiedererlangt und daß sein Körper wieder flexibel wird. Agnes de Mille, eine gefeierte Tänzerin und Choreographin, beginnt nach einem schweren physischen und psychischen Trauma den langen Weg nach oben – zurück in ein normales Leben. In ihrem Buch *Reprieve* (1981) beschreibt sie die einzelnen Stationen und die biographischen Begleiterscheinungen.

Frau de Mille probte mit einer Gruppe von Tänzern für eine Galavorstellung am Theater. Am Nachmittag vor der Premiere hatte sie einen Schlaganfall und wurde sofort in die Klinik gebracht. Der Arzt war nicht sicher, ob sie die Attacke überleben würde. Doch sie selbst hat keine Minute daran gezweifelt. Die Krankheitsverlaufskurve von Frau de Mille begann in dieser akuten Krankheitsphase damit, daß sie sich bewußt wurde, daß mit ihrem Körper etwas nicht stimmte. Die Entdeckung, daß er nicht im geringsten mehr das leistete, was er leisten sollte und früher geleistet hatte, kam schlagartig.

Im Krankenhaus reflektierte Frau de Mille über ihre potentielle Verlaufskurve und ihre Biographie. Sie schildert, wie sie ihren jetzigen mit dem früheren körperlichen Zustand verglich, und beschreibt die daraus resultierenden Veränderungen für ihre Selbst-Konzeption. Von einer lebendigen, aktiven Frau in der Blüte ihres Lebens war sie zu »einem entpersonalisierten Häufchen Fleisch« geworden, das »kaum seinen Namen stammeln konnte und angefangen hatte zu sabbern, zu einer gealterten, zusammengekauerten Hülle von Kreatur...« Symptome, die sie vorher nicht beachtet hatte, wie Bluthochdruck, urplötzlicher Gedächtnisschwund, sah sie nun im Zusammenhang mit ihrer gegenwärtigen Situation. Doch gleichzeitig schaute sie nach vorne und fragte sich, ob sie wieder richtig würde sprechen können, ob sie ihre Phantasie, ihre Mobilität, ihr Gedächtnis wiedergewinnen würde.

Zunächst drehte sich ihr Leben nur um die überlebenswichtigen Dinge: »Ich war voll ausgelastet mit den kleinen Dingen des Lebens. Alles war so extrem schwierig und so neu. Jede einzelne Handlung wurde zu einem Geschicklichkeitswettbewerb, und Wettspiele strengen sehr an.« Schließlich erwarb sie in den Grundtätigkeiten eine gewisse Routine und fing an, das Ausmaß ihrer Einschränkungen zu erforschen. Als ihr klar wurde, daß ihr Körper sie im Stich gelassen hatte, wurde sie von einer unbändigen Wut gepackt. Es gab »keinen Ausweg« aus dieser Situation. Doch sie gab nicht auf; sie *wollte* eine Zukunft haben, auch wenn diese anders wäre als früher. Und so nahm sie ihre »merkwürdige und verstümmelte Existenz in Angriff«. Damit tat sie den Schritt zur *Rückkehr in ein normales Leben.*

Um auf diesem Weg Erfolg zu haben, müssen vier Bedingungen erfüllt sein. Jemand, z. B. der Arzt, muß die medizinische Planung und das Rehabilitationsverfahren in Gang setzen. Der Kranke muß eine biographische Vorstellung und bestimmte Ziele haben und gleichzeitig einsehen, daß medizinische Planung und Rehabilitationsverfahren notwendig sind, um diese Ziele zu erreichen. Er muß Einschränkungen akzeptieren, aber auch daran glauben, daß er die ihm durch die Krankheit auferlegten Grenzen hinausschieben kann, und muß Vertrauen in eine bessere Zukunft haben. Frau de Mille erklärt, weshalb Menschen in einer solchen Situation bereit sind, die erforderliche Arbeit zu leisten: »Die Arbeit verlangt eiserne Disziplin, und man hält sich daran, weil man hofft, nützlich und effektiv zu sein. . . . Wir hatten nur ein einziges Ziel. Wir mußten das tun, was wir tun *wollten*, egal wie ungeschickt, wie verstümmelt, wie langsam es auch ging.« Schließlich muß die Verlaufskurvenplanung mit der medizinischen Behandlung, dem Rehabilitationsverfahren und der Biographie des Kranken übereinstimmen.

Darüber hinaus braucht es die kontinuierlichen Anstrengungen von seiten des Kranken und die koordinierten Bemühungen anderer Menschen, die entsprechend ihrem Wissen und Können arbeitsteilig ihren Beitrag im Renormalisierungsprozeß leisten. Im Fall von Frau de Mille bestand das Team aus vielen Mitarbeitern. Die Ärzte entwickelten den Behandlungsplan und initiierten die

Rehabilitation. Sie machten diagnostische Tests, beobachteten die Patientin Tag und Nacht und überwachten ihren physischen Zustand und die Fortschritte. Die Krankenschwestern führten die Behandlungsverfahren durch, kümmerten sich um ihre körperlichen Bedürfnisse und ihr Wohlbefinden und hielten sie an, dabei – so gut sie konnte – mitzumachen. Die verschiedenen Therapeuten (Beschäftigungs-, Physio-, Sprachtherapeuten) trugen zur eigentlichen Überwindung der Einschränkungen bei und überwachten die Rehabilitationsversuche der Patientin. Ihr Ehemann und ihr Sohn zeigten ihr, daß sie geliebt und gebraucht wurde, unterstützten sie auch in kleinen Dingen, lobten ihre Anstrengungen und machten ihr Mut, auch wenn sie manchmal selbst ganz mutlos war. Ihre Freundin Mary benachrichtigte Freunde und Bekannte der Patientin, erledigte Telefonanrufe und die Post. Freunde und Kollegen riefen an, besuchten sie und schickten ihr Blumen, damit sie wußte, daß sie alle an sie dachten. Jeder einzelne trug auf seine Weise zu Frau de Milles Rückkehr ins normale Leben bei.

Zuerst waren die Anstrengungen von Frau de Mille auf die Genesung ihres Körpers und auf die Ausdehnung der Grenzen ihrer physischen Einschränkungen gerichtet. Schließlich wurde diese Arbeit zur Routine und war ihr bei dem Versuch, ihren aktuellen Zustand zu überwinden, nicht mehr genug. An diesem Punkt traten biographische Überlegungen zur Genesung und Rehabilitation hinzu. Der Prozeß, in dem die Biographie wieder zusammengefügt wird, setzt dann ein, wenn der Kranke sein normales Leben fortsetzen möchte. Dieser Wendepunkt variiert je nach Krankheit, Ausmaß der Beeinträchtigung und individueller Biographie des Kranken. Manche Patienten möchten dann gute Freunde sehen, andere rufen Geschäftskollegen an, wieder andere organisieren die Familie vom Krankenhaus aus. Ein entscheidender Schritt war bei Frau de Mille, daß sie sich das Manuskript des Buches bringen ließ, an dem sie schon vor ihrem Schlaganfall gearbeitet hatte. Sie wußte, daß sie ihre Arbeit als Tänzerin und Choreographin nicht wieder würde aufnehmen können, daß es aber noch einen anderen wichtigen Aspekt ihres Selbst gab: das Schreiben. Wenn sie aber zu jener Zeit anfangen wollte zu schreiben, rutschten ihr die Papiere aus den Händen und fielen zu Boden. Also besorgte sie sich einen Spezialtisch, auf dem sie ihre Papiere immer gut sichtbar neben sich hatte. Wenn sie nicht daran arbeitete, ließ sie ihre Augen darauf ruhen. »Ich dachte sogar nachts an sie, und sie waren ein Versprechen für mich. Es reicht nicht aus, im ›Jetzt‹ zu leben, wie man uns erzählt hat. Wir müssen eine Vorstellung vom ›Morgen‹ haben.« Und sie stellte sich die typischen biographischen Fragen: »Werde ich mit meiner Vorlesung in sechs Monaten beginnen können? In acht? Kann ich in einem Jahr wieder am Theater arbeiten?«

Einen widerspenstigen Körper zu trainieren ist nicht nur harte Arbeit, sondern ängstigt einen auch. Im gesunden Zustand arbeiten die einzelnen Körperteile zusammen und können durch den Willen kontrolliert werden; doch der kranke Körper wird oft zum erschreckend unkontrollierbaren Körper. »Ich begann mit den Pflichtübungen, mit den Übungen, die nicht langweilig waren, z. B. Handgymnastik, die mich aber ängstigten. Ich stand zwischen den beiden Stangen, hatte auf jeder Stange eine Hand liegen; das war bequem, und ich fühlte mich sicher, bis auf die Tatsache, daß die rechte Hand nicht zu gebrauchen war und ständig abrutschte.« Man ermunterte die Patientin, sich erst hinzustellen und dann zu gehen. Aber... »jedesmal, wenn ich den rechten Fuß vorstreckte, verließ ich mich auf den restlichen Mechanismus – meinen Kopf und meinen Atem und mein Herz und meine Eingeweide – und bangte: Würde es gutgehen?«

Das zurückliegende Leben ist nicht nur etwas, worauf man traurig zurückblickt: Es kann zu einer Ressource werden, die die Zukunft gestalten hilft. Frau de Mille spürte immer wieder das Mitgefühl der anderen, wie schwer es gerade für sie als Tänzerin sein müsse, mit so vielen Einschränkungen fertigzuwerden. Doch eben weil sie sich in ihrem Beruf als Tänzerin einer strengen physischen und psychischen Disziplin hatte unterwerfen müssen, fühlte sie sich auch jetzt fähig, die harten Anforderungen des Körpertrainings zu erfüllen.

Oft wird ein Renormalisierungsverlauf durch Rückschläge oder Unterbrechungen gehemmt: die mühsam erkämpften Fortschritte können vorübergehend oder auf Dauer stagnieren. Frau de Mille erlebte einen solchen Rückschlag, als sie eine Embolie bekam. Der Prozeß der Rehabilitation und der Wiederherstellung ihrer Biographie wurde dadurch zeitweilig gestoppt, und alle Beteiligten kümmerten sich wieder zunächst um die Bewältigung der potentiellen Krise. Damals hatte Frau de Mille das Gefühl, langsam aus dem Leben zu gleiten. Sie akzeptierte ihre Vergangenheit und konnte so ihr Leben abschließen, um sich auf den Tod vorzubereiten. Zwar überwand sie die medizinische Krise, hatte aber nun einen kritischen Punkt im Renormalisierungsprozeß erreicht, weil die ständigen Krankheitsattacken ihren Lebenswillen schwächten. Wieder war die Entscheidung des Arztes gefragt, der zwischen dem medizinischen Risiko, sie nach Hause zu entlassen, und dem emotionalen Problem, wenn sie in der Klinik blieb, abwägen mußte. Sie durfte nach Hause. Ausschlaggebend dafür, daß es mit der Renormalisierung voranging, war hier, daß in der Person des Arztes die richtige Person zur richtigen Zeit mit dem richtigen Plan auftrat.

Wenn der Patient aus dem Krankenhaus entlassen wird und in seine Familie zurückkommt, wird er oft schonungslos mit seinen Begrenzungen konfrontiert, weil sich verlaufskurvenbezogene und biographische Überlegungen auf neue Art kreuzen. Frau de Mille geriet in eine biographische Krise: Die Vergangenheit würde nie mehr in der alten Form zurückkehren, die Zukunft bedrohte sie; sie befand sich an einem Kreuzweg. Auf die durch die Konfrontation mit der Gegenwart und der potentiellen Zukunft ausgelöste biographische Entstrukturierung folgte eine Neustrukturierung, als Frau de Mille anfing, ihre Probleme in Angriff zu nehmen und zu bearbeiten. So entdeckte sie *neue Wege in ein sinnvolles Leben.* »Ich ging durch diese graue Zone in eine neue Art von Leben mit völlig neuen Regeln und neuen Werten. Die Frage war: Konnte ich den geistigen Schock ebenso überleben, wie ich den physischen überlebt hatte?« Sie hatte den festen Willen, daß es ihr gut gehen sollte. Sie wollte ihren Körper wieder leistungsfähig machen. Sie wollte Erfüllung im Leben finden. Um das zu erreichen, mußte viel Arbeit geleistet werden. Wer machte diese Arbeit und wie? Die Therapiearbeit war anstrengend und blieb nun größtenteils ihr selbst überlassen. Frau de Mille mußte täglich in die Klinik zum Rehabilitationstraining, hatte einen Haushalt zu versorgen und geschäftliche Angelegenheiten zu regeln. Doch Energie und Mobilität waren begrenzt. Wie also sollte die Arbeit gemacht werden?

Es gab viele Helfer, die eine Menge von Aufgaben erledigten. Der Ehemann, der ihre Rückkehr nach Hause sorgfältig geplant hatte, übernahm die Kontrolle ihres Zustandes, was vorher die Aufgabe der Ärzte und Krankenschwestern gewesen war. Er fungierte auch als Rehabilitationstrainer und trieb sie an »in Richtung Gesundheit, ermunterte mich während der Übungen, hielt mich dazu an, die alltäglichen Dinge zu versuchen. Du mußt noch mehr versuchen, noch besser werden!« Die Aufmerksamkeit und Liebe ihres Mannes, ihres Sohnes und ihrer Schwester halfen ihr, in diesen schwierigen Zeiten nicht zu verzweifeln. Ihr Mann übernahm auch die Arbeit mit ihrem Körper und agierte zeitweilig als »ausgebildete Krankenschwester«. Sie wiederum mußte damit leben lernen. Es war ein schmerzhafter, ermüdender, schrittweise vorangehender Prozeß. »Ich nahm meine dreibeinige Gehhilfe und machte mich auf den Weg. Schlurfen. Halten. Schlurfen. Halten. Unter Schmerzen, erschöpft und, ja, voller Angst. Bis zur Waschküchentür... Bis zur ersten Treppenstufe.« Frau de Mille mußte die Grenzen ihrer körperlichen Einschränkungen entdecken und Empfindungen, die der Körper einst als selbstverständlich betrachtet hatte, in anderen Formen neu erlernen. »Ich mußte diese andere Schmerzerfahrung erst lernen... das Kribbeln, das von einer Falte im Strumpf kam, im Gegensatz zu dem Kribbeln, das davon kam, daß mir jemand auf dem Fuß stand.«

Nach harter Arbeit sah sie Erfolge: Ihr Körper war bis zu einem gewissen Grad geheilt, sie hatte wieder mehr Energie und war psychisch stabiler. Sie merkte auch, daß sie weniger von Hilfen abhängig war und sich sinnvolleren Aktivitäten zuwenden konnte. Eine Zukunft, die anders war als die Vergangenheit und die Gegenwart, lag vor ihr. Diese Neustrukturierung des Selbst brachte sie in die nächste Phase des Renormalisierungsprozesses: sie *erreichte den Gipfel*. Das Ziel war in Sicht, nur noch eine letzte Anstrengung. Zwar hatte sie die Leistungsfähigkeit nicht in vollem Umfang wiedergewonnen, aber zumindest eine befriedigende

Ebene des Handelns gefunden. »Schließlich – und das ist sehr schwer – muß man erkennen, daß sich die Situation verändert hat. Da man zunehmend unabhängiger wird, muß man sich zwingen, so gut es geht, selbständig zu sein, egal, wie ermüdend, egal, wie beschwerlich das ist.«

Der Kranke muß sich mit physischen Einschränkungen, die von der Krankheit zurückgeblieben sind, abfinden und sie im Alltag bewältigen. Es gibt Zeiten, da spielen diese Einschränkungen kaum eine Rolle, und es gibt andere Zeiten, wo sie schmerzhaft spürbar werden. Frau de Mille mußte dies bei der Hochzeit ihres Sohnes erfahren, als die Braut mit ihrem Vater tanzte und der Bräutigam an dieser Stelle mit seiner Mutter hätte tanzen sollen. Statt dessen tanzte er mit der Mutter der Braut. Das war ein weiterer einschneidender Wendepunkt, an dem Frau de Mille das volle Ausmaß ihrer körperlichen Grenzen zu spüren bekam.

Im allgemeinen sieht man Krankheiten und dadurch bedingte Einschränkungen als etwas Negatives an. Kaum ein Mensch würde ein solches Los freiwillig auf sich nehmen. Doch im Ernstfall hat man sich damit abzufinden. Viele Menschen schaffen es, ihr Schicksal zu akzeptieren und sogar ihre Einschränkungen zu überwinden, indem sie ihrem Leben einen neuen Sinn geben. Dazu sagt Frau de Mille: »Ich gelangte in immer tiefere Seinszustände, von denen ich vorher nie geträumt hätte, Zustände des Wahrnehmens und des Fühlens, die nichts mit Leistung oder Geschäft oder Pflicht oder Moral zu tun hatten. Ich war einfach hellwach.« Im Rückblick schienen ihr »die ganzen mittleren Lebensjahre so... abgestanden«, und sie empfand das »neue Leben, das mit dem Schlaganfall begonnen hatte, als ein Geschenk«.

Als man Frau de Mille eröffnete, daß sie eine Beinschiene tragen müsse, kam sie sich wie ein Krüppel vor, »wie ein Opfer der Kinderlähmung«. Auch diesmal jedoch trat der richtige Mann zur richtigen Zeit auf den Plan, um der Patientin den nötigen Anstoß zu geben: Ein Therapeut erklärte ihr, daß sich durch die Schiene die Muskeln stärkten und sie sicherer laufen würde. Zu ihrem Erstaunen stellte sie fest, daß die Schiene zwar lästig war, ihr aber Halt gab und eine gewisse Behaglichkeit verschaffte. Mit einer modischen List milderte sie den Einschnitt, indem sie schöne chinesische Seidenhosen trug, um die Schiene zu verbergen. Danach tat sie einen weiteren Schritt in Richtung Renormalisierung: Sie verschenkte alle ihre schwarzen, grauen und braunen Kleidungsstücke und ersetzte sie durch helle Farben. »Damit wurde eine neue Fahne gehißt, die meine Genesung bekanntgab und aus meinem Leben ein glückliches Leben machte.«

Wenn ein kranker Mensch im Renormalisierungsprozeß an den Punkt kommt, daß er sich weitgehend geheilt fühlt, seine Grenzen ausprobiert und seine Biographie wieder zusammengefügt hat, dann kann er *einen* letzten Schritt tun, um seinen Platz auf der Welt wieder mehr oder weniger vollgültig einzunehmen: Er *vollzieht* die Rückkehr in das normale Leben, indem er durch eine Reihe erfolgreicher Handlungen sich selbst und den anderen beweist, daß er wieder dazugehört. Etwa fünfzehn Monate nach ihrem Schlaganfall fühlte Frau de Mille sich imstande, ihre berufliche Arbeit als Choreographin wieder aufzunehmen. Während sie noch in der Klinik war, hatte man ihr die Manuskripte von zwei Broadway-Stücken geschickt, von denen das eine sie interessierte. Sie mußte aber feststellen, als sie sich meldete, daß die Arbeit schon einem anderen Choreographen gegeben worden war. Das war ein schwerer Schlag für sie und brachte sie dazu, sich Rechenschaft über ihr bisheriges Leben abzulegen: »Was habe ich bisher eigentlich erreicht? Habe ich so kreativ gearbeitet, wie ich es immer vorhatte?« Das mußte sie sich mit *nein* beantworten.

Daraufhin machte sie sich klar, daß sie ein Vermächtnis hinterlassen wollte, ein wirklich kreatives Werk, das in der Welt des Tanzes einen Markstein setzen sollte. Und mit diesen Überlegungen leitete sie den Abschluß ihrer Renormalisierungsphase ein. Um sich aber selbst beweisen zu können, muß man Gelegenheit dazu haben. Frau de Milles erste große Chance kam, als Kollegen ihr anboten, ihre Arbeiten einen ganzen Abend lang im Lincoln Center in New York vorzuführen. Sie konnte an den Theaterproben teilnehmen. Von dieser Zeit schrieb sie später: »Ich war nie müde. Ich fühlte mich gesund und wie neugeboren.«

Aber selbst hier kann es noch einen Rückschlag geben: Frau de Mille bekam plötzlich eine Koronarthrombose (Verengung der Herzkranzgefäße) und wurde ins Krankenhaus eingeliefert. Doch hielt sie den Vorfall geheim, da sie fürchtete, daß dadurch ihre Genesungsdemonstration zunichte gemacht würde und künftig niemand mehr bereit wäre, ihr eine Chance zu geben. Und sie wollte doch wieder »zu den Lebenden, den Aktiven gehören«.

Während dieses zweiten Klinikaufenthaltes führte das Joffrey-Ballett ihren Tanz *Rodeo* auf, der auch diesmal ein durchschlagender Erfolg wurde. Nach einer kurzen Erholungsphase ging sie, mit diesem Erfolg als Rückenstärkung, zum Leiter des Joffrey-Balletts und schlug ihm vor, mit seiner Truppe ihr Stück *Conversations about the Dance* einzustudieren – das Stück, das durch ihren Schlaganfall abrupt abgebrochen worden war. Er war einverstanden. Als dann die Proben an dem Stück begannen, war sie nicht nur glücklich, daß sie wieder arbeitete, sondern konnte auch den Arm und die Hand leichter bewegen als vorher. Allerdings war die Arbeit anstrengend und nicht ungefährlich für sie. Ihr Mann wollte wissen, weshalb sie – fast zwanghaft – ein solches Risiko auf sich nahm, worauf sie antwortete: »Ich muß einfach leben; ich habe das Gefühl, ich kann mein Bestes geben… Und ich muß schlicht *etwas tun!*«

Der letzte Akt der Renormalisierung vollzog sich beinahe dramatisch. Frau de Mille arbeitete – ebenso wie ihre Kollegen, die Tänzer und die Bühnenarbeiter – mit äußerster Anstrengung, um die Ballettaufführung zu einem Erfolg zu machen. Am Abend der Aufführung machte sogar das Publikum mit, so daß das Ereignis wirklich zu einem umwerfenden gemeinsamen Erfolg wurde.

Obwohl Frau de Milles Renormalisierung dramatischer verlief, als das gewöhnlich der Fall ist, stellt dieser letzte Akt immer einen Wendepunkt im Leben des um seine Wiedereingliederung kämpfenden Menschen dar. Erinnern wir uns hier auch an Professor Einshtein und seinen Gastvortrag im Seminar seines Kollegen. Solche »Vollzugsereignisse« sind aber mehr: Sie bestehen aus erfolgreichen Handlungen, in denen das Selbst entscheidende Prüfungen besteht und die Menschen drumherum (bewußt oder unbewußt) mitmachen. Sie unterscheiden sich von anderen wichtigen Prüfungen, weil sie den gesundwerdenden Menschen im übertragenen Sinne, aber auch physisch buchstäblich über sich selbst hinauswachsen lassen.

9 Stabile Phasen:
Ein Gleichgewicht aufrechterhalten

Eine Verlaufskurve stabil zu halten verlangt vom Kranken sehr viel Stärke und Kraft, Tapferkeit und Kreativität. Beim Umgang mit einer schweren chronischen Krankheit oder Behinderung müssen alle anfallenden Arbeiten so sorgfältig austariert werden, daß der Betroffene und die ihm Nahestehenden auch noch Raum zum Leben haben. Stabilität bedeutet nicht nur, daß sich der Kranke in einem physiologischen Gleichgewicht befindet, sondern auch, daß die krankheitsbezogene Arbeit, die biographische Arbeit und die Alltagsarbeit in einem ausgewogenen Verhältnis stehen. Dies wird im folgenden veranschaulicht, wenn die von uns befragten Paare erzählen, mit welchen Problemen sie in dieser Situation konfrontiert sind und wie sie damit umgehen. Zuvor aber noch ein paar Gedanken zum Stabilhalten von Verlaufskurvenphasen:

Wenn die drei Hauptarbeitslinien ausgewogen sind, lassen sich die verschiedenen Arten von Arbeit routinemäßig erledigen. Und auf der anderen Seite entwickeln der Kranke und die Menschen in seinem Umfeld Routine in der Durchführung der Arbeit, um die Arbeitslinien im Gleichgewicht zu halten. Doch Routine entwickelt sich langsam; denn der Kranke muß die Krankheit, die Reaktionen seines Körpers und die medizinischen Behandlungen erst kennenlernen. Darüber hinaus muß er erkunden, wie er die durch die Krankheit gesetzten Grenzen hinausschieben kann, um biographische und alltägliche Arbeiten zu erledigen. Hinzu kommt, daß die krankheitsbedingte Arbeit im Rahmen des täglichen Lebens stattfindet und die Bewältigungsroutine häufig von zufälligen Alltagsereignissen unterbrochen wird. Ein spontaner Ausflug, ein gemeinsames Essen mit Freunden oder zu langes Arbeiten können sich manchmal verheerend auf die Stabilität der Krankheit und der Lebensverhältnisse auswirken oder sogar das spätere Leistungsvermögen ernstlich beeinträchtigen.

Nun kann aber die Einhaltung einer stabilen Phase nicht unabhängig von der Tatsache gesehen werden, daß die Krankheit in das Leben eines Menschen *eingreift*. In der Welt sein und leben heißt, daß der Kranke oder der Behinderte ständig mit dem konfrontiert ist, was in dieser Welt geschieht. Durch die (wenn auch »stabile«) Krankheit oder Behinderung sind sein Handeln und die Reaktionen der anderen weitgehend vorprogrammiert. Natürlich empfinden nicht alle kranken Menschen diese Konsequenzen gleich, und die Krankheit steht auch nicht immer im Vordergrund. Nimmt man das oben erwähnte Beispiel des Essengehens, könnte man fragen, wie wichtig es für den Diabetiker ist, mit Freunden ausgerechnet ins Restaurant zu gehen. Der Kranke ist in solchen Situationen vor die Alternative gestellt, entweder die Grenzen seiner Einschränkungen bewußt auszudehnen oder sich mit seinen Einschränkungen abzufinden. Jemand, der gern gut ißt, ist vielleicht bereit, salzarme Diät und geringe Cholesterinzufuhr zu akzeptieren, wenn er zu Hause ißt, empfindet aber die Diät als äußerst frustrierend, wenn er mit Freunden ins Restaurant geht.

Um mit solchen Situationen fertig zu werden, entwickelt der sich in einer stabilen Phase befindliche Kranke üblicherweise seine eigene Routine, um seine Krankheit, seine biographischen Handlungen und Alltagsgeschäfte zu meistern. Für unseren Diabetiker könnte das heißen, daß er um sechs Uhr eine Kleinigkeit ißt, bevor er mit Freunden zum Essen geht, und dann eine Extradosis Insulin spritzt, um die zusätzliche Mahlzeit zu verarbeiten. Er könnte seinen Freunden auch erklären, daß er zu einem früheren Zeitpunkt essen muß. Zur Bewältigung solcher Situationen können Ärzte und Schwestern zwar Leitlinien geben, doch der Kranke muß allein herausfinden, wie diese Leitlinien in die Tat umzusetzen sind! Manchmal schätzt er die Situation auch falsch ein, oder er meint, ihm bliebe keine andere Möglichkeit. In solchen Fällen muß er mit den Konsequenzen zurechtkommen. Diese sind vielleicht geringfügig – eventuell ein paar unbehagliche Stunden –, doch die Fehleinschätzung kann genausogut eine langwierige Krankheitskomplikation zur Folge haben, die den Kranken in seinen biographischen Handlungen oder in seiner Alltagsbewältigung weit zurückwirft.

Eine Menge »unsichtbarer Arbeiten« und viele heimtückische Konsequenzen entstehen bei einer stabilen Verlaufskurvenphase aus den *kontinuierlichen* Anpassungsleistungen und Verschiebungen bei *Routinearbeiten.* Ein großes Problem dürfte in dieser Situation darin bestehen, daß diese Arbeiten zur Gewohnheit geworden sind und die Betroffenen schließlich nicht mehr realisieren, wieviel Zeit, Energie und Mühe permanent aufgewendet werden müssen, um die Krankheit stabil zu halten. Die negativen Auswirkungen dieser Anstrengungen sind oft schleichend und treten vielleicht erst zutage, wenn Konflikte zwischen den Partnern entstehen oder der sonst gesunde Partner krank wird.

Die folgenden Fallbeispiele sollen zeigen, wie Menschen es schaffen, ihre Krankheit oder Behinderung in einem stabilen Zustand zu halten und gleichzeitig aktiv am Leben teilzunehmen. Die einzelnen Fälle unterscheiden sich allerdings nach Art und Schwere der Krankheit oder Behinderung, nach der Phase des Lebenszyklus, in der sich der Kranke gerade befindet, nach den individuellen biographischen Planungen und Vorstellungen.

Fall 1: Stabilität erhalten durch enge Zusammenarbeit: das Ehepaar Jorgensen

Im ersten Fallbeispiel geht es um ein Paar im mittleren Lebensalter namens Jorgensen, dessen Kinder erwachsen sind und nicht mehr zu Hause leben. Frau Jorgensen leidet seit vielen Jahren an rheumatischer Arthritis. Schmerzen und eingeschränkte Körperfunktionen behindern sie bei den Alltagsarbeiten und wirken sich auf ihre Ehe wie auch auf außerhäusliche Aktivitäten aus. Frau Jorgensen ist momentan in einer Phase, die als stabil bezeichnet werden kann: Von geringfügigen Einbrüchen einmal abgesehen, hat sich ihre Krankheit seit geraumer Zeit nicht sichtbar verändert – und es hat Phasen gegeben, in denen sie weit stärker behindert war als jetzt. Beide Partner sind berufstätig, beide haben daneben auch eigene und gemeinsame Interessen. Durch routinisierte Arbeitsabläufe können sie die Hauptarbeitslinien im Gleichgewicht halten. Interessanterweise haben sie auch für nicht-alltägliche

Situationen, wenn sie z. B. auf Reisen gehen, eine Reihe entsprechender Routinetätigkeiten entwickelt.

Damit beide morgens pünktlich in ihre Betriebe kommen, hat das Paar die Morgenarbeiten *routinisiert*. Sie haben eine Arbeitsteilung entwickelt, bei der Frau Jorgensen, die sich nach dem Aufwachen zunächst kaum rühren kann, bestimmte Aufgaben verrichtet und Herr Jorgensen bei gewissen Tätigkeiten als »Körperressource« fungiert.

Herr Jorgensen: Sie krabbelt allein aus dem Bett und setzt sich dann auf den Bettrand, während ich den Kaffee mache. Sie hat auch Routine mit den Gummistrümpfen. Es gibt Zeiten, da ist die Haut an den Beinen sehr wund, und ich versuche dann, die Strümpfe so weit zu dehnen, daß sie beim Anziehen nicht scheuern. Dann schleppt sie sich ins Bad – wo wir einen hohen Ankleidestuhl haben – und zieht sich dort größtenteils allein an. Sie hat eine Routine, nach der sie vorgeht; und wenn sie dort sitzt, ist es für sie leichter, in den Hosenanzug zu kommen. Gewöhnlich bleibe ich da, bis sie sich angezogen hat, weil sie vielleicht bei einigen Kleidungsstücken Hilfe braucht – was davon abhängt, wie es ihr geht.

Frau Jorgensen: Unsere Morgenroutine sieht so aus: Wenn ich aufwache, nehme ich meine vielen Fläschchen auf dem Nachttisch und spiele Apotheker. Ich sitze auf der Bettkante, trinke meinen Kaffee, nehme meine Tabletten und bewege alle meine Muskeln. Er hört sich dabei mein Ächzen und Stöhnen an. Morgens ist es schwierig. Momentan habe ich eine gute Phase, so daß es nicht zu schlimm ist. Aber es gab manchen Morgen, an denen er mich buchstäblich ins Auto setzen mußte, damit ich zur Arbeit fahren konnte. Er nimmt es aber sehr gelassen und tut alles, um mir zu helfen: Er macht mir den BH zu und zieht mir die Schuhe an.

Herr und Frau Jorgensen haben auch *Routine in der Öffentlichkeit* entwickelt; denn sie essen häufig im Restaurant oder gehen ins Theater. Dabei ist es für Frau Jorgensen oft problematisch, aus einem Stuhl hochzukommen, Treppen zu steigen, längere Entfernungen zu Fuß zu überwinden, im Stehen zu warten. Er muß in solchen Situationen entscheiden, ob und wann er helfend eingreift und sie damit von seiner Unterstützung abhängig macht oder ob und inwieweit er ihre Autonomie wahren kann. Er berichtet:

Bei einem Menschen wie ihr muß man wissen, wann man helfen muß und wann nicht und wie man helfen muß. Dazu gehört z. B., daß ich in einem Restaurant den geeigneten Stuhl suche. Wenn sie auf einem Stuhl sitzt, den sie gegen die Wand stützen kann, dann helfe ich ihr nicht. Ich stehe dann einfach daneben und schaue zu, wie sie kämpft. Sie möchte nicht, daß ich sie packe und vom Stuhl hochziehe. Da ist sie sowieso empfindlich. Es gab Zeiten, als ich sie hochheben mußte, und diese Zeiten waren für sie peinlich. Ich vermute, daß sich die Leute im Restaurant wundern, weshalb ich dastehe und sie beobachte. Aber wir haben ein System. Ich halte den Stuhl fest, so daß er nicht wegrutscht, und sie kommt dann allein hoch.

Die beiden haben in ihrer langen gemeinsamen Zeit die Arbeitsteilung so organisiert, daß sie weitgehend in Übereinstimmung miteinander handeln, indem jeder das Richtige zur richtigen Zeit tut. Sie haben *Routine in der Interaktion* entwickelt, was ein hohes Maß an Feingefühl und Problembewußtsein verlangt. Dazu sagte Herr Jorgensen:

Wenn man immer zusammen ist, dann arbeitet man nach einer Art Plan. Ich weiß bei fast allen Aktivitäten, wann ich helfen muß und wann nicht. Nach mehreren Jahren hat man fast alles mal mitgemacht – das heißt, man hat es durchgemacht, oder es ist einem irgendwo schon begegnet.

Darüber hinaus haben sie die *Bewältigung von Interaktionen mit anderen* stark routinisiert. Wie nehmen die beiden wahr, wenn andere Leute auf die Behinderung von Frau Jorgensen reagieren? Wie reagiert das Paar darauf? Hier die Meinung von Frau Jorgensen:

Andere Leute benehmen sich einem gegenüber oft so, als ob man taub, stumm, blind und zurückgeblieben wäre. – Als Firma gehören wir zu einem Wirtschaftsverband, und manche dieser Leute...! Ich sollte in einem Ausschuß mitarbeiten, und als ein Herr entdeckt hatte, daß ich eine Gehhilfe brauche, war er sehr betroffen, weil ich ja eine der Betreuerinnen sein sollte. Aber was macht das denn aus, wenn ich nur dastehen und mit den Leuten reden muß?
  Andere meinten später, ich sei doch sehr kompetent und könne sogar ein Seminar übernehmen. Sie paßten sich dann mit dem Termin für mein Seminar sogar meinem Zeitplan an und verloren kein

Wort mehr über irgendwelche Schwierigkeiten meinerseits. Allerdings stellten sie dann das Rednerpult an den falschen Platz – sie hatten meine Behinderung völlig vergessen! –, und ich mußte die Treppen hinaufkriechen. Diese Einstellung war fast genau das Gegenteil von der, von der ich erst sprach, aber mir ist es lieber, wenn sie gar nicht sehen, daß man besondere Hilfen braucht, als daß sie denken, man sei geistig zurückgeblieben oder so was.

Da es bestimmte Dinge im Leben gibt, die getan werden müssen, auch wenn sie unangenehm sind, hat unser Paar *Routine bei »Schmutz«-Arbeiten* entwickelt. Selbst Schmutzarbeit ist nicht ganz so gräßlich, wenn man dabei Tricks anwendet. Herr Jorgensen beschreibt so eine Situation:

Das einzige, was mich stört, ist, daß ich mitten in der Nacht aufstehen und sie auf den Nachttopf setzen muß. Ich bin dann völlig verschlafen, aber sonst stört es mich nicht besonders. Ich habe im Laufe der Jahre herausgefunden, wie ich mich mit dem Nachttopf bewegen muß, damit ich kaum etwas rieche.

Sich körperlich betätigen zu können betrachtet man normalerweise als selbstverständlich: Man beugt sich, streckt sich, dreht sich um, ohne darüber nachzudenken. Erst wenn man diese Fähigkeit – vorübergehend oder für immer – verloren hat, realisiert man, daß man auf Hilfsmittel und andere Leute angewiesen ist, um selbst intimste alltägliche Tätigkeiten durchführen zu können. Unser Paar hat solche *persönliche Handlungen* soweit zur *Routine* gemacht, daß Frau Jorgensen notfalls allein zurechtkommt, wenn Herr Jorgensen einmal nicht zur Verfügung steht. Er berichtet:

Gewöhnlich sitzt sie in ihrer Gehhilfe in der Dusche. Sie hat eine Bürste, und wenn sie an einem Tag besonders steif ist, bittet sie mich, daß ich ihr den Rücken wasche. Ich kümmere mich vor allem um die Pflege ihrer Füße. Sie kann sich nicht die Fußnägel schneiden. Also haben wir eine Routine, nach der wir vorgehen. Während sie fernsieht, badet sie eine Weile ihre Füße. Dann hole ich die Schere und schneide ihr die Fußnägel.
  Wenn ich manchmal noch abends arbeiten muß, schafft sie es auch, etliches allein zu machen. Sie kann sich das Bett zurechtmachen, die Bettdecke zurückschlagen und allein ins Bett kriechen. Meist kann sie ihren BH ausziehen, auch wenn sie ihn nicht allein

zumachen kann. Doch die Gummistrümpfe kann sie nicht ausziehen. Dann muß sie mit Strümpfen schlafen.

Ebenso werden die *Arbeiten im Haushalt* nach einer bestimmten *Routine* erledigt. Das Paar hat eine Arbeitsteilung, die sich nach der Leistungsfähigkeit des einzelnen richtet und die unter sich verändernden Umständen neu organisiert wird.

Herr Jorgensen. Sie kann vom Rollstuhl aus kochen. Aber ich habe Angst, daß sie sich etwas über die Füße schüttet, wenn sie mit heißen Sachen hantiert. Wenn ich etwas in der Küche fallen höre, gehe ich rein, weil sie nichts mehr vom Boden aufheben kann. Die meiste Kocharbeit erledigt sie. Ich helfe mit – z. B. koche ich den Reis, weil ich ihn auf meine Art lieber mag. Wenn sie ein größeres Essen macht, dann besteht ihre Funktion darin, die Helfer beim Kochen zu beraten und anzuleiten.

Frau Jorgensen. Wenn ich für die Familie einkaufe, geht er mit. Früher habe ich die ganze Gartenarbeit gemacht; jetzt muß er sie machen. Früher habe ich viele Malerarbeiten oder andere kleine Dinge gemacht, was nun zu seinem Bereich gehört. Wir arbeiten viel zusammen. Zum Beispiel bei Mahlzeiten, ich bereite das Essen vor, und er räumt den Tisch ab und stellt das Geschirr in die Spüle. Wir teilen uns die Arbeit schon gut auf. Natürlich gab es Zeiten, als ich so krank und am Ende war, daß ich nicht wußte, ob ich jemals wieder gesund werden würde. Ich mußte viel im Bett liegen. (Damals) übernahm er die ganze Arbeit und achtete darauf, daß die Kinder ihr Essen hatten und das Geschirr gespült war – all das.

Um trotz der durch die Krankheit auferlegten Einschränkungen das Leben genießen zu können, haben es sich Herr und Frau Jorgensen angewöhnt, »spontane« Ereignisse *im voraus zu planen.* Sie haben gelernt, *mit Erwartetem und Unerwartetem routiniert umzugehen.* Bevor sie z. B. eine Reise machen oder ausgehen, antizipieren sie bestimmte Situationen und entwerfen dann geeignete Strategien. Frau Jorgensen sagt dazu:

Wir »arbeiten« vorher viele Situationen »durch«. Zum Beispiel war ich schon auf den unmöglichsten Toiletten. Jetzt habe ich einen tragbaren Toilettensitz, der in eine Sporttasche paßt. Auf jeder Reise habe ich ihn dabei – einfach für alle Fälle. Wir haben auch einen Campingbus, den mein Mann umgebaut hat, so daß es für mich leichter ist. Damit sind wir in den letzten vier Jahren fast 40000 km gereist.

In stabilen Verlaufskurvenphasen müssen immer wieder die gleichen Arbeiten getan werden. Spannungen, die aufgrund dieser Monotonie entstehen, können durch Routinehandeln abgebaut werden, d. h. dadurch, daß man gewohnheitsmäßig reagiert. Dazu müssen die Betroffenen allerdings motiviert sein, wie Herr Jorgensen deutlich macht:

Durch die Krankheit sind wir viel enger zusammengewachsen, weil es Dinge gibt, die einfach erledigt werden *müssen*. Ich kann ihr morgens nicht einfach einen Abschiedskuß geben und sie allein lassen. Es gibt Dinge, die ich tun muß. Das ärgert zwar den einen oder anderen im Betrieb, aber es stört mich nicht. Ich war noch nie so richtig erschöpft, zornig oder vorwurfsvoll, was zum Teil ein Willensakt ist und zum Teil daher kommt, daß ich sehr religiös bin und es für unangemessen halte, so zu reagieren. Ich bin ein Mensch, der es nimmt, wie es kommt; was notwendig ist, das mache ich. Inzwischen glaube ich nicht mehr, daß sich einer von uns noch Gedanken über ihre Behinderung macht. ...Meine Frau ist jemand, der nicht aufgibt. Das ist für mich sehr wichtig. Ich meine, daß das, was ich für sie tue, einen Sinn hat.

Frau Jorgensen. Ich glaube, daß wir uns näher sind als jemals früher. Kürzlich habe ich zu einer Freundin gesagt: »Wenn ich alles, was er für mich getan hat, abwiegen und ihm zurückzahlen müßte, dann würde ich das gar nicht können.« Ich versuche statt dessen, nicht zu jammern oder wehleidig zu sein.

In der *Verlaufskurvenvorstellung* von Arthritis ist Stabilität nur eine Phase; progressive Verschlechterung und zunehmende Behinderung stehen als »*Zukunftspotential*« immer im Hintergrund, was gewaltige biographische Konsequenzen haben kann. In dieser Situation sind nicht nur die jeweiligen Verlaufskurvenvorstellungen der beiden Partner wichtig, sondern auch deren Planungen, um mit einer Verschlechterung des Zustandes umzugehen. Hier ist die Verlaufskurvenvorstellung von Herrn Jorgensen:

Wie die Dinge aussehen, wird es ihr irgendwann einmal schlechter gehen. Es gibt ein paar Anzeichen, daß sie früher oder später große Probleme mit den Beinen bekommt. ...Ich mache mir Sorgen um sie. Aber ich bin grundsätzlich optimistisch und stelle mir vor, daß wir dann schon einen Weg finden werden, damit zurechtzukommen. Wir werden das tun, was notwendig ist. ... Am meisten habe ich Angst davor, sie zu verlieren – und glücklicherweise schwächt diese Krankheit nur den Körper, ist aber nicht lebensbedrohlich.

So sieht die Verlaufskurvenvorstellung und die biographische Planung von Frau Jorgensen aus:

Was die Zukunft betrifft... bin ich nun an dem Punkt, daß ich alles tun werde, was ich tun kann, solange es noch geht, wenn bei rheumatischer Arthritis auch die Aussicht besteht, daß die Krankheit nach dem Klimakterium abklingt. Ich will solange beweglich sein, wie ich kann. Eine Möglichkeit habe ich durch unseren Campingbus. Wir steigen ein und fahren zu unseren Kindern, oder wir fahren zum See und unternehmen etwas. Natürlich kann ich selbst fahren.

Ein anderer wichtiger Aspekt bei der Bewältigung einer stabilen Phase besteht darin, daß die Betroffenen ihre eigenen *Arten der Intervention* finden, wie sie *mit Symptomen und Unwägbarkeiten in ihrer Behinderung umgehen*. Damit können Symptome unter Kontrolle gehalten und Reibungen in der Interaktion gemildert werden. Herr Jorgensen gibt ein Beispiel:

Wenn sie Schmerzen hat, kann ich nichts für sie tun. Man muß dann einfach einen klaren Kopf behalten und auch versuchen, das Ganze nicht noch schlimmer zu machen. Wenn ich ihr z. B. etwas geben oder abnehmen möchte und dabei hinter ihr stehe, dann mache ich das so, daß ihre Schulter nicht nach hinten gezogen wird. Ihre Bewegungsfähigkeit ist in manchen Richtungen stark begrenzt, und es ist ziemlich schmerzhaft für sie, wenn sie den »Anschlag« erreicht. Also versuche ich, daran zu denken, daß ich ihr die Sachen von vorne gebe. Manchmal wacht sie nachts auf, weil sie Schmerzen hat. Wenn sie einen Krampf in den Beinen hat, massiere ich ihr manchmal die Beine. Es gibt nicht viel, was man tun kann. Man bekommt ein Gespür dafür, wann sie allein sein will, wenn sie solche Anfälle hat, wo sie sehr starke Schmerzen hat. Manchmal ist sie deprimiert. In solchen Fällen versuche ich, sie aufzuheitern, und nach einigen Tagen geht es ihr dann offenbar wieder besser. Wenn sie der Ansicht ist, daß eine Massage ihr helfen kann, dann bittet sie mich gewöhnlich darum.

Herr Jorgensen erzählt, womit auch er sich abfinden mußte:

Ihr verändertes Aussehen (durch die Hormone) und die Krankheit haben sich auf unsere Beziehung nicht so sehr ausgewirkt. Was die Zuneigung betrifft, macht das nicht so viel aus. Das Sexualleben ist nicht alles. Es ist ein bißchen ruhiger geworden. Das halte ich für kein so großes Problem. Wenn die Krankheit nicht gerade akut ist, hat sie keinen ernsthaften Einfluß auf unser Sexualleben.
  Es tut einem natürlich weh, mitansehen zu müssen, was mit ihr passiert. Andererseits gibt es vieles auf der Welt, das schlimmer ist, wie z.B. bei unseren Freunden, die sich gerade scheiden lassen. Ich bin überzeugt, daß wir mit unserem Päckchen irgendwie leben können.

Zu den wichtigen Arten der biographischen Arbeit gehört es, daß sich die Kranken wohlfühlen können und sich trotz Behinderung nicht als Last vorkommen. Das ist ein Interaktionsprozeß, in dem jeder sensibel auf den anderen reagiert. Herr Jorgensen beschreibt das so:

Ich sehe sie als behindert, aber nicht als richtig krank... zum Teil deshalb, weil sie es in meinem Kopf nicht ist. Wenn sie deprimiert ist, versuche ich, sie aufzuheitern, und ich glaube auch, daß es sehr wichtig ist, nie Ärger zu zeigen, wenn man ihr helfen muß. Es würde sie deprimieren, wenn sie sehen müßte, daß sie ihrer Umwelt Schwierigkeiten macht. Und das würde ja wohl jedem so gehen.

Die Art von Frau Jorgensens Krankheit läßt es zu, daß ihr Ehemann in die Pflege einbezogen wird. Aus zweierlei Gründen kann das Paar die Hauptarbeitslinien durch eine effektive Routine in der Arbeitsteilung im Gleichgewicht halten: Frau Jorgensen zwingt sich, das zu tun, was im Rahmen ihrer physischen Einschränkungen möglich ist; Herr Jorgensen gibt ihr die nötigen Ressourcen. Motiviert dazu wird er nicht nur durch ihre gemeinsamen Ausflüge, sondern auch durch die stetigen Bemühungen seiner Frau und die Erkenntnis, daß sie mit seiner Hilfe dazu fähig ist. Das Paar hat eine kooperative Partnerschaft aufgebaut und verfügt über die notwendigen Ressourcen, um diese Art von Beziehung auch langfristig aufrechterhalten zu können.

*Fall 2: Stabilität erhalten durch ergänzende Arbeit:
die Familie Moore*

Frau Moore hat Diabetes, der stabil und relativ einfach zu bewältigen ist und deshalb nicht allzusehr in ihr Leben eingreift. Dennoch braucht es viel Arbeit, ein Gespür für Anzeichen und verschiedene Ressourcen (Geld, Informationen, Hilfsmittel), um Komplikationen in der Krankheit zu vermeiden. Herr und Frau Moore haben eine Arbeitsorganisation besonderer Art entwickelt: Sie ist es seit ihrer Jugend gewohnt, mit dem Diabetes allein zurechtzukommen; ihr Mann ergänzt sie in ihren Anstrengungen und trägt somit zur Stabilität ihres physischen Zustandes bei.

Herr Moore ist der *motivierende Akteur*: Er gibt seiner Frau den nötigen »Input«, damit sie ihre Arbeit verrichten kann. Was ihn bei dieser Motivation beflügelt, ist seine Angst vor langwierigen Krankheitskomplikationen, von denen er in den Diabetikerkursen erfahren hat. Dazu gehört z. B. die beängstigende Erfahrung, daß Frau Moore diabetische Retinopathie (Erkrankung der kleinen Netzhautgefäße des Auges) hatte. Sie erinnert sich:

Die Diabetes-Kurse für Paare interessierten ihn wegen der allabendlichen Insulingabe. Vorher hatte er gesagt: »Sie ist sehr gesund und hat die Krankheit gut im Griff. Sie wird allein damit fertig.« Jetzt beteiligt er sich mehr.

Herr Moore ist durch die Schwangerschaft seiner Frau und ihre Retinopathie in *kritischen Bewältigungsphasen* zu einer Krankheitsbewältigungs-Ressource geworden: Er interveniert bei Unterzuckerungsanfällen, berät seine Frau bei wichtigen Entscheidungen, gibt ihr Rückhalt und informiert sich. Seine Meinung:

Die Schwangerschaft und die Augenprobleme waren meiner Meinung nach kritische Phasen, und deshalb habe ich mich so stark beteiligt. Ich wollte ihr Bestes, und da ich mir nicht sicher war, ob man sie gut versorgte, ging ich mit, um das sicherzustellen. Ich ging mit ihr zur Untersuchung in die Augenklinik, schaute mir die Ergebnisse an und sprach mit dem Arzt dort. Wir diskutierten alle drei darüber. Wir wollten verstehen, was los war, wie die Behandlung aussehen würde und wie groß die Aussicht auf Erfolg wäre. Dann sprachen wir mit dem Internisten und dem Gynäkologen.

Krisen im Umgang mit der Krankheit können den gesunden Partner dazu veranlassen, sich an der Bewältigungsarbeit zu beteiligen. Dies ist keine leichte Aufgabe; denn er muß, um dem kranken Partner *Kontrollhilfen* geben zu können, die Konsequenzen *schieflaufender Handlungen* antizipieren (was er gewöhnlich aufgrund seiner Erfahrungen tut) und sofort auf den Plan treten, wenn dem Kranken die Kontrolle entgleitet. Zeitpunkt und Art der Intervention entscheiden darüber, wie der kranke Mensch reagiert. Frau Moore berichtet über ihre Lage:

Auch vor der Schwangerschaft, wenn wir auswärts essen waren, sagte er: »Ich meine, du solltest das nicht essen.« Oder: »Ich glaube, du solltest keine zweite Portion bestellen.« Das sagte er ganz leise, so daß niemand es hören konnte, aber ich verstand sofort, und gewöhnlich stimmte ich ihm zu.

Seit der Augenkrankheit kümmert er sich viel mehr um die Kontrolle und Erhaltung meiner physischen Gesundheit. Aber das macht er nicht so, daß er kommt und sagt: »Ich glaube, du brauchst Hilfe.« Dann würde ich nämlich antworten: »Wenn ich deine Hilfe brauche, werde ich dich darum bitten.« Er macht es viel geschickter – aber wenn ich um Hilfe bitte oder über etwas sprechen möchte, ist er immer bereit dazu.

Frau Moore *überwacht* und *behandelt* ihre *Symptome* in eigener Verantwortung. Die Bedingungen dafür sind folgende:

Er achtet nicht auf Symptome von Hypoglykämie (verringerter Blutzuckergehalt) oder Hyperglykämie (vermehrter Blutzuckergehalt), weil wir dafür viel Zeit zusammen verbringen müßten, und Zeit zusammen haben wir nicht gerade im Überfluß. Er kommt spät nach Hause, und dann beschäftigen wir uns mit dem Kind. Dann schauen wir vielleicht eine Weile fern und gehen dann ins Bett.

Herr Moore. Meine Frau kann ihre Reaktionen gut allein bewältigen, weil sie darin geübt ist und normalerweise eine gute Kontrolle über sich hat. ... Und wenn ich sie nicht genau beobachte, kann ich nicht sagen, ob ihr Blutzucker niedrig ist. Sie muß es mir sagen.

Damit die *Arbeit* effektiv erledigt werden kann, müssen die jeweiligen Handlungen der Partner *organisiert* und *koordiniert* werden. Dies setzt voraus, daß sich die Partner über die Krankheit und die zu ihrer Bewältigung notwendigen Aufgaben kundig machen, daß sie herausfinden, wer für bestimmte Aufgaben am besten geeignet ist, und dann entscheiden, wer welche Arbeiten erledigt und zu welchem Zeitpunkt.

Herr Moore. Ich mußte einfach lernen, wie ich ihr am besten helfen kann. Sie hatte Anfälle, und ich habe ihr dann beigestanden. Meistens gebe ich ihr moralische Unterstützung, weil diese Anfälle eine ganz unheimliche Sache sind. Meine Frau kann normalerweise fast immer sagen, wann ihr Blutzucker niedrig ist, noch bevor eine Reaktion eintritt. Diese Anfälle passieren mitten in der Nacht oder dann, wenn sie nicht genug auf sich aufgepaßt hat, und dann ist es für eine Vorbeugung zu spät. Gewöhnlich wird sie allein damit fertig. Wenn sie es nicht schafft, bringe ich ihr ein Glas Orangensaft oder ein Stück Würfelzucker.

Doch etwas hat Herr Moore in puncto Krankheit seiner Frau noch nicht gelernt. Frau Moore beschreibt das so:

Ich bin oft gereizt, wenn mein Blutzucker sinkt, besonders vor Mahlzeiten. Ich wünschte, er würde das akzeptieren. Wir sollten uns dann zusammensetzen und über den Grund meines Verhaltens sprechen. Vielleicht weiß er es, aber er spricht nicht darüber. Meines Wissens kriegt er nicht mit, wenn mein Körper reagiert, es sei denn, ich bin mitten in der Nacht in einem extremen Zustand... Manchmal denke ich, daß es für ihn eine schwere Anpassung war, aber es war auch für mich hart. Ich stellte Erwartungen an mich, die ich nicht realisieren konnte, weil ich irgendwie die Kontrolle verlor... Für mich spielt die Krankheit normalerweise keine beherrschende Rolle in unserem Leben – nur dann, wenn es sich gar nicht vermeiden läßt.

Beide Partner haben sich mit der *Krankheit* und ihren Begleiterscheinungen *abgefunden*.

Frau Moore. Ich glaube eigentlich nicht, daß es so arg schwer für ihn war, sich anzupassen, weil er mich als einen im Grunde gesunden Menschen betrachtet. Ich denke, seine Anpassung hat sich mit der Zeit ergeben, durch das Zusammenleben und das viele Lesen über die Krankheit. Je mehr er weiß, desto weniger Angst hat er. Diabetiker zu sein ist so, als ob man ein normales Leben lebte, nur intensiver. Manchmal sind die physischen Bedürfnisse intensiver, dann braucht man schnell Hilfe. Deshalb bin ich froh, verheiratet zu sein, obwohl ich fast den ganzen Tag allein bin. Aber ich weiß, daß ich Nachbarn habe, wenn ich Hilfe brauche.

Herr Moore. Hin und wieder denke ich darüber nach, was die Zukunft noch auf Lager hat, aber das bekommt keine allzu große Bedeutung. Ich meine sowieso, daß das nicht bei uns, sondern in Gottes Händen liegt. Ich überlasse es ihm.

Für das Paar ist es wichtig, daß es mögliche *Instabilitäten vorausplant.* Frau Moore gibt ein Beispiel:

Wir haben ein Gerät angeschafft, um den Blutzucker zu messen. Es war für uns eine schwere Entscheidung, ob ich noch einmal schwanger werden sollte oder nicht, und wir haben mit vielen Ärzten gesprochen. Wir möchten es so gern, weil es beim ersten Kind keine Komplikationen gab und weil während der Schwangerschaft das Krankheitsbild bei Komplikationen klarer ist. Die Tatsache, daß ich eine Retinopathie habe und wir ein weiteres Kind haben wollen, gab den Anstoß, das Gerät zu kaufen. Wir wollten die optimalen Bedingungen, die für uns möglich waren, und möchten nicht mehr herumrätseln müssen.

Die Familie Moore hat *Routine* für *Notsituationen und potentielle Krisen* entwickelt. In kritischen Situationen, so Frau Moore, erledigt sie die Vorbeugungsarbeit, und ihr Mann sorgt für das Wohlbefinden:

Wenn ich aufgrund der hypoglykämischen Reaktion Krämpfe habe, muß er meine Hand halten und da sein. Er macht das sehr gut. Ich habe diese Anfälle gewöhnlich mitten in der Nacht und habe Angst, und er gibt mir Sicherheit. Ich schaffe es noch, etwas Eßbares zu holen und es in den Mund zu stecken, bevor ich anfange zu zucken. Wenn das Zucken anfängt, kommt die Angst. Ich weiß, daß ich etwas für den Zucker getan habe, aber das unkontrollierbare Zucken macht mir Angst. Bis vor einem Jahr etwa hatte er auch Angst. Als er dann realisierte, daß ich nur seine Bestätigung brauche, Zucker genommen zu haben, war es für ihn gut.

Frau Moores Augenkrankheit hatte zur Konsequenz, daß sich die beiden Partner besser mit der Krankheit abfinden konnten, daß sich ihre *biographischen* und *Verlaufskurvenvorstellungen* positiv *veränderten* und ihre eheliche Beziehung enger wurde. Frau Moore folgert daraus:

Die Retinopathie war eine Erfahrung totaler Angst. (Da) war ich in einer echten Depression wie noch nie in meinem Leben. Ich war total auf die Tatsache fixiert, daß ich mein Augenlicht verlieren könnte. Mir wurde dadurch aber gleichzeitig klar, daß auch die anderen lebenswichtigen Organe vielleicht bald nicht mehr funktionieren würden. Ich habe Menschen mit Augenkrankheiten gekannt, und fünf Jahre später waren sie tot. Daraufhin versuchte ich, mich mit meinem Tod zu befassen. Mein Mann und ich redeten sehr viel darüber. Es hat mir sehr geholfen, die Dinge zu klären.

Unser Glaube wurde stärker, und bei uns beiden wurde unser Verhältnis zu Gott intensiver. Er würde nichts in unser Leben bringen, was wir nicht ohne seine Hilfe meistern konnten, davon waren wir überzeugt. Und R. sagte mir, daß er mich auch dann noch lieben und mich pflegen würde, wenn ich blind wäre. Genau an dem Problem hatte ich zu knacken gehabt, daß ich dachte, er könnte mich dann nicht mehr lieben, und daß ich mich selbst nicht mehr akzeptieren würde und so weiter.

In diesem Fallbeispiel greift die Krankheit nicht übermäßig stark in das Leben der Familie ein – was sich im Falle einer Verschlechterung jedoch ändern könnte. Das Paar hält durch eine gut organisierte Arbeitsteilung die Hauptarbeitslinien im Gleichgewicht – und mithin die *Krankheit stabil*. Frau Moore kann, unterstützt durch ihren Mann, die täglich anfallenden Arbeiten der Krankheitsbewältigung effizienter und vollständiger erledigen. Darüber hinaus ist das Paar auch dadurch motiviert, so weiterzumachen, weil es Komplikationen, die Konsequenzen für die individuelle und gemeinsame Biographie hätten, vermeiden will. Diese Art des Zusammenarbeitens bezeichnen wir als komplementäre Arbeitsbeziehung; denn die Arbeit des Mannes muß mit der Arbeit der Frau nicht explizit koordiniert werden, ergänzt diese aber.

Fall 3: Unsichere Stabilität und eine »begrenzt funktionierende« eheliche Beziehung: die Familie Smitt

Herr Smitt hatte etwa drei Jahre nach seiner Heirat einen Autounfall und ist seither querschnittgelähmt. Zur Zeit des Unfalls hatte die Familie Smitt zwei kleine Kinder, und Frau Smitt war wieder schwanger. Die Kinder gehen inzwischen in die Schule. Beide Partner sind berufstätig. Wegen seiner schweren Körperbehinderung ist Herr Smitt bei vielen Tätigkeiten von anderen Menschen abhängig.

In den nachstehenden Gesprächsauszügen wird deutlich, wie sehr Herr Smitt auf seine Frau als Ressource angewiesen ist, unter welchen Bedingungen und mit welchen Konsequenzen das Paar an der Krankheitsbewältigung arbeitet. Er möchte seine Frau als Ressource bewahren und will ihr deshalb ausreichend »Rückmeldung« geben, um sie motiviert zu halten; gleichzeitig möchte er die anfallenden Arbeiten sinnvoll aufteilen und zeitlich gut organisieren. Das Ganze wird dadurch kompliziert, daß er im Grunde andere Arbeiten machen möchte und daß seine Zeit und Energie nicht ausreichen. Frau Smitt muß die Pflege ihres Mannes mit ihren Alltagsaufgaben und eigenen biographischen Wünschen koordinieren. Diese Arbeiten werden dadurch erschwert, daß sie drei Kinder zu versorgen hat und zwei Teilzeitbeschäftigungen nachgeht. Angesichts des gewaltigen Arbeitsanfalls und der komplexen Situation braucht das Paar eine enorme Bereitschaft, die jeweiligen Aufgaben miteinander in Einklang zu bringen. Da auf jedem Partner ein außergewöhnliches Maß an Verantwortung, Anstrengung und Druck ruht, ist ihre Bereitschaft und Fähigkeit, ein Gleichgewicht zwischen den Hauptarbeitslinien zu erhalten, gefährdet.

Ist ein Arbeitsablauf nicht gut organisiert oder wird ein unterbrochener Arbeitsablauf nicht wieder aufgenommen, kann das bei einem brüchigen Gleichgewicht dazu führen, daß sich der pflegende Partner überlastet fühlt und sich der kranke Partner als Last empfindet. In dieser Familie ist dieser Fall dann gegeben, wenn bestimmte Ereignisse die Arbeitsroutine unerwartet unterbrechen. Eine solche Unterbrechung behindert die Bewältigungsarbeit ganz offensichtlich, so daß eine noch weitergehende Organisation vonnöten ist: Herr Smitt muß in solchen Fällen andere Ressourcen suchen, die Arbeitsteilung bzw. die Zeitplanung von Aufgaben neu aushandeln oder seiner Frau zusätzliche »Belohnungen« zukommen lassen; Frau Smitt muß bei ihren Aufgaben neue Prioritäten setzen. Hat der pflegende Partner das Gefühl, überlastet zu sein (ich bin müde, überarbeitet, werde nicht geschätzt), teilt er dies dem kranken Partner im Interaktionsprozeß

– oft unausgesprochen – mit. Auf solche Botschaften reagiert der abhängige Partner leicht mit dem Gefühl, eine Last zu sein. Solche Empfindungen können auch entstehen, wenn der Kranke glaubt, dem Partner zuviel Arbeit aufzubürden. Herr Smitt *empfindet sich als Last*, hat sich mit dieser Situation aber arrangiert.

In letzter Zeit habe ich das Gefühl, daß ich ihr eine Last bin. Der Grund dafür ist, daß ich Probleme habe mit dem Darm und der Blase, was die Sache kompliziert und zu dem hinzukommt, was sie eh schon zu tun hat. Sehen wir den Tatsachen ins Auge: Die tägliche Routine ist für sie ein Schlauch. Sie ist immer wieder frustriert, vor allem, wenn es mir nicht gut geht. ... Wenn unsere Routine durcheinanderkommt, ist sie enttäuscht und ärgerlich und läßt es an mir aus. Ich bin mir allmählich fast sicher, daß sie das so empfindet, aber trotzdem ärgert es mich immer noch, *daß* sie so reagiert. Dann fange ich an, mich als Last zu fühlen. Ich sage: »Es ist nicht meine Schuld; ich kann nicht viel dagegen tun.« Und sie antwortet: »Nun ja, meine Schuld ist es auch nicht...«

Wenn ich Komplikationen habe, stehen diese bei mir im Vordergrund. Dann reagiert sie darauf und sagt harte Dinge, die allerdings meistens auch stimmen. Sobald ich mich gefangen habe und wieder aus mir herauskomme, geht es besser. Aber dann habe ich das Gefühl, als ob sie von mir erwartet, daß ich ein besonders toller Querschnittgelähmter sein müsse. Und sie gibt mir zurück, daß ich von ihr erwarte, eine Superfrau zu sein.

Eine andere Seite des Problems ist, daß ... sie mir vorwirft, ich würde dauernd meckern und mich beklagen. Ich antworte dann: »Ich kann nicht *einmal* mit dir reden, ohne daß du frustriert bist.« Andererseits sage ich mir: »Sie hat ja recht. Weshalb alles aussprechen.« Es ist ein ständiges Hin und Her.

Auch soziale Ereignisse beeinträchtigen die Routine, und wieder fühlt sich Herr Smitt als Last. Das ist für ihn eine ausweglose Situation:

Es ist schwer, die Arbeit, die sie für mich machen muß, nicht in den Mittelpunkt unserer Beziehung zu stellen. Heute abend z. B., da muß sie zu einem Elternabend, und gleichzeitig sollte sie mir ein Zäpfchen geben. Je mehr ich darüber nachdenke, desto mehr habe ich das Gefühl, daß sie eine kolossale Aufgabe übernommen hat. – Andererseits: Wohin bringt mich das, wenn sie mir wieder so leid tut? Da bin ich dann wieder in derselben Lage wie damals, in der ersten Zeit nach dem Unfall. Vielleicht mag ich deshalb nicht darüber nachdenken, wie schwer es für sie ist. Also, auch wenn ich darüber nachdenke, wie schwer es für sie ist, was kann ich dagegen tun? Es ist eine Sackgasse.

Damit sich der Kranke nicht als Last zu fühlen braucht, ist es wichtig, daß sich die Partner *bei der Arbeit* in der einen oder anderen Form *abwechseln* können. Herr Smitt möchte das zwar so machen, muß aber mit seiner Zeit und Energie haushalten. Seine Bereitschaft und Fähigkeit, sich bei bestimmten Tätigkeiten mit seiner Frau abzuwechseln, haben abgenommen, weil sein Körper inzwischen intensivere Pflege braucht und die Lebensverhältnisse schwieriger geworden sind.

Ich helfe ihr, die Kinder zu versorgen. Ich gehe Lebensmittel einkaufen, weil sie Einkaufen haßt. Ich erledige auch Telefonate, die mit finanziellen Dingen zu tun haben. Manchmal erledige ich diese Dinge, wenn ich sehe, daß sie überlastet ist. Manchmal erledige ich sie, weil ich guter Laune, entspannt und zufrieden bin. Wenn ich müde bin oder selbst Probleme habe, wie z. B. die Schwierigkeiten mit der Blase, dann nehme ich keine großen Mühen auf mich. Ich arbeite acht Stunden am Tag und brauche je eine Stunde von und zur Arbeit, und ich habe nur begrenzt Energie.

Ich lade meine Frau gerne zum Essen in ein Restaurant ein. Ich mag es, wenn sie bedient wird. Heute abend ist Elternabend, und heute abend muß ich wieder ein Zäpfchen bekommen. Ich würde sie gerne vor dem Elterntreffen zum Essen einladen, aber dazu ist bei dem täglichen Trott heute keine Zeit.

Dadurch, daß Herr Smitt die Arbeitsbelastung zu reduzieren versucht, nimmt er seiner Frau Arbeit ab. »Wir machen selten größere Reisen, weil das für meine Frau mehr Mühe macht, als es die Sache wert ist. Es wäre nur zusätzliche Arbeit für sie, und deshalb halte ich Reisen nicht für selbstverständlich.«

Bei Herrn und Frau Smitt ist die Organisation der Arbeit besonders heikel, da sie zwei entscheidende Aspekte nur unter Schwierigkeiten zusammenbringen: einerseits das sicherzustellen, was der gesunde Partner für die Erhaltung seines Selbst braucht, und gleichzeitig die Dinge zu tun, die der abhängige Mensch als notwendig empfindet. Beide Partner haben das Gefühl, daß Herr Smitt diesen *Erwartungen nicht immer entspricht.* Frau Smitt steckt in einem Dilemma; denn sie ist in zweierlei Hinsicht gebunden:

Ich fordere jetzt vermutlich mehr Zeit und Aufmerksamkeit von ihm. Weil er jetzt so viel unterwegs ist, habe ich das Gefühl, nicht die Aufmerksamkeit von ihm zu bekommen, die ich von ihm brauche und die wichtig für mich ist. Früher hat uns das zusammengehalten, es war eine Art Belohnung. ... Man erwartet es einfach.

Frau Smitt versucht, ihre Rollen als Ehefrau und als Krankenschwester zu koordinieren:

Ich bin immer zur Stelle, wenn die »Körperarbeit« getan werden muß. Ich mag diese Arbeit nicht, und manchmal macht es mir auch etwas aus. Aber ich bin die einzige, die diese Arbeit tun kann. Ich vermute also, daß ich deswegen immer unbewußt von ihm erwarte, daß er mich nicht als Krankenschwester behandelt. Ich möchte, daß er zu mir sagt: »Du bist meine Frau, und ich habe *dich* gern und nicht deine pflegerischen Fähigkeiten.« Das war mir von Anfang an wichtig.
  Da wir beide arbeiten, haben wir Probleme, genügend Zeit füreinander zu haben, aber ich halte das für sehr wichtig. Ich fürchte, daß die Sache bald in ein Krankenschwester-Patient-Verhältnis übergeht, und ich muß sehr dagegen kämpfen, weil ich die Konsequenzen kenne. Das würde unsere Ehe einfach nicht aushalten.
  Es gab Zeiten, es gibt Zeiten, und es wird Zeiten geben, da wird er für mich einfach zum Patienten. Die meiste Zeit arbeite ich mit seinem Körper, und ich habe keinen persönlichen Bezug dazu. Es ist, als ob ich einen Schrank abwasche oder so etwas. Bis zu einem gewissen Grad muß das wohl so sein. ... Über vieles hat uns allerdings ein guter Schuß Humor hinweggeholfen.

Der Kranke, der vom pflegenden Partner abhängig ist, möchte die dem anderen aufgebürdete Arbeitsbelastung so gering wie möglich halten. Der abhängige Mensch wagt vielleicht nicht, seinen Zorn zu zeigen oder vom anderen etwas zu fordern. Der gesunde Partner wiederum kann den Kranken dessen *Abhängigkeit spüren lassen* und ihn so davon abhalten, Wünsche zu äußern oder über Veränderungen im Verhalten seines – des gesunden – Partners zu sprechen. Eine verkrampfte Haltung beim Geben und Nehmen hat ungünstige Auswirkungen auf beide Partner und letztlich auf die eheliche Beziehung.

Sexualität ist ein Problem, aber das ist es, seit wir verheiratet sind. Wegen des Unfalls habe ich das Problem irgendwie als zweitrangig zurückgestellt, als *noch ein* Problem mehr. Das letzte Mal, als wir darüber geredet haben, hat sie es als einen weiteren Druck empfunden, der auf sie ausgeübt wird. Sie ist nicht besonders daran interessiert, und die wenigen Male reichen ihr aus. Ich werde mich hüten, die Sache ins Wanken zu bringen. Die wenigen Male, die wir miteinander schlafen, werden von ihr initiiert. Ich halte das für besser, als Druck auf sie auszuüben. Früher wurde ich wütend und verließ das Haus. Ich stieg ins Wohnmobil und fuhr einfach weg, aber jetzt ist das so mühselig. Wenn ich die Behinderung nicht hätte und sie durch mich nicht schon so unter Druck wäre, dann könnte ich in bezug auf unser Liebesleben wohl mehr Druck auf sie ausüben. Die Behinderung hat in dieser Hinsicht vieles verändert, auch darin, wie ich mit Situationen umgehe. Ich bin nicht mehr so energisch.

Frau Smitt fungiert als *Körperressource* für ihren Mann. Die folgenden Zitate enthüllen, welchen Druck die dauernde *Körperarbeit* auf beide Partner ausübt. Zunächst Frau Smitt:

Ich stehe um fünf Uhr auf, um ihn zu versorgen, so daß er pünktlich zur Arbeit kommt. Ich gehe auch an vier Vormittagen in der Woche arbeiten, aber ich verlasse das Haus erst, wenn alle anderen gegangen sind. Er geht gegen sieben Uhr weg. Ich helfe ihm aus dem Bett, dann wäscht er sich und rasiert sich. Ich ziehe ihn an. Wir haben es so geplant, daß er sein Darmzäpfchen an den Wochenenden bekommt und einmal unter der Woche. Vermutlich müßte er es öfter bekommen, aber es ist schwierig, die Prozedur öfter in unseren Plan aufzunehmen. Manchmal bekommt er das Zäpfchen abends, manchmal morgens.

Herr Smitt. Ich habe keine Gemeindeschwester, nicht nur wegen der Kosten – ich bekomme nur einen Teil davon erstattet –, sondern hauptsächlich, weil es eine Einmischung ist. Wir haben es eine Zeitlang versucht. Ich erinnere mich noch an die Art, wie die Gemeindeschwester morgens hereinkam und sagte: »Guten Morgen, Herr Smitt, jetzt stehen wir auf und sind fröhlich!« Ich hatte das Gefühl, ich müßte sie erwürgen. Wenn meine Frau frustriert ist, sage ich zu ihr: »Also, welche Möglichkeiten haben wir? Entweder können wir eine Gemeindeschwester anheuern. Oder ich könnte ausziehen. Oder alles bleibt beim alten.« Hin und wieder, wenn es unerträglich wird, denke ich daran auszuziehen. Nicht, daß ich mich von ihr trennen oder scheiden lassen möchte, aber um sie von der Arbeit zu befreien. Aber finanziell würde es sehr knapp.... Meine Frau geht selten allein aus. Sie unternimmt nächstes Wochenende etwas für sich, und die Kinder werden hier helfen. Meine Frau hat sehr wenig Unterstützung. Es lastet alles auf ihr.

Herr Smitt erklärt, wie beide Partner einen Weg suchen, um die Zeiten, in denen sich Frau Smitt besonders enttäuscht und überlastet fühlt, zu bewältigen:

Der Druck, pausenlos alles mögliche tun zu müssen, eskaliert von Zeit zu Zeit bis zu dem Punkt, wo der Topf überläuft. Anschließend ist bis zur nächsten emotionalen Krise alles wieder in Ordnung. In letzter Zeit gibt es immer mehr Krisen wegen meiner körperlichen Probleme und der zusätzlichen Mühen, die sie mit sich bringen. Wenn meine Frau einen solchen Punkt der Frustration erreicht hat, schreit sie, zieht sich dann zurück und redet mit niemandem. Manchmal schläft sie einfach. Ich lasse sie dann in Ruhe. Sie hat schon oft zu mir gesagt: »Versuch nicht, während dieser Zeit mit mir zu reden oder zu diskutieren. Laß mich einfach in Ruhe.« Gewöhnlich funktioniert das auch. Oft wird sie dadurch provoziert, daß ich ankündige, etwas zu erledigen, was ich dann aber doch nicht tue, auch wenn ich es könnte oder wenn sie das Gefühl hat, daß ich dazu imstande sei. Es ist schon eine sehr vertrackte Situation.
Ich kann z. B. kleine Gegenstände vom Boden aufheben, auch wenn es eine Weile dauert. Wenn ich allein bin, zwinge ich mich dazu.... Daß meine Kinder nicht immer auf meine Bitten reagieren, bewahrt mich davor, die Behinderung als Vorwand zu benutzen. Auch meine Frau nimmt mich auf diese Weise ernst.

Frau Smitt. Wenn ich meine, daß er etwas allein erledigen kann, dann sage ich einfach: »Ich möchte das nicht mehr tun. Ich weiß, daß du dazu imstande bist.« Das fällt mir nicht schwer, solange ich weiß, daß es etwas ist, was er tatsächlich tun kann. Aber wenn wir in Eile sind zum Beispiel, dann mache ich es selbst.

Herr Smitt beschreibt, welche Auswirkungen seine *Verlaufskurvenvorstellung* auf die Biographie hat:

Ich habe Angst vor dem, was noch vor uns liegt auf unserem Weg und daß die Krankheit vielleicht die Oberhand gewinnt. Das wäre ein doppelter Schlag. Ich muß wohl einen Schritt nach dem anderen machen.

In dieser Familie ist die Organisation der erforderlichen Arbeit besonders schwierig und kompliziert, weil die Arbeitsbelastung enorm hoch ist, die Ressourcen minimal sind und die Arbeit ungleich verteilt ist. Dadurch wird das Gleichgewicht zwischen den drei Hauptarbeitslinien brüchig. Darüber hinaus ist das Paar mit Ereignissen konfrontiert, zu deren Bewältigung die Ressourcen und die Arbeitsbelastung neu verteilt und die Motivation gehoben werden müßten – wozu jedoch die Voraussetzungen fehlen. Abends ist Herr Smitt müde von der Arbeit und von der langen Fahrt nach Hause, er hat kaum Energiereserven, fühlt sich in mancher Hinsicht (vor allen Dingen im sexuellen Bereich) wenig unterstützt und empfindet die Arbeit zu Hause als schwierig. Frau Smitt fühlt sich überlastet und nicht ausreichend »belohnt« und ist mithin unfähig, die für solche Situationen nötigen Reserven zu mobilisieren. Das Paar bewältigt die Lebensereignisse so, daß jeder Partner seine Aufgaben durchführt, im Grunde fehlt aber ein gemeinsames Konzept. Die Konsequenzen sind Unzufriedenheit und Spannungen in der ehelichen Beziehung. Aufgestaute Spannungen entladen sich gelegentlich, dann setzt die Routine wieder ein, die Arbeitslinien verlaufen wieder in ihrem brüchigen Gleichgewicht, und die Spannungen innerhalb der Familie verschwinden eine Zeitlang von der Oberfläche. Aufgrund dieser Beobachtungen können wir die Arbeitsbeziehung von Herrn und Frau Smitt als nur begrenzt funktionierend bezeichnen: Normalerweise schaffen sie es, die notwendige Arbeit zu erledigen; Zwischenfälle aber beeinträchtigen Umfang und Qualität ihrer Arbeit.

10 Instabile Phasen:
Das Gleichgewicht ist gestört

Wenn sich der Zustand eines kranken Menschen verschlechtert, sehen seine Erfahrungen ganz anders aus, als wenn er seinen Zustand stabil zu halten versucht. Bevor eine Krankheit aber auf Dauer schlimmer wird, machen die Kranken oft instabile Phasen durch. Das heißt nicht, daß sie die Hoffnung auf Genesung aufgeben müßten, selbst wenn sich die Instabilität sehr lange hinziehen sollte. Eine instabile Phase kann sich als vorübergehend herausstellen und dennoch eine quälende Zeitspanne physischer und psychischer Anspannung sein.

Instabile Phasen kommen unregelmäßig und sind physisch schwer zu kontrollieren. Sie wirken sich nachteilig auf die Sozialbeziehungen, den Alltag und die Biographie eines Menschen aus. In solchen Phasen muß der Kranke schwer daran arbeiten, in seinem Leben eine gewisse Ordnung aufrechtzuerhalten, oder er muß ausharren, bis die Krankheit ihren irdischen Lauf genommen hat.

Instabile Phasen unterscheiden sich von medizinischen Akutphasen, wie sie z. B. durch einen Asthmaanfall hervorgerufen werden können. Akutfälle erfordern im Normalfall eine gute medizinische Versorgung: Ärzte und Klinikpersonal versuchen, den Patienten schnell wieder auf die Beine zu bringen und seinen Zustand zu verbessern. Akutphasen können lange dauern und das Leben eines Menschen auf ein Minimum reduzieren, sie können das Leben eines Menschen eine Zeitlang in der Schwebe lassen oder zu einem abrupten Lebensende führen. Dagegen können instabile Phasen aus einer menschlichen Existenz einen Trümmerhaufen machen, und doch kämpft der Betroffene weiter um sein Leben.

Die in diesem Kapitel vorgestellten Fallbeispiele veranschaulichen drei unterschiedliche Muster von Instabilität. Beim ersten Muster wird eine Krankheit nach einer langen Phase der Stabilität aufgrund eines tiefgreifenden Ereignisses instabil. Nach einer gewissen Zeit wird die Instabilität unter Kontrolle gebracht, oder sie verschwindet; die Krankheit beginnt sich wieder zu stabilisieren. In unserem Beispiel geht es um eine Frau mit einer relativ stabilen Diabetes-Verlaufskurve, die durch die Schwangerschaft gelegentlich destabilisiert wird. Das zweite Muster weist eine dauerhafte Instabilität auf: Ein Herzpatient, dessen Verlaufskurve nach unten zeigt, ist ständig von schweren Herzanfällen bedroht. Diese Anfälle stehen in keinem erkennbaren Zusammenhang mit körperlicher Anstrengung oder einem anderen sichtbaren Ereignis, und andererseits sind sie auch nicht jedesmal so schwer, daß der Patient ins Krankenhaus eingeliefert werden muß. Das dritte Instabilitätsmuster, das in seiner zeitlichen Ausdehnung schwankt, ist dann gegeben, wenn ein Mensch ohne vorherige chronische Krankheit (oder allenfalls mit einer leichten) plötzlich eine oder mehrere Krankheiten bekommt, die ihn in ein körperliches und seelisches Chaos stürzen. In unserem Fallbeispiel stabilisiert sich der Zustand der Patientin nach knapp zweieinhalb Jahren, die fast durchweg von Instabilität geprägt sind.

Fall 1: Eine Phase potentieller Instabilität, noch einmal: die Familie Moore

Im vorigen Kapitel haben wir über den Fall von Frau Moore gesprochen, deren Diabetes ziemlich stabil war und den sie bis zu ihrer Schwangerschaft mit nur geringer Unterstützung gut bewältigen konnte. Sie verstand die Zeichen, die ihr Körper gab, und paßte ihre Diät wie auch ihr Verhalten warnenden Signalen an. So konnte sie destabilisierenden Körperreaktionen vorbeugen und verhindern, daß ihre Krankheit außer Kontrolle geriet. Doch gelegentlich hatte sie so schwere Insulinreaktionen, daß sie ambulant behandelt werden mußte. Ihr allgemein stabiler körperlicher Zustand hing von ihrer Lebensweise ab.

Wie wir wissen, reagieren Menschen mit Diabetes unterschiedlich stark auf Störungen im physiologischen Funktionsablauf. Veränderungen physischer Natur oder Umwelteinflüsse können einen relativ stabilen sehr schnell zu einem kritischen Zustand machen. Weder Frau Moore selbst noch ihr Mann, nicht einmal der Gynäkologe, hatten sich vor der Schwangerschaft Gedanken über ihren – anscheinend stabilen – Krankheitszustand gemacht. Beide Partner fühlten sich auf das Kommende gut vorbereitet. Sie lasen die einschlägige Literatur, sprachen viel über die möglichen Risiken, wenn eine Frau mit Diabetes schwanger ist, und waren zuversichtlich, daß sie eventuelle Schwierigkeiten gut meistern würden. Frau Moore hielt sich streng an ihre Diät, hauptsächlich deshalb, weil sie ein gesundes Kind zur Welt bringen wollte, und weniger aus »eigennützigen« Motiven. Dennoch hatte sie mehrere lebensbedrohliche Insulinreaktionen, weil sie während der Schwangerschaft ihre Körpersignale offensichtlich nicht immer richtig deuten konnte. Das bestätigt auch ihr Mann: »Obwohl sie normalerweise die Insulinreaktionen kommen fühlt, kann sie das, wenn sie schwanger ist, nicht.« Folglich überwachte er gelegentlich ihren physischen Zustand, während sie schlief, und weckte sie zur Zuckereinnahme, wenn die Zeichen auf eine mögliche Insulinreaktion hindeuteten. Als ihre Symptome einmal sehr schwer waren, mußte sie zwei oder drei Tage lang auf der Intensivstation bleiben. Die Ärzte erkundigten sich ständig bei Herrn Moore, welche Medikamente sie nähme, aber sie nahm überhaupt keine. Zu dieser Zeit war sie »weggetreten«, und wenn sie redete, verstand man sie nicht. Die Ärzte sprachen von Hirnschaden, vielleicht bleibendem Hirnschaden. Schließlich konnten Herr und Frau Moore die Ärzte überzeugen, daß die Patientin eine besonders schwere Insulinreaktion hatte.

Aufgrund dieser Erfahrungen überwachen nun beide Partner die Körpersignale von Frau Moore noch sorgfältiger als vorher. Die beiden glauben, daß sie »durch die Schwangerschaft viel gelernt haben. Wir haben gelernt, worauf wir achten müssen… In der Schwangerschaft war das schwierig, was für uns beide eine neue Erfahrung war, und wir hatten einfach zu lernen… indem wir diese Situation durchlebten. Wir wissen jetzt viel mehr.« Frau Moores physiologischer Zustand ist seit diesem wichtigen Ereignis in ihrem Leben relativ stabil geblieben.

Auch bei Frauen mit anderen ernsthaften Krankheiten wie

Herzkrankheiten oder Asthma ist typisch, daß sie in der Schwangerschaft streng auf Anzeichen von physiologischer Instabilität achten. Die Destabilisierung führt allerdings nicht in jedem Fall zu einer klinischen Krise oder einer Notsituation, der einen Krankenhausaufenthalt erforderlich macht. Gewöhnlich ist die Phase der Instabilität vorüber, wenn das auslösende Ereignis vorüber ist. Das kann der Fall sein, wenn eine chronisch kranke Frau ihr Kind geboren hat und sich ihr Körper wieder zurückbildet. Ein zuckerkrankes Kind erreicht möglicherweise nach der Pubertät wieder einen stabilen Krankheitszustand. Also müssen wir klar unterscheiden zwischen einer instabilen Phase und einer akuten Phase, auch wenn die erste schnell in die zweite übergehen kann.

Fall 2: Anhaltende Instabilität: Herr und Frau Smigel

Herr Smigel ist schon älter und hat eine sich ständig verschlimmernde Herzkrankheit. In den vergangenen Jahren ist sein Zustand sehr instabil gewesen und manchmal sehr schnell in eine akute Phase und einen medizinischen Notfall übergegangen. Der Patient ist in den letzten beiden Jahren zehnmal ins Krankenhaus eingeliefert worden. Er hat plötzliche Herzattacken, die ohne Vorwarnung auftreten, manchmal sogar nachts, wenn er schläft. Weder er noch seine Frau können die unmittelbaren Ursachen für diese Anfälle ausmachen. Sie stehen offensichtlich in keinerlei Zusammenhang mit Überanstrengung oder bestimmten Ereignissen; sie kommen auch nicht daher, daß der Patient seine Lebensweise nicht sorgfältig kontrollierte. Nichts von dem, was sie ausprobiert haben – »vorbeugendes Ruhen«, Sitzen in unterschiedlichen Positionen oder Einschränkung ihrer gesellschaftlichen Verpflichtungen –, scheint sich in irgendeiner Weise auf die Häufigkeit und Intensität von Herrn Smigels Anfällen auszuwirken. Solche Experimente scheinen auch keinen Einfluß auf andere Symptome wie gelegentliches Abfallen des Blutdrucks zu haben. Ebensowenig kann der Kardiologe aus seinen Versuchen mit Art und Dosierung der Medikamente Schlußfolgerungen ziehen;

manchmal scheinen diese Versuche Auswirkungen zu haben, manchmal nicht.

Trotzdem überwacht Frau Smigel ihren Mann kontinuierlich, um sicherzugehen, daß er seine Medikamente nach Plan nimmt. Sie tut das aus Angst, daß er, wenn sie ihn nicht kontrolliert, schnell wieder in einer Krise geraten könnte. Und sie tut es trotz ihrer beider Vorbehalte gegenüber den Medikamenten.

Herrn Smigels Zustand ist so, daß er ständig mit Instabilität und der Möglichkeit zu sterben rechnen muß. Seine Destabilität, die durch ein sehr schlecht funktionierendes physiologisches System verursacht ist, wirkt sich auf die psychischen und sozialen Lebensumstände aus. Dadurch ist das Leben der Familie Smigel von großer Sorge und vielen Ängsten beherrscht, die sich in Zeiten von Herrn Smigels immer wiederkehrenden Gesundheitskrisen zu Panik steigern. Nur in einer Hinsicht hat das Paar etwas Glück: Herrn Smigels Symptome können im allgemeinen unter Kontrolle gebracht werden, wenn er die verordneten Medikamente nimmt. Doch seine Frau ist immer auf der Hut: »Wenn ich ihn im Haus nirgends höre, gehe ich sofort in sein Zimmer, um nach ihm zu sehen. Er hört sich vielleicht gerade Hörspiele vom Tonband an. Ich sage dann nichts weiter, aber wenn er nur still im Sessel sitzt, spüre ich, daß es ihm nicht gut geht.« Dann tritt sie in Aktion und gibt ihm seine Medizin. »Der Arzt sagt, daß ich ihm drei Nitroglycerin-Tabletten im Abstand von fünf Minuten geben soll... Anschließend noch mal nach einer Stunde.« Dieser Aussage fügt sie einen Satz hinzu, der wahrscheinlich eine starke Untertreibung ist: »So ist man niemals ganz frei von Sorge.« Ihr gesellschaftliches Leben können sie nie im voraus planen. »Man lebt von einem Tag zum anderen. Eigentlich von einer Stunde zur anderen.« Sie nehmen zwar noch an manchen gesellschaftlichen Ereignissen teil, laden aber wegen des unvorhersehbaren Zustandes von Herrn Smigel keine Freunde mehr zu größeren Abendessen ein.

Doch meistens ist Herr Smigel nicht so akut krank oder so geschwächt von Herzattacken, daß konkrete Lebensgefahr bestünde. Andererseits ist er aber auch nicht in der glücklichen Lage, daß er mit mehreren Wochen oder auch nur Tagen rechnen könnte, die frei sind von diesen Anfällen. Er befindet sich in einer ständigen

Instabilität, was man mit dem Zustand einer Nation vergleichen könnte, die ununterbrochen Krieg führt.

Fall 3: Schwere und lang anhaltende Destabilität: Debby Jones

Das nächste Fallbeispiel zeigt weitere Aspekte des Kampfes und des Dramas, durch die instabile Phasen gekennzeichnet sind. Angst, Verwirrung, Frustrationen, Qual und Verzweiflung sind in einer solchen Phase nicht mehr aus dem Leben wegzudenken – Gefühle, die auch die kranke Frau im nachstehenden Fall durchlebt hat, als sie eine schwere Destabilität durchmachte. Wir haben den Fall einer alleinstehenden Frau gewählt, um zu zeigen, welch zusätzlichem Druck ein Mensch ausgesetzt ist, wenn er keinen Partner hat, der ihn bei der Arbeit im Umgang mit der Krankheit unterstützt.

Dem Bericht, den Debby Jones über diese schwere Lebensphase gibt, entnehmen wir folgendes:
1. Die Phase der Instabilität dauert zweieinhalb Jahre und ist nur von einigen kurzen Phasen relativer Stabilität unterbrochen.
2. Es gibt viele Ereignisse, durch die die Patientin in Depressionen und Krisen gestürzt wird. Diese Ereignisse gehen zurück auf äußere Vorkommnisse, physiologische Vorgänge und Reaktionen auf Medikamente.
3. Die Patientin probiert Strategien aus, um die Auswirkungen solcher Ereignisse auf ein Minimum zu reduzieren oder deren Konsequenzen in den Griff zu bekommen. Sie entwickelt auch Strategien, mit deren Hilfe sie bestimmte Ereignisse durchzustehen vermag.
4. Sie sucht gute Ärzte, die präzise Diagnosen stellen und ihre unterschiedlichen Krankheiten effektiv behandeln können. Ihre Suche nach Behandlungsverfahren und Ärzten ist noch nicht abgeschlossen.
5. Durch diese medizinischen ad-hoc-Interventionen versucht sie, eine gewisse Stabilität zu erreichen. Sie hofft, daß sich wieder eine mehr oder weniger dauerhafte Stabilität einstellt.

6. Die kranke Frau und ihre Ärzte spielen in dem Prozeß, in dem Behandlungsverfahren entdeckt und ausprobiert werden und der Zustand der Patientin überwacht, eingeschätzt und bewertet wird, jeder seine eigene Rolle.
7. Die Probleme bei der Krankheitsbewältigung potenzieren sich durch Mehrfacherkrankungen, d. h. es gibt viele Symptome, viele Diagnosen, viele Ärzte, viele Interventionen, eine Vielzahl von Nebenwirkungen, Kontrollen, Einschätzungen, Entscheidungen. Dies alles wirkt sich in geballter Form auf das tägliche Leben und die Biographie der Kranken aus.
8. Die Patientin kann ihren Zustand selbst nicht mehr richtig einschätzen. Die Dinge geraten außer Kontrolle.
9. Jederzeit können Krisen auftreten, zumindest ist das häufig der Fall, und ihre Bewältigung besteht im wesentlichen darin, das Ende der jeweiligen Episode abzuwarten. (Einmal war ihr Körper so außer Kontrolle geraten und ihr Leben insgesamt erschien ihr so verzweiflungsvoll, daß sie sich umbringen wollte.)
10. Die Kranke muß neue Strategien finden, um den Anforderungen des Alltags gewachsen zu sein, d. h. sie muß ihre Aktivitäten einschränken und alles genau planen, ihr Tempo den Gegebenheiten anpassen, Aktivitäten verschieben usw.

Nun die Krankengeschichte. Debby Jones ist nicht verheiratet, lebt allein und macht ein Aufbaustudium an einer Universität, die von ihrer Herkunftsfamilie weit entfernt ist; ihre finanziellen Ressourcen sind minimal, und sie hat eine außerordentlich labile Gesundheit. Das heißt, alles, was wir eben aufgeführt haben, findet in einem Kontext statt, der gekennzeichnet ist durch geringe Ressourcen (besonders in bezug auf Arbeitskraft), durch die Notwendigkeit, die Arbeit neu einzuteilen, durch geringe psychische Unterstützung von seiten anderer Menschen und durch verstärkte – und fast unmöglich zu bewältigende – Organisationsprobleme.

Ihren Körper betrachtet Debby als unzuverlässig und oft unkontrollierbar, als rätselhaft und peinigend. Seine äußere Erscheinung empfindet sie zeitweilig als so beeinträchtigend, daß er ihr zur persönlichen Qual wird. Grundlegende biographische Fragen sind bei ihr: »Werde ich jemals wieder ganz gesund werden? Und wenn das nicht der Fall ist, wie kann ich als ›ich selbst‹ überleben?« Diese Fragen konnte sie sich erst beantworten, nachdem sie die zentralen biographischen Themen ihres Lebens akzeptiert hatte. Zuvor hatte sie sich darauf konzentriert (und tut es im Grunde immer noch), (1) eine Depression und Krise nach der anderen zu überstehen, (2) wenigstens *eine* Version ihrer aktuellen biographischen Pläne (die Arbeit an der Universität) durchzuhalten und (3) ihren aktuellen persönlichen Verpflichtungen nachzukommen. Nach Monaten der immer schlimmer werdenden Instabilität, die auch nach einigen stabilen Phasen immer wieder auftritt, begann die Patientin allmählich, sich mit ihren dauerhaften Einschränkungen abzufinden und mit dem Problem ihrer Anpassung an diese Grenzen zu befassen.

Die Falldarstellung ist chronologisch aufgebaut; die einzelnen Ereignisse werden von Debby Jones kommentiert. In den Auszügen aus dem Gespräch, das wir im Frühjahr 1985 mit ihr führten, kommen die Aktivitäten, Reaktionen und Erfahrungen während dieser Ereignisse gut zum Ausdruck.

Im Frühherbst 1982 bekam Debby eine lang anhaltende Grippe, die schließlich vom Studentenarzt als Allergie diagnostiziert wurde. Sie hatte Atembeschwerden, und »es ging abwärts« mit ihr. Dann hatte sie einen akuten Asthmaanfall, der möglicherweise durch eine Allergie ausgelöst worden war. »Zuvor hatte ich mich für einen gesunden Menschen gehalten.« Debbys Aussagen zufolge stabilisierte sich ihr Zustand nach der Diagnose des Studentenarztes nicht, nicht einmal mit Hilfe von Medikamenten. Weil ihr diese Diagnose nicht ausreichte, ging sie zu einem Privatarzt, der eine ähnliche Diagnose stellte. Weil der andere Arzt zu teuer war, mußte Debby aber wieder zum Studentenarzt. Da sie mit dem Gesundheitsdienst für Studenten nicht zufrieden war, ging sie im Juli noch einmal zum selben Privatarzt, der sie auf Allergien hin untersuchte.

Dann nahm sie die Kurse an der Universität wieder auf. An manchen Tagen fühlte sie sich gut; an anderen Tagen ging sie wie »auf Watte«. Um die Weihnachtszeit fühlte sie sich »außer Kontrolle«. Sie erhöhte ihre Anti-Allergie-Dosis Prednison, ohne daß es gewirkt hätte; sie hatte Atembeschwerden. Zu jener Zeit verabredete sie mit ihrem Arzt eine weitere Erhöhung der Medikamentendosis. Dann kamen Schmerzen beim Atmen hinzu, die manchmal so schlimm und anhaltend waren, daß sie Angst hatte, selber Auto zu fahren. Zu diesem Zeitpunkt nahm sie noch an, die Schmerzen kämen von der Lunge. Wie sich aber später herausstellte, waren sie auf Osteoporose (Knochengewebeschwund) zurückzuführen.

Im Frühjahr 1983 ging es Debby mit dem Atmen »nicht schlecht«, und die Lage besserte sich. Sie nahm in dieser Zeit an drei Kursen teil. Wie sie sagt, »riß« sie sich an manchen Tagen »am Riemen« und bewies sich damit, daß sie es »schaffte«. Sie beendete zwei Kurse mit Erfolg und fühlte sich gut dabei. Doch dann hatten ihre Eltern goldene Hochzeit. Also fuhr sie nach Hause, eine Strecke von knapp 5000 Kilometern. Sie kam erschöpft zu Hause an. Und als sie an die Universität zurückgekehrt war – es waren noch drei Wochen bis Semesterende –, mußte sie den dritten Kurs abbrechen, weil sie die geforderten Leistungen einfach nicht »brachte«.

Im Juni wurden die Schmerzen beim Atmen unerträglich: »Ich betrachtete mich nun als krank; ich wußte nicht, was da los war.« Ihren Körper empfand sie als unberechenbar. So ging sie z. B. Lebensmittel einkaufen und bemerkte auf halbem Weg, daß sie es nicht schaffte. Oder sie erledigte eine Sache und stellte dabei fest, daß sie eigentlich noch anderes erledigen könnte. Wenn sie außerhalb ihrer Wohnung zwei Besorgungen machen wollte, erledigte sie erst die eine, ging dann nach Hause, wartete drei bis vier Stunden und erledigte dann die zweite.

Sie lebte weiterhin allein: »Ich glaubte nicht, daß jemand Lust hätte, bei mir zu bleiben. Meine Eßgewohnheiten waren eigenartig – ich aß das, was gerade im Haus war... Mein Fernziel war, wieder unabhängig zu sein, und ich glaubte immer noch, die Krankheit würde vorübergehen – oder sich wenigstens nicht verschlechtern.« Ihr Privatarzt probierte mit ihrer Einwilligung verschiedene Medikamente aus, und sie lebte »gesünder«. Immer noch war Debby der Ansicht, daß es eine aktue Phase irgendeiner Krankheit sei, »aber als ich einfach nicht gesund wurde, fing ich an, mißtrauisch zu werden. Ans Sterben dachte ich allerdings nicht.« Das kam erst eineinhalb Jahre später.

Diesen ganzen Sommer lang, so Debby, »hatte ich die Sache nicht mehr im Griff... an manchen Tagen war ich zu überhaupt nichts mehr fähig. Im August blieb dann meine Periode aus. Ich hatte solche Schwierigkeiten! Heute weiß ich, daß es Hormonprobleme waren. Es dauerte eben eine ganze Zeit, bis man dahintergekommen war.«

Als ihre Periode weiterhin ausblieb, verschlimmerten sich ihre Allergien, ihr Asthma und ihre prämenstruellen Symptome. In diesem Sommer setzte der Arzt die Prednison-Dosierung herab, und sie hielt die niedrige Dosierung bis zum Herbst durch. Sie war depressiv, hatte Ängste und wußte nicht, was mit ihr los war. Ihr Gesicht sah wegen der Allergien »besonders schlimm« aus; doch niemand kannte die Ursache. Am schlimmsten war das Asthma.

Im Oktober 1983 dachte sie daran, sich das Leben zu nehmen. Drei Nächte lang hatte sie geglaubt, sie würde sterben, da sie überhaupt keine Luft bekam. Sie traf ihre Vorbereitungen: »In der ersten Nacht vernichtete ich meine Briefe.« In der zweiten Nacht besserte sie ihre Unterwäsche aus. »In der dritten Nacht – wollte ich aufgeben.« Sie war beim Arzt gewesen, hatte aber beschlossen: »Wenn das die Qualität von Leben ist, die ich zu erwarten habe, dann lohnt sich der Aufwand nicht.«

Ein paar Monate später konnte sie aus Kostengründen nicht mehr zu ihrem Arzt gehen. Es ging ihr entsetzlich schlecht, sie war wieder bereit aufzugeben. Außerdem hatte sie Schulden, weil sie von anderen Leuten Geld geliehen und bei einem Institut einen Kredit aufgenommen hatte. »Wenn es denn sein soll, dann soll es so sein«, sagte sie sich.

Dennoch schrieb sie sich wieder für einige Kurse an der Universität ein. Aber genau in der Woche fühlte sie sich so elend, daß sie die Anzahl ihrer Kurse stark reduzierte. Etwas später hätte sie um ein Haar einen Radfahrer mit dem Auto überfahren, weil sie sich nicht unter Kontrolle hatte. Sie wußte, daß sie etwas gegen diesen Zustand unternehmen mußte; also ging sie zu einem Allergologen, der die Vermutung äußerte, die Allergien hätten mit ihrer Umgebung zu tun. Daraufhin beschloß sie umzuziehen.

Aber ich wußte, daß ich nicht allein umziehen konnte. Obwohl ich sonst sehr unabhängig war, mußte ich meine Schwester um Hilfe bitten. Das fiel mir schwer. (Sie bat nicht die Leute aus ihrem Freundeskreis um Hilfe)..., weil man niemanden bitten kann, daß er einem zehn Tage lang hilft. Man fragt sie höchstens, ob sie einen zum Arzt bringen oder einem Lebensmittel besorgen können... Ich glaubte, daß das Ganze mit der neuen Wohnung besser werden würde: Sie war nicht so staubig, allerdings gab es auch weniger Parkmöglichkeiten.

Im Februar 1984 machte sich Debbys Asthma wieder bemerkbar: Die frühsommerliche Zeit der Allergien nahte.»Es ist wie verrückt: Man hat ein Problem im Griff, und dafür kommt ein anderes.« Im März war sie völlig erschöpft. Sie hatte »furchtbare Blutungen« und ging deshalb zu einer Frauenärztin. Es »hing mit meinem Zyklus zusammen«, obwohl ihre Periode durch medikamentöse Behandlung inzwischen regelmäßiger geworden war.

Im Juli dachte sie wieder, sie müßte sterben. Daraufhin verringerte die Frauenärztin die Östrogendosis. Im August hatte Debby von neuem schweres Asthma. Sie schlief im Sitzen und wachte alle zwei Stunden auf – in Panik, weil sie keine Luft bekam. Dann »brach alles über mir zusammen: Es war wohl das Östrogen.« Sie bat die Frauenärztin um ein harntreibendes Mittel, um das Wasser in ihrem Körper loszuwerden. Die Frauenärztin riet Debby, nicht soviel Östrogen zu nehmen, und verwies sie an den Facharzt für Allergie, damit er ihr wieder Prednison verschriebe. Doch Debby entschied sich dagegen, weil sie wußte, daß ihr das nicht helfen würde. Sie ging zur Apotheke und holte sich ein harntreibendes Mittel. Am nächsten Tag war ihr Körper entwässert, und sie konnte wieder besser atmen.

Der Facharzt für Allergie schlug vor, Debby gründlich von Kopf bis Fuß zu untersuchen. Sie meint dazu: »Wenn man erst einmal eine Vorstellung davon hat, wo das Problem liegen könnte, bringt man den Arzt auch dazu, daß er einem zuhört und Zusammenhänge sieht. Er sagte zu mir: ›Rechnen Sie aus, wann Ihre Periode kommt, und machen Sie jetzt schon einen Termin, so daß die Frauenärztin sieht, wann es Ihnen besonders schlecht geht.‹« Unterdessen hatte die Frauenärztin aber ihre Praxis aufgegeben, und der Facharzt für Allergie überwies Debby an einen Endokrinologen, der ihr ein anderes Östrogenpräparat verschrieb. Doch nachdem sie etliche Hormontests, die der Endokrinologe angeordnet hatte, hinter sich hatte, hörte Debby im Oktober mit dem Östrogen auf und fing mit einem Progesteron auf natürlicher Basis an. Im November hatte sie wieder ihre Menstruation und fühlte sich wohl.

Im vergangenen Sommer jedoch bekam sie eine Infektion, die vermutlich ihre Probleme mit dem Atmen wieder verstärkte. Die Infektion wurde mit einem Antibiotikum bekämpft, weshalb sie das Progesteron absetzte. Danach fühlte sie sich wunderbar, »rechnete aber damit, daß das nicht lange dauern würde«, weil es bisher immer so gewesen war.

Im Dezember ließ Debby in ihrem Schlafzimmer neue Fenster einsetzen. Dadurch wurde viel Staub aufgewirbelt, so daß sich ihre Allergien wieder verschlimmerten. Die Situation verschärfte sich weiter, als sie im selben Monat ihre Wohnung streichen ließ. Danach blieb ihre Periode wieder aus, doch ihr Arzt beruhigte sie und riet ihr, nicht in Panik auszubrechen, denn – so erklärte er ihr – ihr Zustand verschlechtere sich immer dann, wenn sie in der Mitte ihres Zyklus die Medikamente nehme. Gemeinsam arbeiteten sie einen neuen Medikationsplan aus, dem im Januar 1985 ein Östrogenhemmer hinzugefügt wurde.

Nun kämpfe ich mehr mit den Nebenwirkungen der Medikamente als mit der eigentlichen Krankheit. Ich weiß nicht mehr, wer ich bin. Mein Körper gibt mir widersprüchliche Botschaften. Dabei hängt vieles mit den Drüsen zusammen. Der Monatszyklus ist unregelmäßig. Aber ich kann damit zurechtkommen; ich muß nicht mehr eine ganze Woche lang hintereinander zu Hause bleiben.

Und der jetzige Stand der Dinge:

Mein Zustand ist stabilisiert.
Ich konzentriere mich auf die Nebenwirkungen der Medikamente.
Ich habe gelernt, daß ich mich nicht auf einen stabilen Zustand verlassen kann, daß meine Allergien je nach Jahreszeit schwanken.

Eines habe ich jedenfalls gelernt: Man kann sich auf nichts verlassen, nichts planen.

Ich hoffe, daß ich mein Studium abschließen kann. Wenn ich jetzt soweit gesund bleibe, werde ich in einem halben Jahr den Schein haben, den ich für mein Abschlußexamen brauche.

Ich erledige manche Sachen übers Telefon, wenn ich Verpflichtungen mit anderen Leuten nicht einhalten kann. Wenn es mir gut geht, nutze ich das und gehe mit Freunden zum Essen ins Restaurant, weil ich nie weiß, wann ich eine Verabredung absagen muß. Ich hasse es, wenn man Verabredungen sausen läßt.

Wie schätzt Debby ihre Symptome ein? »Manchmal ist es bei mir jetzt fast so, wie wenn man in der Praxis über einen Patienten Buch führt: Man zeichnet Diagramme auf, stellt seine Symptome graphisch dar. Ich mußte das alles lernen. Ich habe lange gebraucht, bis ich genau wußte, was ich tun muß, wenn bestimmte Symptome auftreten.« Wie wir berichteten, kamen ihre Schmerzen ja nicht von einer Lungenkrankheit her, sondern gingen auf eine Osteoporose (Knochengewebeschwund) zurück.

In schlimmen Phasen und Krisen ging Debby zuerst zur Apotheke und danach zu ihrem Hausarzt.

Wenn es wirklich schlimm ist, tritt gewöhnlich mehr als ein Problem auf, und ich bin krank, kann mich nicht mehr rühren und gehe zu Boden. Ein Problem allein kann man besser identifizieren und es dann behandeln.

Die Krisen sind zum Glück etwas seltener geworden. Ich weiß, daß drei Stunden das längste ist; das stehe ich durch. Am Ende kippe ich regelrecht um, lege mich dann schlafen, und der Schmerz läßt nach.

Debby hat einen Vorrat an Medikamenten für drei Tage. Sie wechselt den Luftfilter ihres Atemgeräts regelmäßig und nimmt es überall mit hin. Wenn sie duscht oder ein Vollbad nimmt, erschöpft sie das so sehr, daß sie solche Aktivitäten in ihren Tagesablauf regelrecht einplanen muß. Sie hat Bekannte, die ihr im Notfall helfen, und Studenten, die ihr Lebensmittel einkaufen; aber sie verläßt sich nicht auf diese Hilfen, weil die Leute nicht immer verfügbar sind.

Sie sagt, daß sie ein sehr schlechtes Körperbild habe. (Ihr Gesicht ist aufgedunsen vom Östrogen und dem Prednison.) »Ich weiß, daß ich nicht besonders gut aussehe... So, wie ich zur Zeit aussehe, kann ich mich nicht leiden.« (Sie hat eine harntreibende Tablette genommen und sieht gerade sogar besser aus.) Es ist für sie »im Moment schrecklich«, einen BH zu tragen, weil sie Schmerzen hat und weil durch die Hormonbehandlung ihre Brust angeschwollen und dadurch ihr Rücken belastet ist. »Ich habe Angst davor, daß mein Körper zerfällt. Daß mein Geist zerfällt. Was wird sich wieder zurückbilden? Wird überhaupt wieder etwas normal werden?«

Da ihr Körper »unberechenbar« ist, denkt sie daran, ihre Abschlußprüfung schriftlich zu machen; denn sie kann nie vorhersagen, wie es ihr zum Zeitpunkt einer mündlichen Prüfung gehen wird. Sie ist zur Zeit optimistischer, und die Behandlungen scheinen anzuschlagen. »Aber ich muß akzeptieren, daß ich nie ganz gesund sein werde.« Schritt für Schritt paßt sie sich ihrer Krankheit an und strukturiert ihre Aktivitäten neu: So trifft sie sich z. B. mit Freunden vor dem Fußballstadion und geht nicht mehr zu Fuß mit ihnen dahin, weil sie mit deren Tempo nicht mitkommt. »Wenn ich wieder eine Stelle annehme«, überlegt sie, »wird es dort einen Parkplatz für Behinderte geben? Plötzlich realisiert man, daß man solche Punkte bedenken muß.«

Im Frühjahr 1985 fing sie an, über derlei Fragen nachzudenken.

Im Oktober 1985 berichtete Debby, daß sie einen schlechten Sommer gehabt habe. Das Prednison und Östrogen hatten zu Gewebegeschwulsten geführt, so daß sie fürchtete, die Gebärmutter müsse entfernt werden. Sie hat den Gynäkologen gewechselt. Auch ihr Asthma war schlimm, und sie hatte herausgefunden, daß sie wirres Zeug schrieb, wenn ihr Östrogenspiegel hoch war; also hat sie gelernt, daß sie in diesem Zustand keine Arbeiten schreiben darf.

Wir werden Debbys Verlaufskurve nicht weiter verfolgen, können aber noch soviel berichten, daß sich ihr körperlicher Zustand einige Monate später soweit stabilisiert hatte, daß sie sich beruhigt mit dem Thema ihrer beruflichen Karriere befassen konnte. Sie nahm in einem guten Krankenhaus eine Stelle als Oberschwester an und erzählte uns viele Monate später, daß sie plane, diese Stelle zu behalten, bis sie genug Geld gespart habe, um ihr Studium an der Universität wieder aufnehmen zu können.

Im allgemeinen stellt eine instabile Phase den kranken Menschen vor ein ernsthaftes Problem: Wie kann er seine physische Leistungsfähigkeit und seine soziale Kompetenz zurückgewinnen? Es wären einzelne Schritte denkbar, über die der Kranke eine gewisse Renormalisierung wiedererlangen könnte: Er muß ein *Ziel* haben und eine Vorstellung, wie dieses Ziel zu erreichen ist; er braucht spezielle *Mittel* und konkrete Vorgehensweisen, um seine Vorstellung in die Tat umsetzen zu können; schließlich muß er die Fortschritte auf dem geplanten Weg *bewerten* können. In relativ harmlosen Fällen von Instabilität und vor allem dann, wenn der Kranke Erfahrung mit instabilen Krankheitsphasen hat, wäre eine Art »Modell« denkbar, bei dem eine Vorstellung entwickelt und dann in Handlung umgesetzt wird. Bei schweren Fällen von Instabilität (wie bei Debby Jones) kann der Kranke zwar ein klares Ziel vor Augen haben; doch die Umsetzung kann sich als außerordentlich problematisch herausstellen. Die Planung wird angesichts der aktuellen Ereignisse wertlos; weitere Planungen müssen mit allen Konsequenzen neu organisiert, ausprobiert, geändert oder verworfen werden. Erwartete Fortschritte bleiben aus; der Krankheitszustand ist kaum realistisch einzuschätzen. In einer solchen Lage kann der Kranke nur noch darauf bedacht sein, daß sein Zustand sich nicht weiter verschlechtert.

Schwerkranke haben damit zu kämpfen, die drei Hauptarbeitslinien (Krankheit, Alltag, Biographie) in ein Gleichgewicht zu bringen. Die krankheitsbezogene Arbeit überwiegt; Alltagsaktivitäten sind eingeschränkt, werden auf später verschoben oder sogar aufgegeben; die biographische Arbeit reduziert sich auf aktuelle Probleme, die Zukunft wird zu einem biographischen Schwebezustand. Darüber hinaus ist es Kranken in instabilen Phasen oft nicht möglich, die zentralen Arbeitsverfahren (Einsatz von Ressourcen, Arbeitsteilung, gegenseitige Unterstützung, Arbeitsorganisation) so einzusetzen, daß die zur Krankheitsbewältigung notwendigen Arbeiten durchgeführt werden können.

11 Abwärtsphasen: Der Zustand verschlechtert sich, der Tod rückt näher

Nach unten gerichtete Verlaufskurvenphasen sind uns allen leider nur allzu vertraut. Mit Sicherheit hat jeder von uns schon erlebt, daß ein Mensch aus dem Freundes- oder Bekanntenkreis oder gar ein Familienmitglied an einer schlimmer werdenden Krankheit leidet oder gelitten hat oder an einer unheilbaren Krankheit gestorben ist. Es gibt eine Fülle von Fach- und Sachliteratur über die psychischen und sozialen Begleiterscheinungen bei fortschreitenden Krankheiten und über das Sterben. Was also haben wir dem Ganzen noch hinzuzufügen?

Wir haben Konzepte erarbeitet, um die Erfahrungen von Menschen, deren Zustand sich verschlechtert, besser verstehen zu können. Diese Konzepte stellen wir in einen Zusammenhang mit unseren bisherigen Analysen. Anhand von Fallbeispielen beleuchten wir dann unsere Überlegungen.

Dabei unterscheiden wir zwischen sich verschlechternden Krankheitsphasen und Sterbephasen. Schwere chronische Krankheiten enden nicht immer sofort mit dem Tod. Manchmal geht dem eigentlichen Sterbeprozeß (wie er von direkt Betroffenen definiert wird) eine langwierige Phase der allmählichen physischen Verschlechterung voraus. Eine Verschlechterung des Gesundheitszustandes kann auch über eine andere Krankheit zum Tod führen, wenn z. B. ein krebskranker Mensch aufgrund der Schwächung seines Abwehrsystems an Lungenentzündung stirbt. Dann gibt es noch Fälle, in denen ein Mensch an einer nicht lebensbedrohlichen, aber fortschreitenden Krankheit leidet, z. B. an Bronchitis, und letztlich an einer anderen Krankheit stirbt.

Bei den progressiv sich verschlechternden Phasen ebenso wie bei den Sterbephasen gibt es einen Zeithorizont. In einer Verschlechterungsphase fragt sich der Kranke: Wie schnell und in welchem Ausmaß wird sich die Krankheit verschlimmern? Der Sterbende stellt sich die Frage: Wann wird der Tod eintreten?

Diesen Zeithorizont können wir uns als ein zeitliches Kontinuum vorstellen. Dazu ein paar Beispiele: Der Arzt betrachtet den Patienten nicht als unheilbar krank; und auch der Kranke hat keinen solchen Eindruck von seinem Leiden. Doch ohne erkennbare Ursache verschlechtert sich sein Zustand zusehends; es stellt sich heraus, daß die Diagnose falsch war und revidiert werden muß: Der Patient hat einen inoperablen Hirntumor, der in einigen Monaten zum Tod führen wird. Ein anderes Beispiel: Ein noch junger Diabetiker kann mit vielen Jahren der Stabilität rechnen, stellt sich aber auf eine radikale Verschlechterung im fortgeschrittenen Lebensalter ein. Er weiß auch, daß er nicht unbedingt an Diabetes sterben wird. An welcher Stelle sich der Kranke nun auf diesem Kontinuum lokalisiert, ist ausschlaggebend dafür, wie er das ihm noch verbleibende Leben organisieren wird.

Es gibt ein weiteres wichtiges Thema, das für progressive Abwärtsphasen wie für Sterbephasen gilt und als Frage formuliert werden kann: Was hält einen Menschen noch am Leben, obwohl sein Zustand immer schlechter wird *oder* obwohl er weiß, daß er im Sterben liegt oder in absehbarer Zeit sterben wird? Denn die meisten kranken Menschen kämpfen trotz schwerer Einschränkungen und vielleicht trotz ihres nahen Todes darum, möglichst viele ihrer liebgewonnenen Lebensweisen beizubehalten. Eine fortschreitende Krankheit oder der körperliche Verfall vor dem Tod bringen ungeheure Strapazen mit sich, die vorwiegend durch biographische Arbeit (die Krankheit akzeptieren und in sein Leben integrieren, die Identität wiederherstellen und die Biographie neu entwerfen) zu bewältigen sind. In diesem Zusammenhang überprüft, korrigiert und gestaltet der Kranke seine Selbst-Konzeptionen und mithin sein sichtbares Handeln neu.

Wenn wir nun die Verschlechterung als einen *Prozeß* und weniger als einen Zustand betrachten, dann stellen wir fest, daß der Kranke seinen Geist und seinen Körper, seine Arbeit und sein Verhalten nur noch befristet organisieren kann. Die Krankheit kann sich wohl über einen längeren Zeitraum stabilisieren und sogar gelegentliche Renormalisierungen zulassen; doch das Grundmuster ist der Verfall. Jede neue Abwärtsbewegung der Kurve bedeutet für den Kranken, daß er *erneut* planen, korrigieren, ordnen, überprüfen, wiederherstellen muß. Auf alle weiteren Einschränkungen hin muß er neue Prioritäten bei seinen Aktivitäten und Sozialbeziehungen setzen. Je schwerwiegender der Einbruch im physischen Bereich, in seiner Handlungsfähigkeit und Identität, desto drastischer wird die Konfrontation mit den Veränderungen in seinem Leben.

Natürlich sind diese ständigen Neuordnungen von einer gewissen Zwiespältigkeit begleitet; denn der Kranke weiß nie, ob ein neues Symptom oder die Verschlimmerung eines alten Symptoms zum Dauerzustand wird. Vielleicht hat er frühere Genesungsphasen vor Augen und kann deshalb die realen Vorgänge nicht richtig einschätzen. Wenn die Krankheitssymptome und die persönliche Neuorganisation eine Zeitlang stabil bleiben, kann sich der kranke Mensch im allgemeinen besser auf eine kommende Verschlechterung einstellen. Natürlich denken kranke Menschen dabei nicht immer an das Schlimmste und können in eine entsetzliche Lage kommen, wenn dann »das Schlimmste« tatsächlich eintritt. Doch erstaunlich wenige Menschen entscheiden sich in einer solchen Lage *gegen das Leben.* Manche Menschen setzen sogar alles daran, auch noch im Sterben ihr Leben zu erfüllen – selbst wenn die Fenster nach draußen auf die vertraute und geliebte Szenerie immer mehr zugehen.

In der Sterbephase stellt sich der Mensch bestimmte Fragen: Wie wird mein Körper im Sterben reagieren (wird es ohne Schmerzen geschehen – bei vollem Bewußtsein)? Woher werde ich wissen, daß der Moment des Sterbens gekommen ist? Wie werde ich dem Tode ins Auge sehen (mutig, gestützt durch meinen Glauben)? Wie wird meine »Lebensqualität« während des Sterbeprozesses aussehen? Wie werde ich mit der Vorstellung vom Tod leben (Leben nach dem Tod, Wiedergeburt, alles zu Ende)? Was wird nach meinem Tod aus den anderen, die mir wichtig sind?

Die vier Beispiele, die nun folgen, weisen einige allgemeine Merkmale von Verschlechterungs- und Sterbephasen auf. Doch auch fallspezifische Merkmale sind in den individuellen Erfahrungen, geprägt von den Lebensumständen der Betroffenen und den unterschiedlichen Krankheiten, zu erkennen. Wir beginnen mit dem Fall von Herrn Lawson, der inzwischen an progressiv verlaufender Parkinson-Krankheit gestorben ist. Danach stellen wir die Krankengeschichten zweier Frauen vor, die beide nicht mehr lange zu leben haben. Im vierten Fall geht es um einen Mann, der im Sterben noch verschiedene biographische Prozesse durchläuft.

Fall 1: Extreme Verschlechterung und Behinderung: Herr und Frau Lawson

Herr Lawson kann aufgrund seines Krankheitszustandes praktisch nichts mehr zu seiner Versorgung beitragen; er kann nur noch die ihm gereichten Medikamente einnehmen. Er lebt in einer eigenen kleinen Welt und im Grunde genommen von einer Stunde zur anderen. Dennoch ist er geistig noch rege und vegetiert nicht einfach dahin. Momentan ist sein Leben ruhig; der Kampf um die Lebenserhaltung hat Vorrang; das Ziel ist ein Minimum an Unbehaglichkeit mit einem Maximum an Lebensqualität (wie gering diese jetzt auch sein mag). Gegen Ende unseres Gesprächs zeichnet sich allerdings die nächste Phase ab: Er denkt über seinen potentiellen Freitod nach.

Die Lawsons sind seit fünfzig Jahren verheiratet und jetzt beide Anfang siebzig. Vor etwa zehn Jahren mußte Herr Lawson aus gesundheitlichen Gründen seine Tätigkeit als Hochschullehrer aufgeben. Frau Lawson hat aufgrund der zunehmenden Belastung durch die Pflege ihres Mannes daraufhin ihren bescheidenen Kunstgewerbeladen aufgegeben. Wegen seiner Parkinson-Krankheit wurde der Patient sehr oft stationär behandelt, und seine Bewegungsfähigkeit hat sich bedenklich verschlechtert. Einen Großteil des Tages sind seine Muskeln so verspannt, daß er sich nicht bewegen kann. Wenn er sich aber bewegen muß, ist es für seine Frau ein enormer Kraftaufwand, ihn auf die Füße zu stellen, auf die Toilette zu bringen oder ins Bett zu legen. Oft ist er verwirrt oder so erschöpft, daß er mehrere Stunden lang schläft. Tagsüber ist er nur wenige Stunden bei klarem Bewußtsein.

Zum Zeitpunkt unseres Interviews überlegten Herr und Frau Lawson, ob sie von Minneapolis nach Los Angeles umziehen sollten, wo ihr verheirateter Sohn lebt. Mit diesem Gedanken trugen sie sich schon seit sieben oder acht Jahren, aber Frau Lawson hätte sich durch den Umzug entwurzelt gefühlt. Trotz des Zuspruchs von seiten ihres Sohnes, ihrer Schwiegertochter und ihrer Freunde in Los Angeles hatten sie sich bis jetzt nicht zu einer so einschneidenden Ortsveränderung entschließen können.

Die Gesprächsauszüge zeigen, in welchem Mikrokosmos Herr Lawson lebt. Er leidet darunter, daß er seine Bewegungen im Raum, den Umgang mit seiner Umgebung und den Menschen um ihn herum nicht mehr kontrollieren kann. Aus diesem Grunde kann er nur ein geringes Maß an Unbehagen oder Angst aushalten. Es erschüttert ihn, wenn er über das Verhältnis zwischen seinem Geist und seinem Körper nachdenkt, und er grübelt darüber nach, was dieses Verhältnis für seine gegenwärtige und zukünftige Existenz bedeutet. Da sein Leben extrem eingeschränkt ist (er kann nicht mehr lesen, kaum mehr auf Band gesprochene literarische Texte verfolgen) und seine Frau eine immer größere Last zu tragen hat, fragen sich selbst mitfühlende Freunde, weshalb er nicht den Freitod wählt. Am Ende seines Berichts stellt auch er sich diese Frage. Herr Lawson berichtet im folgenden von der Unbeweglichkeit seines Körpers und den Folgen, die sich daraus ergeben:

Letzte Nacht konnte ich mich effektiv nicht bewegen, und ich mußte mich im Schlafzimmer auf einen Sessel setzen. James (sein Sohn) war sehr müde und schlief ein. Meine Frau schlief auch, so daß nur Lucille (die Schwiegertochter) und ich noch wach waren, und ich merkte, daß sie gern nach Hause wollte. James wachte plötzlich auf, und dann redeten sie vom Heimgehen, und ich sagte: »Geht doch jetzt nach Hause; ich bleibe hier sitzen. Vielleicht bleibe ich auch die ganze Nacht in diesem Sessel.« In meinem Kopf machte ich eine Liste der Dinge, die ich hätte erledigen müssen, um ins Bett zu kommen – aber sie hätten mir auch noch ins Bett helfen können, bevor sie gingen. Ich fühlte mich verlassen, und dieses verzweiflungsvolle Gefühl... die Tatsache, daß man völlig allein ist, ist schwer zu verkraften. Doch als dann Joanie schließlich aufwachte – die beiden waren noch nicht weg –, sagte Lucille: »Wir würden auf keinen Fall gehen und dich allein lassen.« Das war sehr mitfühlend. Sie ist sehr einfühlsam...

Was mache ich, wenn mein Körper steif wird und meine Frau

fest schläft? Na ja, man weiß, daß man nach einer gewissen Zeit wieder auftaut, aber man weiß nicht, *wie lange* das dauern wird. (Vorher hatte er erzählt, wie er nachts auf die Toilette ging und auf dem Weg zurück ins Bett »einfror« und wie er so einige Stunden lang voller Angst hatte ausharren müssen.) Wenn ich vorher gestanden habe, muß ich mich dann auf den Boden setzen. Dabei ist mir bewußt geworden, wie groß ich bin. Ich bin starr, und ich stehe noch, und der Boden ist so unglaublich weit weg...

(Was geht Ihnen durch den Kopf, wenn Sie so steif sind?) Das erste, was ich zu mir sage, ist: Wie komme ich da heraus? Wie komme ich in eine sicherere Position? Ich versuche, mich zu schützen und in eine sichere Position zu bringen, aber sobald ich das geschafft habe, möchte ich es noch sicherer haben. (In dieser Situation ist der einzig wirklich sichere Ort wohl das Bett – oder ein weicher Sessel.) Der Körper ist völlig verspannt, aber ich habe festgestellt, daß man – verglichen mit dem Zustand im Bett – seinem Unbehagen dann keinen allzu großen Wert beimißt. Man kann relativ ruhig bleiben und braucht sich über das Unbehagen, wenn es nicht zu stark ist, keine allzu großen Gedanken zu machen. Je länger man in der ersten Position bleiben kann, desto besser kommt man wieder heraus; denn wenn man sich bewegt, hat man über zwei Positionen nachzudenken und sie zu vergleichen: »Vorhin war es besser als jetzt.« Also bewegt man sich wieder, und man weiß nicht, ob man wieder genau in die erste Position zurückfindet.

Mit der Parkinson-Krankheit ist das so: Wenn die Wirkung des Medikaments nachläßt, und man ist in einer bestimmten Haltung, wird man ganz steif. Auch die Decken auf deinem Bett werden ganz steif. Also kannst du sie nicht mehr zurechtziehen. Und dann werden die Decken schwerer, du wirst zum Gefangenen deiner Position. Ich habe immer sehr unruhig geschlafen. Das kann ich mir jetzt nicht mehr leisten, weil ich mich nicht mehr so richtig umdrehen kann. Ich kann meine Position nicht mehr verändern. Der Körper wird einem so fremd. Der Körper liegt herum und spielt dir Streiche. Das mag ich überhaupt nicht. Andererseits kann er einen auch richtig quälen.

Dann spricht Herr Lawson über sein Körperbild und die Probleme, die er mit anderen Menschen und mit seinen körperlichen Einschränkungen hat.

Ich habe das Gefühl, daß die anderen meine persönlichen Dinge nicht respektieren. Bevor ich ins Bett gehe – wenn ich mich bewegen kann –, richte ich meine Sachen und ordne sie so an, daß ich sie vom Bett aus erreichen kann. Beispielsweise Medikamente, Bücher und den Fernseher. Ich bin relativ eigenständig, aber keiner respektiert meine Sachen; sie kommen ins Zimmer, rücken meinen Tisch einfach ein paar Zentimeter weg und denken sich nichts dabei. Ich muß aufpassen. Ich kann die Sachen nicht wieder zurechtrücken, solange sie hier sind, weil sie sie wieder verrücken würden... Ein Alptraum ist das Wasserlassen. Wenn jemand meine Sachen zu weit wegstellt und ich meine Urinflasche nicht neben mir habe, macht mir das Angst, und gewöhnlich habe ich dann den Drang, Wasser lassen zu müssen. In dieser Hinsicht wird der Körper zu einem erstklassigen Peiniger... Wenn ich auf die Toilette gehe und ich mich richtig hinsetzen möchte, brauche ich einen Griff. Sie sehen also das Problem: es sind diese intimen Dinge, die nicht mehr so einfach sind.

Und noch etwas: ...Manche Leute möchten mir helfen... das Problem ist, daß ich auf der Hut sein muß, *wie* sie mir helfen wollen. Jemand möchte mir beim Hinsetzen helfen, er sagt: »Ich bringe Sie jetzt in die richtige Position.« Aber häufig bringen sie einen aus dem Gleichgewicht, oder man weiß nicht, was sie mit einem vorhaben, und dann entdeckt man plötzlich, daß man hinfallen würde, wenn man ihren Anweisungen folgte.

Dann spricht Herr Lawson von seinem Körper, über den er die Kontrolle verloren hat, darüber, wie er das Verhältnis zwischen seinem Geist und seinem Körper wahrnimmt. Und auch, was es heißt, körperlich eingeschränkt zu sein und sich bei anderen nicht für ihre Hilfe revanchieren zu können. Für ihn ist das ein persönliches Versagen, das ihn sehr belastet; denn seiner Vorstellung nach ist das wechselseitige Geben und Nehmen, woran er nicht mehr teilhaben kann, das eigentlich Menschliche auf der Welt. Zur Beziehung zu seiner Frau sagt er:

(Wie ist das, wenn man steif ist?) Es ist ein Gefühl des Gefangenseins. Man weiß zwar, es geht vorbei, aber man weiß nicht, wann. Ich kann nie im vorhinein sagen, wie lange dieser Zustand meinem Gefühl nach dauern wird. Das habe ich einfach noch nicht herausfinden können, obwohl ich darüber nachgedacht habe und gerne etwas wüßte über die Beziehung zwischen meinem zeitweiligen Zustand und der Möglichkeit, aus diesem Zustand wieder herauszukommen. Es funktioniert auf unerklärliche Weise.

Ich weiß, daß diese Krankheit zwei Aspekte hat und daß soziale Situationen sie manchmal auslösen. Wenn uns jemand besucht, wenn viele Leute bei uns sind, stelle ich fest, daß mich diese sozialen Situationen aufregen. Ich bin mir nicht sicher, aber manchmal denke ich, daß ich meine Krankheit benutze, um dem zu entgehen. Na ja, es ist wie eine sich selbst erfüllende Prophezeiung. Ich sage mir: »Reg dich nicht auf, werde nicht nervös.« Aber ich werde nervös... Als die Krankheit noch im Anfangsstadium war, habe ich herauszufinden versucht, ob meine Zustände durch solche sozialen Situationen oder unabhängig davon durch mich selbst ausgelöst werden. Der Psychiater und der Neurologe sagten, daß man das nicht trennen könne. Aber das Neue und Unangenehme an deiner Beziehung zu anderen Menschen ist jetzt, daß du ihnen die Hilfe nicht zurückzahlen kannst. Wenn dir also jemand etwas Gutes tut, dann kannst du nicht einfach Blumen kaufen gehen und sie ihm vorbeibringen. Du bist immer nur der Nehmende. Und es ist eine Tatsache, daß man so viel vom anderen verlangt, daß man *fordert*. Andererseits muß man die Hilfe der anderen auch kritisch sehen; manchmal machen sie die Situation auch schwieriger...

Wenn mir jemand einen Gefallen tut, dann will ich mich revanchieren. Nicht im Sinn von Zurückzahlen, aber in dem Sinne von: Du hast etwas Nettes für mich getan, und ich möchte auch etwas Nettes für dich tun. Das ist für mich einer der großartigsten Aspekte menschlicher Erfahrung und Interaktion... Meine Frau Joanie zum Beispiel – ich nehme nur ständig von ihr. Und sie beklagt sich nie. Aber manchmal wird sie furchtbar zornig mit mir, was ihr im ganzen Leben noch nie passiert ist. Sie hat dann einfach so die Nase voll von allem...

Ich habe intensiv über meine Beziehung zu ihr nachgedacht, und manchmal glaube ich, es ginge ihr ohne mich besser. Dann wieder, wenn ich mir das überlege, fange ich an, die Dinge anders zu sehen, und stelle fest, daß ich in einer Art Falle sitze; denn ich bin pensioniert, habe ein gutes Einkommen, und für sie wäre es wohl schwer, von der Hälfte meines Einkommens zu leben. Ich glaube nicht, daß sie davon leben könnte. Also kann ich nicht sagen: »Weshalb trennen wir uns nicht? Du wärst glücklicher... du wärst frei.« Aber sie wäre es nicht, denke ich.

Etwas über ein Jahr später hat Frau Lawson eine großartige Leistung vollbracht: Zuerst hat sie sich damit abgefunden, nach Los Angeles zu ziehen, und dann hat sie den Umzug selbst organisiert. Sie hat alles gut überstanden und scheint nicht schlechter dran zu sein als vorher. Die enorme Anspannung, unter der sie war, merkt man ihr noch an. Sie fällt abends in einen so tiefen Schlaf, daß Herr Lawson nun Angst davor hat, gerade in dieser Zeit einen

Anfall zu bekommen; dann hätte er keine Möglichkeit, sie zu erreichen, niemanden zu erreichen, besonders dann nicht, wenn er steif ist. Er berichtet uns, was er denkt:

Hat das alles noch einen Sinn? Mein einziger Kontakt zu ihr ist noch morgens zwischen zehn und zwölf. Nachts ist sie erschöpft. Sie wird so zornig, wie sie es früher nie gewesen ist. Letzte Nacht haben wir uns angeschrien. Wenn sie sich ins Bett legt und vorher sagt: »Ich möchte nicht von dir gestört werden«,... dann fühle ich mich so entsetzlich allein. So einsam... Hat es denn noch einen Wert? (Wie lange haben Sie schon diese Gedanken?) Seit zwei Monaten.

Drei Monate später fragt Herr Lawson seinen Freund, ob die Selbsttötung mit Medikamenten in Kalifornien legal sei. Sachlich, als habe er schon seit Monaten darüber nachgedacht, erklärt er: »Mein Leben bringt nichts mehr.« Er kann den ganzen Tag lang nichts tun, also weshalb soll das so weitergehen? Sein Freund rät ihm, seinen Entschluß noch einmal zu überdenken und die Sache mit seiner Frau gründlich durchzusprechen. Sie hätten schon über seinen Tod gesprochen, antwortet Herr Lawson, aber er stimme dem Rat des Freundes zu. In den folgenden Tagen ringt er mit der Entscheidung, ob er seiner ausweglosen Situation entrinnen soll.

Offensichtlich sind er und seine Frau trotz einer lebenslangen engen und liebevollen Verbindung nun in einer fast unauflösbaren negativen Situation gefangen. Doch ist vielleicht an ihren schwierigen Lebensumständen nicht allein ein unbarmherziges Schicksal schuld. Man könnte sich durchaus vorstellen, daß Frau Lawson – deren Stärke als Pflegeperson unbestritten ist – nicht bereit oder auch nicht imstande ist, relativ erschwingliche Privat- oder öffentliche Pflegehilfen zu finden, die ihr die Arbeit erleichtern würden. In Amerika ist es gegenwärtig noch so, daß kranke Menschen völlig auf sich gestellt sind, wenn sie solche Ressourcen ausfindig machen wollen.* Herr und Frau Lawson haben dies bisher eindeutig versäumt, und die Ärzte haben ihnen offensichtlich auch keine

---

* Zur Situation in Deutschland vgl. die Fußnote auf S. 93 in diesem Buch.

Hilfe auf diesem labyrinthischen Weg zu den verschiedenen Möglichkeiten gegeben. Das hat zur Folge, daß die ständig schlechter werdende Verfassung des Kranken bei dem Paar zu einem immer stärker werdenden Gefühl der Ausweglosigkeit, Verzweiflung und zu einer ungebremsten Depression führt.

Fall 2: Komplexe Sterbephase durch weitere Phasen: Mei Yuan

Bei diesem Fall können die einzelnen Verlaufskurvenphasen nicht unbedingt klar gegeneinander abgegrenzt sein. Sie treten auch kombiniert oder in schnellem Wechsel auf und stehen dann in Bezug zu einer Hauptphase, die im Grunde eine Sterbephase ist.

Mei Yuan war eine enge Freundin des Ehepaars Strauss. Die Auszüge aus ihren Briefen an das Paar in den ersten sechs Monaten, nachdem man bei ihr Kehlkopfkrebs diagnostiziert hatte, zeigen ihre Situation zwischen Dezember 1982 und Mai 1983. Sie lebte anschließend noch zwei Jahre, in denen sie körperlich immer mehr verfiel, doch gleichzeitig Phasen der Stabilität und teilweiser Renormalisierung durchlebte, so daß ihr Leben insgesamt noch eine gewisse Qualität hatte und sie auch bis kurz vor ihrem Tod ihren Verpflichtungen an der Universität nachkommen konnte. In den letzten Monaten beschäftigte sie sich sogar noch intensiv mit der Planung eines Forschungsvorhabens, für das sie einen Antrag gestellt hatte, obwohl sie genau wußte, daß sie nicht einmal mehr den Beginn des Projekts miterleben würde.

In diesen frühen Briefen – die sie in einer auf das Lebensende zuführenden Phase, aber noch vor dem späteren körperlichen Verfall geschrieben hatte – geht es vor allem um Rückkehr in ein normales Leben – eine sehr langsame, kaum spürbare Renormalisierung, immer im Zeichen von Meis Angst, daß sie sterben wird. Die Angst vor dem Sterben kommt in ihren Zeilen da zum Ausdruck, wo sie ihre Symptome beschreibt oder über vorhandene bzw. fehlende Fortschritte klagt, wo sie von ihren Körperwahrnehmungen und ihrer Niedergeschlagenheit berichtet. Sie be-

beschreibt, was es heißt, da und dort ein Stückchen Leben zu erhaschen und Kontinuität in einem radikal veränderten Leben aufrechtzuerhalten. Im ersten Brief versucht Mei ihre Diagnose den Freunden »beizubringen«, sie schildert, wie sie die Zeit nach der Diagnose in ihrem Leben bewältigt und wie sie anfängt, die Krankheit in ihr Leben zu integrieren.

20. Dezember 1982
Liebe Fran, lieber Ans,
eigentlich sollte es ein Weihnachtsgruß werden, aber es führt kein Weg dran vorbei, auch schlechte Nachrichten mitteilen zu müssen – sehr schlechte Nachrichten, so weit es mich betrifft. Ich wollte Euch anrufen, aber die Ereignisse haben mich völlig aus der Bahn geworfen, und nun hat es einige Monate gedauert, bis ich Euch schreibe. Die obige Adresse ist Euch vermutlich bekannt. Sie gehört zur Mayo-Klinik, in der ich mich von einer »fast totalen« Entfernung des Kehlkopfs erhole. Meine Chicagoer Ärzte haben mich hierher geschickt, weil dies die einzige Alternative zu einer Totaloperation des Kehlkopfs ist. Der Hauptunterschied zwischen beiden Operationen liegt darin, »wieviel« Stimme man hinterher noch hat. Ein Chirurgenteam hat hier ein besonderes Verfahren entwickelt; man soll anschließend wieder eine annähernd normale Stimme haben. Aber daran arbeite ich schon einige Monate. [Dann beschreibt sie in ein paar Zeilen den Verlauf der Operation.] Ich hatte etwas mehr als zwei Wochen Zeit, die wahrscheinliche Diagnose und die Art der Operation zu überdenken. Es war Kehlkopfkrebs, und es gab keine Möglichkeit, meine Stimme zu retten. Komischerweise machte mir die mögliche Bedrohung meines Lebens weniger zu schaffen als die Verstümmelung aufgrund der Operation. Ich war zu Tode erschreckt und wurde regelrecht von Entsetzen geschüttelt, sozusagen in Wellen – bis schließlich, nachdem ich die Sache von allen Seiten betrachtet hatte, das Entsetzen weniger wurde und es mir allmählich so vorkam, als könnte ein Mensch damit leben.
    An diesem Punkt bin ich also jetzt. Meine Stimmung ist ziemlich gut. Die Prognose ist sehr gut. In ein paar Monaten werde ich ausprobieren, welche Stimme ich noch habe, obwohl es Monate dauern wird, bevor sie wieder leistungsfähig ist. Keine Stimme zu haben ist schrecklich, einfach schrecklich, aber es geht vorbei. Angeblich darf ich nach Weihnachten ein paar Tage nach Hause, und dann kann ich meine Briefe an Euch auf der Maschine schreiben, so daß Ihr sie lesen könnt... Weihnachten im Krankenhaus zu

verbringen macht mir nichts. Nachdem nun das Entsetzliche hinter mir ist, bin ich auf der anderen Seite des Flusses; und ich bin dankbar, daß ich dort bin – so gut es eben geht.

In ihrem nächsten Brief vom 21. Januar 1983 beschreibt Mei ihren Kampf um ihre Stimme, ihr völlig verändertes Sprechvermögen: Zuerst spricht sie mit Hilfe eines elektronischen Geräts und später ohne Gerät; doch ihre Stimme ist heiser und das Sprechen mühsam. Und da das Sprechen den Kern der Kommunikation ausmacht, erfährt sie nun schmerzlich, was die neue Situation für sie bedeutet:

Ich hatte mir vorgestellt, daß ich – wieder zuhause bei meiner geliebten Schreibmaschine – jede Menge Briefe schreiben würde, und vor meinem inneren Auge schwebten lange Briefe in die ganze Welt. Irgendwie ist daraus nichts geworden. Das macht mir zu schaffen, zumal ich so unendlich, so ohne Worte entmutigt bin durch die unausgesprochenen Worte in meinem täglichen Leben. Früher war ich vermutlich ganz zufrieden, nicht immer reden zu müssen. Was einen so fertig macht, ist die Tatsache, daß du nichts mehr *spontan* sagen kannst. Das ist eine besondere Strafe für mich, weil ich in meiner Jugend zu der vornehm-zurückhaltenden Sorte Mensch gehörte, die in dem Glauben erzogen war, daß man nur dann spricht, wenn man auch etwas zu sagen hat... Mit der Zeit hatte ich ja gelernt, das Sprechen um des Sprechens willen und um des Spielens mit Gedanken willen zu genießen... Jetzt kann ich mich kaum artikulieren – zumindest muß ich mit meinen Worten sparsam umgehen. Das bedeutet nicht, daß *alles* an dieser Situation schlimm wäre. So muß ich mich z.B. zwingen, ausdrucksstarke Wörter zu finden und gleichzeitig Ausdrücke zu benutzen, die besser durch einen künstlichen Kehlkopf kommen. Das kann ich schon ganz gut... Doch am Telefon geht es immer noch nicht problemlos – und das sind dann die unangenehmsten Momente. O Gott, wie die Leute oft auf diese Sprechhilfe reagieren! Sie flippen förmlich aus! Und sie können nicht mal was dafür – es klingt einfach grotesk, wie ich spreche!

Kurz danach kommt sie von ihrer Behinderung über die drohende Möglichkeit des Todes auf die Qualität ihres Lebens zu sprechen.

Bis ungefähr letzte Woche habe ich nicht viel über die lebensbedrohlichen Aspekte meiner Krankheit nachgedacht. Ich war ganz beschäftigt mit dem Gefühl des Verstümmeltseins – was nach dieser verflixten Operation sehr stark ist, vor allem das offensichtliche Problem mit der Stimme. Jetzt merke ich, daß ich auch völlig damit beschäftigt war, die große Operation zu überleben... Das sind die Schrecken der modernen Medizin: Sie retten dir vielleicht das Leben – ohne Garantie natürlich – und du wunderst dich dann, wie wenig davon übriggeblieben ist.

Mei reflektiert darüber, was eine Rückkehr ins normale Leben rein körperlich bedeutet:

Keinerlei Anzeichen, daß meine Stimme wiederkommt. Die Heilung an den entscheidenden Stellen hat sich wegen einer dämlichen Fistel verzögert. Deshalb mußte ich fast einen Monat lang im Krankenhaus bleiben... ausgeheilt ist es immer noch nicht ganz! ...und wegen der Fistel kann man natürlich auch noch nicht mit der Strahlenbehandlung beginnen... also überlege ich jetzt: Nächste Woche habe ich einen Termin bei meinem Superchirurgen, der sich zu meiner Strahlenbehandlung äußern will – was wird er entscheiden?

Sie erlebt nun auch gesellschaftliche und persönliche Konsequenzen, die sich aus ihrer veränderten Stimme ergeben. Kein einziger ihrer Freunde hatte

sich um das geschert, was für mich besonders bedrohlich war: um die Statusveränderung nämlich, die man durchmacht, von einem gesunden Menschen zu einem behinderten – zu einer Art Unperson. Ich hätte es mir denken können; es war ein ziemlicher Schock. Ich hatte ein paar schlimme Zusammentreffen, bei denen ich mir minderwertig vorkam. Aber ich lerne, dem entweder aus dem Wege zu gehen oder damit fertigzuwerden... In einem Jahr oder so wird das wahrscheinlich alles der Vergangenheit angehören, diese Übergangsphase allerdings ist hart... Und es ist müßig, darüber nachzugrübeln, woran es liegt, daß manche Menschen mit mir zurechtkommen und andere unser Verhältnis kaputtmachen. Ich bin jedenfalls für die Menschen dankbar, die angemessen damit umgehen.

Dann spricht Mei davon, welche Erfüllung das Leben immer noch angesichts und trotz der allgegenwärtigen Behinderung bietet:

Ich fange jetzt an, mich ernsthaft um die Rückkehr zu meiner Arbeit zu bemühen. Um ehrlich zu sein: Der Gedanke kam mir letzte Woche, als ich von meinen verschiedenen Behandlungen nicht gar zu sehr in Anspruch genommen war... Ich merkte zwar, daß ich sehr schnell erschöpft war, als ich Klavier spielte (sie kann einen Arm nicht gut bewegen). Doch es wird, und es ist schon besser geworden... Ich genieße es, wenn meine Studenten und jüngere Kollegen mich besuchen. Und diese Woche reden wir nun über ihre und unsere Arbeit... Ende der Woche gehe ich in ein Konzert. War auch in etlichen Filmen... So ist das nun. Ich merke, daß mir das Schreiben schwerfällt; meine Stimmung ist so sprunghaft, mal bin ich fröhlich, dann wieder zynisch, dann traurig – so daß ich aufpassen muß, in welcher Tonlage ich meine Gedanken zu Papier bringe.

Im Brief vom 2. März 1983 bedankt sich Mei zuerst für die Aufnahme eines schönen Klavierkonzerts, die wir ihr geschickt hatten. Dann klagt sie über ihre Mattigkeit, »die anscheinend eine Hauptnebenwirkung der abscheulichen Strahlenbehandlung ist«. Sie sehnt die Zeit herbei, wenn die Nebenwirkungen ihrer letzten Bestrahlungen endlich verschwinden werden. »Noch etliche Wochen, bis die scheußlichen Gefühle verschwinden: viele normalerweise schwächere Schmerzen und Unbehaglichkeiten, die von brennenden Halsschmerzen über Hautjucken bis zu schlimmen Kopfschmerzen und seltsamer, plötzlicher Schwäche usw. reichen. Und immer diese Mattigkeit.« Zur Bestrahlung an sich und deren Wirkung auf ihren Körper und ihre Vorstellungen von ihrem Körper sagt sie:

Die Bestrahlung ist einfach schrecklich, und das um so mehr, als sie vielleicht eine unmerkliche, stille Bedrohung ist – weniger still als schleichend, es zehrt an deinem Leben... Manchmal schlafe ich unter dem Gerät ein, selbst wenn ich mit großer Anstrengung versuche, wach zu bleiben, indem ich mir einen Krieg zwischen den guten Wesen und den schlechten Wesen vorstelle; die Guten sind braungebrannte, junge weibliche Krieger, die Schlechten sind männliche Faulpelze vom Typ Joe MacCarthy.

Dann beschreibt sie, wie sie ein kleines Stück Leben und Erfüllung erhascht: »Oh, ich kann ein paar größere Sprünge machen. Gestern abend habe ich zum ersten Mal ein dreistündiges Seminar abgehalten, das ein Kollege die letzten Monate für mich übernommen hatte. Ich werde das Seminar zu Ende führen. Alles ging gut, was meine Stimmung gewaltig gehoben hat.« Im letzten Satz betont sie das Problem der Kommunikation, das ihr so zu schaffen macht: »Die Studenten hatten keine Mühe, mich zu verstehen.« Sie berichtet aber auch von der Gefahr, daß die Lymphknoten befallen sein könnten:

Im Grunde klingt das alles nicht sehr ermutigend. Die Ärzte und liebe Freunde haben sich beeilt, hoffnungsvoll zu erscheinen. Wenn die Lymphknoten befallen sind, ist die fünfjährige Überlebenschance fünfzig zu fünfzig; aber mein Chirurg erzählte mir eilends, daß die meisten Menschen, die hinter diesen Zahlen stünden, viel schlechter dran seien als ich; also seien meine Chancen tatsächlich um einiges größer.

Dazu bemerkt Mei am Schluß lakonisch: »Aber der Hausarzt wird Ihnen das schon erzählt haben.« Sie denkt an den Tod, aber noch nicht so intensiv, daß ihr Kampf gegen die Nebenwirkungen und gegen die Schwierigkeiten des täglichen Lebens oder ihre Gedanken an eine Renormalisierung davon beherrscht würden.

In den ersten Zeilen ihres Briefes vom 26. April 1983 klingt an, daß sie Probleme mit einem unberechenbaren Körper hat und daß sie sich mit dessen unwiderruflicher Behinderung abzufinden beginnt; doch dann wird wieder deutlich, wie die Unberechenbarkeit und die Zweifelhaftigkeit einer Rückkehr ins normale Leben den Prozeß des Akzeptierens komplizieren.

Andererseits muß man akzeptieren, daß die körperlichen Einschränkungen unumkehrbar und unwiderruflich sind. Der Körper ist nicht nur entstellt, er ist auch unberechenbar. Nein, so kann man es eigentlich nicht sagen. Da ist noch eine andere Dimension, die etwas zu tun hat mit der Vorstellung von »Vertrauen« in seinen Körper: wenn dein Körper »dich hängen läßt«... Natürlich hat sich meine Vorstellung, daß ich nach einem Monat Bestrahlung auf dem Weg zur »Normalität« wäre, *nicht* erfüllt. Es ist gespenstisch, als würden diese Strahlen immer noch in mein Gewebe eindringen und mich zu Milchbrei werden lassen. Ändern kann es sich nur, wenn ich mir vorstelle, daß es Anzeichen für einen Wendepunkt gibt und daß es in den vergangenen Tagen aufwärts gegangen ist.

Dann folgen einige Zeilen, aus denen man Verwirrung, Nicht-Verstehen, Frustration über den geringen Renormalisierungsgrad entnehmen kann. Einige Monate später wird Mei sehr zornig über entsetzliche Nebenwirkungen, die die Ärzte entweder nicht vorhersehen konnten oder über die sie sie nicht aufklären wollten.

Es fällt mir auf, daß dich die Kardiologen damals bei deiner Herzkrankheit genauestens über das Ausmaß an körperlicher Einschränkung aufgeklärt haben; wenn ich das mit der vagen Nicht-Information vergleiche, wie sie anscheinend Stil der Radiologen ist... Ich denke zur Zeit viel über klinische und funktionale Unwägbarkeiten nach und entwickle langsam paranoide Zwangsvorstellungen, wer mir was vorlügt.

Mei schätzt, daß sie körperlich wieder an dem Punkt ist, an dem sie vor drei Monaten schon war – oder vielleicht ist es sogar noch schlimmer geworden, »seit mein Muskeltonus sich so sehr verschlechtert hat«. In der Mayo-Klinik, in die sie kommende Woche zur Kontrolluntersuchung geht, wird man ihr vielleicht »etwas mehr konkrete Hilfe und zeitliche Anhaltspunkte für die Entwicklung der Stimme« geben. Und sie schildert einen Rückfall in ihrer Sprechfähigkeit, der durch Nebenwirkungen der Bestrahlungen verursacht wurde, und stellt wiederum einen Bezug her zu der Unfähigkeit der Ärzte, die Nebenwirkungen der Behandlung vorherzusehen oder in den Griff zu bekommen. In diesem Brief klingen Töne an, die sich aufs Sterben beziehen:

Daß ich von der medizinischen Fachwelt irregeführt worden bin, macht mich jetzt vorwiegend zornig, aber auch kämpferisch. Können sie denn alle nicht sehen? Und haben sie alle ein Brett vor dem Kopf? Sie haben mir vorgemacht, daß das Sprechenlernen ein Kinderspiel sein würde, sobald erst einmal die Luftröhre frei sein würde – nur ein paar Sitzungen beim Sprachtherapeuten... Damit hätte sich's dann schon.
    Verflixter Mist! Ich weiß nicht, ob meine Luftzufuhr immer noch nicht richtig funktioniert oder ob das ganze einfach Theater ist.

Anschließend allerdings berichtet sie lebhaft über politische Ereignisse in New York City, schreibt über bürgerliche Freiheiten, Soziologie und ihr Seminar, worin sich eine gewisse Kontinuität in ihrem Leben und bei ihr selbst ausdrückt. Doch schon einen Monat später, am 26. Mai 1983, schreibt sie von »der Schwierigkeit, eine Behandlung fortzusetzen, wenn diese keinerlei Fortschritt –

eher Rückschritte – zeigt. Über einen längeren Zeitraum gesehen, kann ich zwar eine gewisse Bewegung erkennen, aber dazu braucht es wirklich eine mehrmonatige Perspektive, viel, viel länger, als ich angenommen hatte.« Sie überprüft also ihre zeitweiligen Vorstellungen von Renormalisierung – und zieht die Konsequenz: »Ich bin in eine solche Depression gesackt, daß meine Energie dahinschwindet. Eindeutig ist nun ein Großteil meiner Zeit, wenn ich nicht gerade Klavier spiele, pure Depression.«

Aber da ist noch das Problem mit ihrer Stimme, verständlicherweise ihr Hauptanliegen. Sie fragt sich, ob sie *jemals* wieder eine brauchbare Stimme haben wird. Wenn nicht, dann wäre das *der* Bruch in ihrer Identität, der ihre Existenz an den Wurzeln angreift. Damit das *nicht* passiert, ist sie sogar (wenn auch sehr widerstrebend) bereit, sich einer weiteren kleineren Operation am Hals, der jetzt unglaublich schmerzt und geschwollen ist, zu unterziehen.

Zweifellos ist das, was mich am meisten entmutigt, mein Stimmproblem. Mein Chirurg und mein Sprachtherapeut haben wenig Hoffnung. Zweifellos haben sie geglaubt, daß ich spätestens zu diesem Zeitpunkt wieder sprechen können würde. Alles, was mir der Chirurg in der Mayo-Klinik anbieten konnte, war so etwas wie Hoffnung: Es klang eigentlich nicht so abwegig, weil ich ja immer noch viele Ödeme habe und die Bestrahlungen noch nicht so lange vorbei sind; wenn beim nächsten Besuch immer noch keine Besserung eingetreten sei, könne er etwas tun: nämlich den Luftzugang freimachen. Das hört sich schrecklich an, aber er hat es schon einmal gemacht, und es hat funktioniert. So ging ich in besserer Stimmung nach Hause und probierte, Töne zu produzieren mit mehr Schwung – *und* mehr Erfolg. Eine Woche lang, etwa. – Hatte dann wieder einen Rückfall, vermutlich weil in der letzten Woche mein Hals wieder so geschwollen ist, und das kommt vielleicht davon, daß – du *glaubst* es nicht – ich noch eine andere Krankheit habe! Einen Gallenstein... Momentan nehme ich das einigermaßen leicht, wohl weil ich – tief in meinem Innern – die Angst hatte, das könnte eine wandernde Krebszelle sein, die Amok läuft.

An diesem Punkt spricht Mei zum erstenmal in unserem Briefwechsel offen über das Thema Sterben.

Es gibt Verlaufskurven, die eine Renormalisierung andeuten und dann plötzlich aufs Ende zuführen können. Gehört das normalerweise zusammen? Vermutlich ist jeder auf die Rückkehr ins normale Leben fixiert, doch vielleicht sitzt irgendwo im Hinterkopf schon die potentielle Richtungsänderung nach unten. Was ist mit den Situationen, in denen sich der Patient auf dem Weg zur Renormalisierung glaubt, von den anderen aber insgeheim abgeschrieben ist?

Meint sie hier mit *die anderen* die Ärzte, die Freunde, möglicherweise ihren Briefpartner? Mei verweist dann auf das, was ihr hilft, das alles durchzustehen:

Sich mit geistigen Dingen zu beschäftigen ist eine große Hilfe und eines der größten Vergnügen im Leben, nicht wahr? In Zeiten psychischer Qual fällt es mir leichter, auf meinen Intellekt zurückzugreifen als auf mein Gefühl für Kunst und künstlerische Dinge. Es ist mir nicht immer möglich, Musik zu hören, auch wenn ich das möchte. Andererseits kann ich, wenn ich aus dem Haus gehe, unerwartet von der Schönheit um mich herum überwältigt werden: Plötzlich höre ich einen Vogel singen oder sehe eine Blume.

Am Ende dieses Briefes findet sich ein Hinweis, daß andere wichtige Menschen die Funktion eines Partners haben können: »Alles Liebe an Fran. (Ich kann mein Glück nicht fassen, jemanden zu haben, der das alles mit mir durchsteht!)«

Einige Monate später muß Mei erkannt haben – unterdessen gibt es viele Verschlechterungssymptome, Hals und Gesicht sind furchtbar angeschwollen (was angeblich nicht mehr zurückgehen wird) –, daß die Chance für eine Renormalisierung minimal ist und sie mehr oder weniger auf diesem Stand bleiben wird oder daß ihr Tod nur noch eine Frage der Zeit ist. Die Mehrdeutigkeiten der früheren Phase – teils Renormalisierung, teils akuter Zustand, teils Stabilisierung auf niedrigem Niveau, teils Verschlechterung – sind jetzt geklärt. Noch nicht geklärt ist allerdings die Frage, ob sie mit ihren Behinderungen und Entstellungen leben oder an ihrer Krankheit sterben wird.

Etwa um diese Zeit teilt sie einem anderen Freund in einem Brief mit, daß sie zur Kontrolluntersuchung im örtlichen Krankenhaus war, weil Verdacht auf einen weiteren Tumor bestand; man habe aber keinen gefunden. Dort lehnte sie den Vorschlag eines Onkologen ab, an ihrer Halsregion eine Biopsie machen zu lassen, weil ihre Wunde nicht heilte. Die computertomographische Untersuchung ergab keinen Befund, aber der Computer »kann nicht zwischen verschiedenen Entzündungsarten – wie zwischen Tumor und Entzündung – unterscheiden«. Sie berichtet weiter:

In dieser Zeit erfuhr ich, wie schwer meine Krebskrankheit ist. Mir war klar – man sagte es mir nach der Operation –, daß die Chancen schlechter als fünfzig zu fünfzig waren; wirklich *noch* schlechter. Doch in den Augen meines Chirurgen, der meinen Allgemeinzustand und die betroffenen Lymphknoten begutachtete, war ich damals vermutlich besser dran, als es diese Zahlen aussagen. Ich habe die Statistik nicht weiter befragt. Ich weiß nicht, ob es einen Unterschied macht, wenn sie einem sagen, daß die Chancen sechzig zu vierzig oder achtzig zu zwanzig oder neunzig zu zehn sind. Ich vermute, daß ich nun bei achtzig zu zwanzig, neunzig zu zehn angekommen bin. Wenn man ein bißchen nachforscht – was du vielleicht getan hast –, dann weißt du das wahrscheinlich schon. Ich habe diese Informationen in den letzten Monaten zusammengetragen, und das Ganze wurde in diesen Tagen meines Krankenhausaufenthalts zu einem entsetzlichen Bündel. All diese Experten waren davon überzeugt, daß ich einen Tumor haben müßte... und meinten dann etwas später, man könne eventuell gar keine Diagnose stellen: Ich müsse versuchen, mit diesen Symptomen zu leben, ohne daß ich wüßte, ob ich an ihnen sterben würde oder nicht. Na ja, einige Wochen lang lebte ich mit der hohen Wahrscheinlichkeit, daß der Krebs weitergegangen war. Es war fast eindeutig, daß er *inoperabel* war, und ich vertrug keine weiteren Bestrahlungen im Halsbereich mehr... Folglich bereitete ich mich auf einen ziemlich schmerzhaften Tod innerhalb der nächsten Monate vor. *Und*, wenn man von den Untersuchungen her nichts sagen konnte, woher würde ich wissen, was mir bevorsteht? Wann und wie würde ich erfahren, ob ich wirklich sterbe? ...Diese Horrorfragenliste arbeitete ich Tag für Tag durch, aber immer nur eine Weile. Ich konnte diese Vorstellungen nicht länger als eine Stunde oder so aushalten. Dann mußte ich meine verschiedenen Schutzmechanismen aktivieren – mit denen ich reichlich ausgestattet bin. Und dann war der Gammatest *negativ!* Auf diesen Test kann man sich zwar nicht völlig verlassen, aber wenn er negativ ist – gut, dann heißt das – und das lüftet das Geheimnis ein wenig –, daß *ich keinen Tumor habe.*

Meis Gesichtsödeme gingen anschließend etwas zurück, verschlimmerten sich dann aber wieder. So berichtet sie einen Monat später: »Ich weiß zwar, daß dies von einem Tumor kommen könnte, aber ich halte an der Infektionstheorie fest. Es scheint, als ob ich damit leben müßte. Ich denke, das schaffe ich; es ist eine Sache der Interpretation, ob ich Besserung erwarten kann oder nicht. Und natürlich wissen die Ärzte auch nichts.«

Als zwei Jahre nach der Operation vergangen sind, faßt sie wieder Mut; denn die Chancen, daß die Krebskrankheit wieder aufleben würde, seien »statistisch gleich Null«. Sie feiert diesen Wendepunkt und versucht nun, »ein Leben mit Zukunft – mit dem ganzen durch die Medizin verursachten Kram – einzurichten – allerdings habe ich immer noch ein Körnchen Zweifel.« Und dann tut sie genau das, was sie sagt: Sie lebt mit der Krankheit und mit ihren Zweifeln, sie plant ein Freisemester und ihr nächstes Forschungsprojekt.

Drei Monate später starb Mei an einem bis dahin unentdeckten Tumor.

Fall 3: Sterben – und wann, oder vielleicht doch nicht sterben? Frances Verdi

Die junge Frau in diesem Fallbeispiel, Frances Verdi, befindet sich in einem verlaufskurvenbezogenen und biographischen Schwebezustand. Bei ihr hat man kürzlich fortgeschrittenen Brustkrebs diagnostiziert, und jetzt wartet sie auf die Ergebnisse einer voroperativen Behandlung, von denen es abhängt, ob sie operiert wird oder nicht. Nach einer Brustamputation mit Nachbehandlung hätte sie eine Überlebenschance, wenn auch keine sichere. Ist die voroperative Behandlung erfolglos, wird Frances bald sterben müssen. Im Moment beschäftigt sie sich aber nicht mit diesem Schicksal. Ihre Gedanken und ihre Kräfte sind vielmehr ganz auf die nahe Zukunft gerichtet. Aus ihrem Bericht geht hervor, daß sie Einschränkungen und auch die schlimmsten Folgen zu akzeptieren und in ihr Leben zu integrieren versucht. Sie beginnt, ihr bisheriges und zukünftiges Leben neu zu bewerten. Die Ärzte haben Frances über alle Eventualitäten aufgeklärt. Dennoch denkt sie an Gesundung und an Stabilität, gleichzeitig aber auch an ihren unabwendbaren Tod. Auf unsere Frage, welche Erfahrungen sie seit ihrer Diagnose gemacht hat, antwortet Frances:

Seit ich krank bin, läßt mich das Gefühl nicht los, in der Blüte meines Lebens vernichtet zu werden. Ich habe eine Menge Gefühle... Nach den ersten schwierigen Jahren in meinem Beruf hat es zwei oder drei Jahre gedauert, bis ich Fuß gefaßt hatte, und dann lief es wirklich! Ich bin froh über alles, was ich geschafft habe – meine Ideen und meine Arbeit.... Es lief alles so gut.
  Als bei mir Brustkrebs diagnostiziert wurde, war ich am Boden zerstört. Seit zwei Monaten kann ich nichts mehr lesen, nur solche Bücher, die zu Herzen gehen und Themen behandeln wie Endlichkeit, Tod, Zeit, Sie wissen schon. Ich höre nur noch Kammermusik der Romantiker, die eine tragische Komponente haben. Ich finde mein Schicksal hat etwas Tragisches, wie ich das schon in dem Bild auszudrücken versuchte: in der Blütezeit vernichtet, niedergetrampelt zu werden... Damit versuche ich nun fertigzuwerden.

Dann entwickelt Frances eine Vorstellung von ihrer Verlaufskurve und ihrer Biographie:

Wegen der Schwere der diagnostizierten Krankheit ist es wahrscheinlich, daß die Krankheit vielleicht in drei Jahren wiederkommt, nachdem sie mit Chemotherapie und Bestrahlungen bekämpft wurde... Ich sehe das so, daß mein Leben ein einziger Kampf sein wird... Eine Heilung können sie nicht garantieren. Nicht in diesem Stadium. Und so fühle ich mich in gewisser Weise hoffnungslos, frage mich, warum soll ich noch irgend etwas anfangen? Warum soll ich ein Buch zu schreiben anfangen, wenn mir nur noch eineinhalb oder zwei Jahre bleiben? Wie überstehe ich diese Zeit einigermaßen?

Wenn man schwere Zeiten vor sich hat, erhält die Gegenwart besonderes Gewicht. Frances überprüft ihr vergangenes, gegenwärtiges und zukünftiges Leben und arbeitet weiter intensiv an ihrer Biographie.

Das ist für mich ein enormes Problem, und ich frage mich, welchen Wert meine Aktivitäten haben... Im Moment stecke ich in einer Sinnkrise. Ich weiß nicht, was wirklich hundertprozentig wichtig für mich ist. Ich erkenne, wie wichtig die Zeit für mich ist, und möchte alles gleichzeitig in mein Leben packen, weil ich nicht weiß, wie lange das ganze noch dauern wird.

Frances schildert den inneren Konflikt, sich an den Wochenenden, an denen keine Chemotherapie-Termine sind, zwischen Arbeit und Vergnügen entscheiden zu müssen. Zum Vergnügen sagt sie: »Ich bin sehr streng auf Diät gesetzt, also bleibt mir nur ein eingeschränktes Vergnügen. Dabei habe ich wirklich gern gut gegessen.« Diese geliebte Tätigkeit verbindet sie mit einem Hauptthema: der sozialen Mobilität. Zum Thema Essen wiederholt sie:

Es ist eine solche Ironie des Schicksals in meinem Fall! Ich stamme aus der Arbeiterschicht, aus einer sehr armen Familie, und bin sozusagen »mit knurrendem Magen« großgeworden. Was wußten meine Eltern schon von guter Küche? Ich habe dann soviel über exotische Küche gelernt und wurde eine großartige Köchin. Während des Studiums kaufte ich mir manchmal eine Flasche Wein, einfach um zu kosten und um meinen Gaumen zu schulen. Ich lernte, wie man diese Dinge genießt. Und nun habe ich, die ich diesen wunderbar sensiblen und geschulten Gaumen habe, Krebs; und diese spezielle Diät... macht so viele Dinge zunichte, die ich liebengelernt habe. Es ist ein trauriger Witz, daß in meinem Fall das Kennzeichen für soziale Mobilität ausgerechnet im Sinn für gutes Essen besteht.

Man hat mir ja versichert, daß ich noch viel Zeit hätte – aber zum Teufel, ich möchte eine *erfüllte* Zeit haben! Natürlich sind der Lebensabschnitt, die Lebensdauer und das Verlängern des Lebens sehr wichtig, aber gerade in meinem Fall spielt auch das Essen eine große Rolle für die Vorstellungen, die ich von mir und meinem Leben habe.

Frances berichtet dann ausführlich, wie ihre Krankheit von den Ärzten im Krankenhaus falsch diagnostiziert wurde – sie hat einen Prozeß wegen falscher Behandlung gegen diese Ärzte gewonnen – und wie blind sie gegenüber inkompetenten Medizinern war. Sie hatte das ärztliche Können trotz der Verschlimmerung ihrer Symptome nicht angezweifelt, weil sie aufgrund ihres sozialen Hintergrunds davon ausging, daß Ärzte immer wissen, was sie tun.

Ich hatte doch so hart gearbeitet, um ein qualifiziertes Mitglied der Gesellschaft zu werden! Ich meine, ich komme aus einer Familie, die nicht so kompetent ist. Mein Vater ist Arbeiter, und meine Mutter ist Hausfrau. Sie sind nicht so feinsinnig und weltoffen. Ich habe schwer daran gearbeitet, ein qualifizierter Mensch zu werden, kompetent in bestimmten Bereichen zu sein... zu lernen, wie die Welt läuft. ...Und auch hier besteht die Ironie des Schicksals darin, daß ich gerade in dem Bereich, um den ich so hart gekämpft hatte, reingelegt wurde. Ich lebe mitten unter fähigen Menschen. Aber mein blinder Fleck war, daß ich nicht wußte, woran ich einen kompetenten Arzt erkennen konnte. ...Sie (die Ärzte) waren absolute Versager! ...Das ist eine der schmerzlichen Realitäten, denen ich ins Auge sehen muß, dem Problem, durch Inkompetenz ruiniert worden zu sein, wo ich mich selbst so angestrengt habe, ein kompetenter Mensch zu sein, fähig in meiner Arbeit, fähig im Leben. Das ist außerordentlich schmerzhaft für mich.

Frances spricht ausführlich über die geistig-intellektuelle Richtung, in der sie sich entwickeln möchte; das ist ihr anscheinend ein sehr großes Anliegen. Bis jetzt hat sie über Dinge geschrieben, die sie selbst interessieren und ihr Spaß machen, und weniger über etwas, das »für andere Menschen nützlich ist«. Sie spielt mit dem Gedanken, für Frauen ein Buch über Krebs zu schreiben, in dem sie Krankheitsprozesse, Behandlungsverfahren, Erfahrungen schildert.

Ich glaube, daß ich in dieser Hinsicht einen unglaublichen Fundus an medizinischem Wissen habe. Ich überlege mir, wie ich dieses Wissen für andere Frauen nutzbar machen kann. Manchmal bin ich sehr deprimiert und mag überhaupt nicht mehr ans Schreiben denken. Ich schreibe schon mein ganzes Leben lang und versuche, aus meinem Gehirn Geld zu machen. Warum mache ich mir nicht einfach eine schöne Zeit und denke nicht weiter darüber nach, wie ich mit meiner Schreiberei anderen Menschen nützlich sein kann? Laßt mich in Frieden, sage ich dann, ich habe einfach keine Lust, an diese Dinge zu denken!

Vielleicht sollte sie derartige Entscheidungen auch überhaupt aufschieben bis nach der Operation und den Bestrahlungen. Solange also ihre Verlaufskurve im Schwebezustand ist, ist auch ihre Biographie im Schwebezustand.

Ich bin immer noch gelähmt vor Angst, die mich in meinen Entscheidungen hemmt... Ich bin mir einfach nicht klar darüber, was ich eigentlich machen möchte mit dem, was ich für den Rest meines Lebens halte.... Es ist ein Versuch des Selbst, das all die Jahre über mein Selbst gewesen ist und das jetzt sehr... in Frage gestellt ist.... In mancher Hinsicht habe ich das Gefühl, daß ich seit meiner Diagnose immer noch die Luft anhalte. Ich möchte die Luft erst nach der Operation herauslassen.

Dann spricht Frances das Thema Geist und Körper an. Im Vordergrund steht der Körper, auf den sie sich nicht verlassen kann und der sie möglicherweise betrügt. Sie ist bitter enttäuscht darüber, daß ihre Willenskraft sich als so schwach erweist und keinen Einfluß hat, und mißtraut auch ihren anderen Fähigkeiten, irgendein Ziel zu erreichen, solange sie ihren Körper nicht im Griff hat. Folglich ist sie, zumindest gegenwärtig, in einem Teufelskreis gefangen.

Ich warte darauf, daß ich meinem Körper wieder vertrauen, mich auf meinen Körper verlassen kann, daß er eine Zeitlang durchhält, so daß ich auf ihn zählen kann, daß er nicht aufgibt... Nehmen wir an, ich arbeite an etwas, ich bin begeistert und glücklich, daß ich... daran arbeiten kann, und dann, mittendrin, muß ich aufhören und zur Chemotherapie, oder ich werde müde und verliere das Interesse... Aber gleichzeitig habe ich das Gefühl, daß ich – und das klingt vielleicht übertrieben –, wenn ich einen starken Willen hätte, meinen Körper in Form bringen könnte. Wenn ich mich wirklich dazu aufraffen würde, wie verrückt zu schreiben, wenn ich mich entscheiden würde, daß dieser Text, den ich plane, wichtig ist, könnte ich meinen Körper in der mir verbleibenden Zeit ausdauernder machen! Wenn ich diesen Sinn sehen würde, wenn ich ein Ziel hätte, wenn es ein produktives Ziel gäbe, dann könnte ich meinen Körper in Form bringen. Es ist sozusagen wie bei psychosomatischen Krankheiten, wo die psychische Seite eine große Rolle spielt. Tatsache ist, daß ich es noch nicht gewagt habe, weil ich nicht enttäuscht werden möchte. Ich weiß nicht, ob mein Körper... auch wenn ich mir sage, daß ich es versuchen könnte, ich weiß nicht. ...Jetzt steht es so, daß ich vier Stunden am Tag meine reguläre Arbeit machen kann, und dann muß ich nach Hause gehen und einen Happen essen. Sie wissen, bei einer Chemotherapie... ist die Sache von einem auf den anderen Tag nicht vorhersehbar.

Auf unsere Frage nach Körperkonzeptionen und der Beziehung Körper – Geist antwortet Frances:

Ich habe mich bis jetzt immer als eine unscheinbare, mittelmäßig aussehende Frau eingeschätzt, und erst seit kurzem habe ich angefangen, mich als jemanden wahrzunehmen, der netter aussieht als der Durchschnitt, in mancher Hinsicht sogar hübsch ist. Ich sah mich als... akademisches Mäuschen und nie als eine Frau, die in einem Kleid gut aussieht. Mein Körper war für mich immer ein notwendiges Anhängsel. Wenn ich ein Strichmännchen von meinem Verstand und meinem Körper hätte malen sollen, wäre mit Sicherheit ein sehr großer Kopf und ein sehr kleiner Körper, wie von einem dreijährigen Kind gemalt, herausgekommen. Mein Geist, mein Verstand, war mir immer ausnehmend wichtig. Mit ihm verdiene ich mein Geld. Ich schufte mit meinem Verstand. Er hat mir eine Menge Vergnügen bereitet, und für mich ist er mein Markenzeichen. Ich nehme mich insgesamt als denkenden Menschen wahr... Deshalb ist die gegenwärtige Phase so fremd und so schmerzlich für mich, weil sich dieses Verhältnis radikal geändert hat. Mein Verstand war das, mit dessen Hilfe ich aus dem mir vorgezeichneten Schicksal ausgestiegen bin.

Geist, Verstand bedeutete für mich den Weg nach oben. Was mir bestimmt war, habe ich überwunden, war klüger als der Durchschnitt, besser als der Durchschnitt, begabt und was auch immer, habe gekämpft, um herauszukommen. Andererseits war mein Körper immer eine Quelle des Vergnügens, sexueller Freuden, kulinarischer Genüsse, eine Quelle des Vergnügens für mich. Nie ein Problem und einfach etwas, worüber man nicht nachdenkt. Und nun... was Geist-Körper war, ist jetzt Körper-Geist. Mein Geist war sehr wichtig für mich, aber jetzt ist es so, daß er keine Quelle der Freude mehr ist. Er hält mich lediglich noch aufrecht.

Ihr Geist steht jetzt fast ausschließlich im Dienst ihres Körpers und stützt ihre Identität angesichts der körperlichen Beschwerden. Frances führt diesen Gedanken zu Ende und betont den Schwebezustand dieses Abschnitts in ihrem Leben: »Und ich muß einfach tun, was ich tue, um am Leben zu bleiben, und ich muß meinen Geist benutzen, um von einem Tag zum anderen zu kommen. Mein Geist ist damit so beschäftigt, daß ich kaum über etwas anderes nachdenken kann. Er schwingt sich nicht auf. Er ist nicht frei. Er hängt an meinen Körper. Er ist an meinen Körper gebunden.

Es ist, als ob mein Geist Füße aus Ton hätte, er ›klebt‹ förmlich an meinem Körper.«

Unmittelbar nach diesen Äußerungen stellen wir ihr die zugespitzte Frage: »Ist es eine Folge des ›Aufsteigens‹ in eine höhere Schicht, daß Ihr Geist Sie fehlgeleitet hat, als Sie die Ursache für Ihre vergrößerte Brust falsch beurteilt haben? Kommen Ihnen manchmal solche Gedanken?«

Ja. Ich habe viel darüber nachgedacht... das meinte ich vorher mit »blindem Fleck«. Und Sie wissen ja, seit ich krank bin, denke ich viel darüber nach, wie man Dinge sehen kann. Wie sehen wir etwas in der Welt? Wie sieht der Soziologe? Wie sieht der Mediziner? Wir benutzen Apparate, um besser sehen zu können. Weshalb konnte ich nicht sehen? Mein Sehvermögen hat mich im Stich gelassen. Mein Geist, mein soziologisches Auge, hat mich fehlgeleitet, etwas hat mich im Stich gelassen.

Frances beschreibt die Probleme, auf die die biographische Arbeit in einer Zeit des Schwebezustands gerichtet ist. Bestimmte Themen werden auf Eis gelegt, bis man der Doppelgesichtigkeit: Leben oder Tod ins Auge sehen kann. Wenn die Operation gut verläuft und die Nachbehandlung Erfolg hat, könnte das der Beginn einer Renormalisierungsphase sein.

Fall 4: Leben im Sterben: Cornelius Ryan

Bei dem Journalisten Cornelius Ryan wurde völlig unerwartet Krebs diagnostiziert, der wahrscheinlich innerhalb von zwei Jahren tödlich verlaufen würde. Unmittelbar nachdem er die Diagnose erfahren hatte, ging er in sein Büro und fing an, seine Gedanken und Aktivitäten auf Band zu diktieren. Nach seinem Tod veröffentlichte seine Frau diese Notizen, die sie um eigene Beiträge erweitert hat. Ryans entscheidendes Anliegen war zum einen die Versorgung seiner Frau und der Kinder nach seinem Tod, zum anderen wollte er sein letztes Buch *A Bridge Too Far* noch schreiben, wofür er massenweise Notizen zusammengetragen hatte. In diesen Aufzeichnungen werden biographische Handlungen und Prozesse sichtbar, die für Sterbephasen typisch sind.

Wir haben die einzelnen Schritte in dieser Phase herausgearbeitet und nachstehend aufgelistet.
- Der Kranke schätzt immer wieder ein, an welcher Stelle der Verlaufskurve er sich im Hinblick auf sein Sterben und seinen Tod befindet.
- Er ordnet sein Leben neu, indem er seine Ziele und Aktivitäten nach anderen Gesichtspunkten gewichtet.
- Er lebt intensiver, kostet Momente und Erfahrungen aus, genießt das ihm noch verbleibende Leben.
- Er hält Gedanken ans Sterben vom Ehepartner, von den Kindern und Freunden fern.
- Er kämpft gegen das »Zukunftspotential«, die Bedrohung, indem er handelt, Entschlüsse faßt, die Zukunft ignoriert.
- Er nutzt Möglichkeiten, die sein Leben verlängern könnten, indem er Therapien befolgt, ins Krankenhaus geht.
- Er fragt sich: Wie lange noch?
- Er schwebt zwischen Hoffnung und Verzweiflung und kämpft gegen Panik.
- Er kämpft, um normal und lebendig zu bleiben, und sucht einen Weg aus der Depression.
- Er findet heraus, wann die Schmerzen das Arbeiten verhindern und wann seine Energie das Arbeiten erlaubt; er zieht die Arbeit anderen Aktivitäten vor.
- Er entscheidet, daß nicht jede neue von den Ärzten vorgeschlagene Behandlung gemacht werden muß, wenn die Tendenz doch nach unten zeigt.
- Er glaubt selbst daran, daß es trotz aller Hinweise auf Verschlechterung noch Hoffnung gibt.
- Er bleibt Herr seiner Arbeit und nutzt jede Minute, wenn dies auch wegen der sich verschlimmernden Symptome nur noch zeitweise möglich ist.
- Die Brüche in seiner Identität (Versagen des Körpers und mißlingendes Handeln) werden gravierender und häufiger.
- Er beurteilt sein Handeln, um sich zu beweisen, daß er trotz Verschlechterung immer noch er selbst, dieselbe Person, ist.
- Er reflektiert über den sich nähernden Tod; die unheimliche Bedrohung läßt sich nicht aus seinem Kopf verbannen.

- Er denkt über den Tod hinaus und plant konkret für die Familie.
- Gelegentlich überlegt er, wie lange er noch leben wird.
- Er bereitet sich, seine Frau und die Kinder auf sein Sterben vor.
- Seine Arbeit bringt er ordentlich zu Ende und schließt diesen Aspekt seines Lebens ab.
- Er ist sich der Gnade bewußt, so lange leben zu dürfen, bis er seine Arbeit beendet hat.
- Er erledigt letzte offizielle Handlungen und bemüht sich, diese gut durchzustehen.
- Er gibt den Kampf auf.
- Er findet sich endgültig mit dem Tod ab und erkennt, daß der Augenblick jetzt gekommen ist.
- Er verabschiedet sich von seiner Frau und der Familie und schließt sein Leben mit ihnen ab – und gewährt ihnen, daß auch sie ihr Leben mit ihm abschließen und sich verabschieden können.

Auch »Schließungsakte«, die sich im allgemeinen erst gegen Ende des Lebens vollziehen, stellen noch eine komplexe Reihe von Handlungen dar. Ryans Bericht entnehmen wir folgendes in mehr oder weniger chronologischer Reihenfolge:

- Er beginnt seine »Verabschiedung vom Leben« damit, daß er unmittelbar, nachdem er die Diagnose erfahren hat, seine Gedanken auf Band diktiert – trotz der Tatsache, daß noch nichts endgültig festgelegt ist, wenn seine Zukunft auch problematisch ist.
- Vor einer entscheidenden Operation macht er sein Testament und ordnet seine Papiere.
- Unmittelbar vor dieser Operation vollzieht er einen weiteren »Schließungsakt«: Er bittet einen Priester zu kommen; außerdem spricht er eine Botschaft für seine Frau auf Band, für den Fall, daß er stirbt.
- Er macht mit der Familie Ausflüge, damit seine Kinder ihn als einen guten und interessierten Vater in Erinnerung behalten.
- Er veranstaltet eine Weihnachtsfeier für seine Freunde und beauftragt seine Frau, ihnen zum ersten Weihnachtsfest nach seinem Tod eine Grußkarte mit seinem Foto zu verschicken.

- Er erstellt einen genauen Entwurf für sein Buch, den seine Frau und seine Sekretärin benutzen sollen, einfach für den Fall, daß...

Es gibt noch eine Reihe weiterer »Schließungsakte«. Wir belassen es aber bei den aufgeführten.

Hier laufen intensive biographische Prozesse ab, wenn Ryan in seinen letzten Monaten und Tagen die Krankheit in sein Leben einbezieht, sich mit seinem Sterben und dem nahen Tod abfindet, seine Identität wiederherstellt und seinen Lebensentwurf der Situation anpaßt, auch wenn der nun nicht mehr auf ein Ziel hin ausgerichtet ist, sondern es nur noch darum geht, die verbleibende Zeit im einzelnen sinnvoll zu nutzen.

12 Die Auswirkungen einer chronischen Krankheit auf den gesunden Partner

Jemand, der mit einem chronisch Kranken zusammenlebt und ihn pflegt, ist enormem Druck und gewaltiger Anspannung ausgesetzt. Diese Belastung kann sich bis zu Krisensituationen steigern. Dafür gibt es vielfache Gründe.

Manchmal leben solche Paare in einer Gegend, in der es sonst nur gesunde Familien zu geben scheint. Somit haben sie niemanden in der Umgebung, mit dem sie über ähnliche Probleme sprechen können, und schämen sich, daß sie Gefühle wie Erschöpfung, Depression, Zorn und Enttäuschung haben. Sie glauben, in den Augen der anderen als »schlechte« Partner dazustehen, wenn sie von ihren Sorgen erzählen. So kommt es, daß gesunde Menschen in der Nachbarschaft oder in der Verwandtschaft oft nichts vom Leid und von den Ängsten solcher Paare in ihrer Umgebung wissen. Natürlich ist es für einen Gesunden deprimierend, wenn er mit den Sorgen und Nöten eines pflegenden Menschen konfrontiert wird, selbst wenn er für den Betroffenen großes Mitleid empfindet. Menschen, die einen Kranken pflegen, scheuen auch oft davor zurück, andere Menschen um Hilfe zu bitten, weil sie der Meinung sind, daß Familienangehörige und Freunde nicht mit solchen Problemen behelligt werden sollten. Hinzu kommt, daß der pflegende Mensch oft nicht bemerkt, wie Druck und Anspannung bei ihm mit der Zeit zunehmen, bis es zur Krise kommt oder er zu erschöpft ist, um noch Gegenmaßnahmen ergreifen zu können. Außerdem ist es in den Vereinigten Staaten so, daß es Sache der Kranken ist, für ihre Pflege zu sorgen*. Also ist es die Pflicht des gesunden Partners, der Eltern oder der erwachsenen Kinder, den kranken oder behinderten Partner, die kranken Kinder oder Eltern zu pflegen. Oft stehen für Partner (und andere Pflegepersonen) keine Hilfen zur Verfügung, um ihre physischen und

---

* Zur Situation in Deutschland vgl. die Fußnote auf S. 93 in diesem Buch.

psychischen Belastungen zu lindern. Manchmal sind zwar private und öffentliche Hilfen (Selbsthilfegruppen, häusliche Krankenpflege) vorhanden, aber die Betroffenen machen sie nicht ausfindig oder denken, sie könnten sie nicht bezahlen. So fühlen sich viele Pflegepersonen in einer Falle, aus der es kein Entrinnen gibt.

In den folgenden Gesprächsauszügen und Fallbeispielen sehen wir uns die Bewältigung einer Verlaufskurve aus der Pespektive des Partners an. Wir schildern nicht nur dessen Zwangslage, sondern gehen auch der Frage nach, *wie* es zu einer solchen Situation kommen kann. Darüber hinaus geht es um die allgemeinen wie auch fallspezifischen Aspekte von Konsequenzen, die die Bewältigung einer Verlaufskurve für den gesunden Partner mit sich bringt.

Die gesunden Partner, die wir in unserer Untersuchung befragten, waren grundsätzlich sehr gesprächsbereit. Manchmal schienen sie fast zu platzen: Sie hatten viel zu erzählen, was sie lange Zeit zurückgehalten hatten. Häufig brachen sie in Tränen aus, wenn sie über ihre Erfahrungen berichteten. Ihre lebendigen und oft ergreifenden Schilderungen ließen in vielen Fällen bei uns ein Gefühl von Leere und eine gewisse Hilflosigkeit zurück. Im Grunde genommen konnten wir nur zuhören, zu trösten versuchen und den Menschen versichern, daß sie mit ihrem Schicksal nicht allein seien.

Bevor wir uns den einzelnen Gesprächsauszügen zuwenden, möchten wir noch hinzufügen, daß die gesunden Partner die Belastung, die das Leben mit einem kranken Menschen mit sich bringt, unterschiedlich stark erleben. Darüber hinaus sind auch die Probleme, mit denen sie kämpfen, und die Formen, in denen sich Druck und Anspannung äußern, von Fall zu Fall verschieden. Einige *Ausgangsbedingungen* für diese individuellen Reaktionen seien hier noch einmal erwähnt:

- Art und Schwere der Krankheit oder Behinderung
- Phase der Verlaufskurve
- Ausmaß der mit der Krankheit verbundenen körperlichen Einschränkungen
- Ausmaß, in dem der Kranke seine Krankheit integriert, akzeptiert und sein Leben daraufhin neu entwirft
- Ausmaß, in dem der Kranke fähig oder bereit ist, Symptome in

den Griff zu bekommen, sich an therapeutischen Maßnahmen zu beteiligen, Krisen zu verhindern oder zu bewältigen
- Arbeitsstil, den die Partner bei der Krankheitsbewältigung entwickeln, d. h. inwieweit sie (individuell und gemeinsam) Ressourcen und Arbeitsteilungen organisieren können und wie sie für die Bewältigungsarbeit motiviert sind.
- Inwieweit der kranke Partner abwägen kann zwischen Ausdehnung seiner krankheitsbedingten Grenzen und Überforderung seiner Kräfte.

Erwähnt seien auch noch einige biographische Bedingungen, die sich auf gesunde Partner auswirken:
- Inwieweit der gesunde Partner die Krankheit in sein Leben integriert und akzeptiert und sein Leben daraufhin neu entwirft. Auch er fragt sich: Was bedeutet diese Krankheit für mein Leben? Wie weit wird mein Partner wieder ein normales Leben führen können? Welche Veränderungen bringt die Krankheit für mich? Werde ich allein weiterleben müssen? Ein gesunder Partner lebt oft in Unsicherheit und Angst, möchte aber seinen ohnehin belasteten kranken Gefährten nicht noch mehr belasten.
- Durch die Krankheit des Partners kann auch der gesunde Partner wesentliche Aspekte seines Selbst wie Liebesleben, Arbeitsplatz oder Reisen einbüßen, was stark in sein Leben eingreift.
- Der sich verschlechternde Zustand des kranken Partners kann für den gesunden Partner schwer zu ertragen und deprimierend sein. Eine Frau muß z. B. erleben, wie ihr ehemals attraktiver Mann aufgrund einer Krankheit körperlich verfällt und zum Behinderten wird. Sie muß zusehen, wie sehr er mit einfachen Handgriffen kämpft, und sie kann diesen Kampf nicht verhindern. Vielleicht muß sie erleben, daß unerträgliche Schmerzen ihn quälen und sie diese nicht lindern kann. Es gibt sogar Fälle, in denen ein Partner seinem kranken Gefährten bei der Selbsttötung geholfen hat, weil dessen Situation hoffnungslos wurde oder die Schmerzen zu groß waren.
- Durch eine sich hinziehende Krankheit können die biographi-

schen Prozesse beim gesunden Partner unterbrochen und die notwendigen Arbeiten immer umfangreicher werden, so daß er schließlich völlig erschöpft ist. Eine solche Entwicklung wird möglicherweise abgefangen, wenn der gesunde Partner rechtzeitig Ressourcen mobilisiert und entlastende Bewältigungsstrategien findet.

Darüber hinaus wirken sich in solchen Lebenslagen noch andere Makro- und Mikrobedingungen aus, die von der Gesetzgebung, der Bereitstellung von Fürsorgeprogrammen und der aktuellen Wirtschaftslage bis zur persönlichen Disposition, zum Alter sowie Gesundheitszustand des pflegenden Partners und zur Organisation des betroffenen Haushalts reichen. Alle diese *Bedingungen wirken sich in der einen* oder *anderen Weise* auf den gesunden Partner *aus*.

Welche Konsequenzen kann nun eine chronische Krankheit für den gesunden Partner haben? In unseren Gesprächen haben wir konkrete Antworten auf diese Frage gefunden. Die Reichweite der Probleme, mit denen gesunde Partner konfrontiert sind, ist groß. Wir haben aus unserem Datenmaterial prägnante Fälle ausgewählt, die wir im folgenden auszugsweise vorstellen.

Der Ehemann einer diabeteskranken Frau gibt seinem Unmut Ausdruck. Er beschreibt, wie er darum kämpft, die Kontrolle über den Umgang mit der Krankheit zu behalten:

Ich stehe an meinem Arbeitsplatz unter starkem Streß, und es gibt Zeiten, da werde ich grundlos kritisiert, wenn ich nach Hause komme, oder ich komme nach Hause, und es geht ihr schlecht. Ich versuche, das nicht an mich herankommen zu lassen, aber ich weiß, daß man es mir anmerkt. Ich komme nach Hause, und sie hat Kopfschmerzen, und ich denke, lieber Gott, schon wieder! Ich muß tief Luft holen und die Zähne zusammenbeißen. Ich kann es nicht sehen, wenn sie krank ist. Niemand hat es gerne, wenn er den anderen leiden sieht. Wenn ich einen schlechten Tag hatte, werde ich schon mal wütend – das streite ich überhaupt nicht ab.

Im folgenden Zitat berichtet eine Frau von der körperlichen Arbeit, die bei der Pflege ihres kranken Mannes notwendig war. Durch die endlosen Strapazen waren ihre Energien schließlich aufgebraucht:

Die ganze Nacht lang sagte er: »Bring mir Wasser, setz mich auf den Nachtstuhl.« Ich antworte dann: »Laß mich doch schlafen, bitte. Es macht mir nichts aus, dich tagsüber rund um die Uhr zu pflegen, aber nachts laß mich schlafen.« ... Eines Nachts kroch er aus dem Bett und pinkelte den ganzen Boden voll. Ich mußte aufstehen, ihn waschen und ins Bett zurückbringen und dann aufwischen. Es war mir nicht bewußt, daß das soviel von meiner Energie verschlingen würde. Dieser Vierundzwanzig-Stunden-Dienst hat mir so zugesetzt! ... Nachdem er gestorben war, war ich so entsetzlich erschöpft und bin es immer noch. ... Gott hat es in gewisser Weise gut mit mir gemeint. Wäre er noch länger krank gewesen, wäre ich körperlich und finanziell total zu Boden gegangen.

Eine andere Frau beschreibt ihre Gefühle, als sie ihren Mann aufgrund ihrer eigenen Erschöpfung in ein Pflegeheim bringen mußte – nachdem sie ihn vierundzwanzig Jahre lang gepflegt hatte:

Ich hatte solche Schuldgefühle. Ich weiß, daß ich keinen Grund dazu habe. Aber er war vorher noch nie allein gewesen, und jetzt muß er allein sein. Es wäre besser gewesen, er wäre einfach gestorben. Ich habe so verflixt schwer gearbeitet in all diesen Jahren, um ihn zu pflegen, und nun muß ich mitansehen, was mit ihm passiert. Ich bete: »Bitte, nimm ihn schnell zu Dir.«

Die Frau eines Diabetikers bekennt, daß sie sich als Opfer fühlt – zunehmend überlastet und erschöpft:

Ich habe das Gefühl, o Gott, dieser liebe Mann zieht mich runter, und ich ziehe ihn runter. Ich bin am Ende. Was macht man als älterer Mensch? Man kann mit seinen Kindern sprechen, aber sie verstehen das nicht. Es macht mich fertig, weil ich immer auf der Lauer liege: Wie geht es ihm? Braucht er etwas? Am meisten Angst habe ich vor dem Insulinschock und neuerdings vor der Gefäßverengung im Herzen. Er hört nicht auf mich, also passe ich pausenlos auf ihn auf. Als Frau hat man doch eine Verpflichtung. Es gibt Zeiten, da denke ich »Mann-o-Mann, wenn ich nur nichts mehr mit ihm zu tun haben müßte!« Aber das geht natürlich nicht.

Als nächstes hören wir von einer Frau, deren Mann ein Herzleiden hat. Sie versucht, sowohl den Bedürfnissen ihres kranken Mannes als auch den eigenen biographischen Bedürfnissen gerecht zu werden:

Ich mag mir nicht vorstellen, wie es sein wird, wenn er nicht mehr lebt. Ich hoffe nur, daß es schnell geht. Ich versuche zwar, nicht darüber nachzudenken, aber ich muß darüber nachdenken, weil ich betroffen bin. Pläne für meine Zukunft mache ich nicht, weil man nicht vorhersagen kann, was geschehen wird. Vielleicht muß ich vor ihm sterben. Daß man sich da Gedanken macht, kann man ihm aber nicht sagen, weil er sich dann auch aufregt.

Die Frau eines Patienten, der die Alzheimer-Krankheit hat, beschreibt, was sie empfindet:

Ich habe erreicht, daß er in das Fürsorgeprogramm aufgenommen wurde. Ich muß dazusagen, daß ich bis dahin immer verzweifelter geworden war, einfach verzweifelt, weil man vierundzwanzig Stunden beansprucht ist und niemals weggehen kann. Er rennt mir hinterher wie ein Kind. Und dann werden auch die Angewohnheiten in Sachen Hygiene entsetzlich. ...Sie können sich den Druck nicht vorstellen! Wir brauchen nicht nur Sterbekliniken, wir brauchen auch Plätze für Menschen, die noch am Leben sind. Bevor ich ihn zum Fürsorgeprogramm anmeldete (alle sechs Wochen hat sie eine Woche Hilfe von außerhalb), mußte ich ihn oft anschnauzen. Manchmal antwortete er darauf in scharfem Ton, aber in den meisten Fällen ging er ins Bett. Als Reaktion auf diese Situation verbrachte er viel Zeit im Bett. Wir waren einander immer sehr nah gewesen, aber jetzt fing ich an, ihn abzulehnen, ihn einfach abzulehnen. Ich stand als erste morgens auf und hatte schon immer Angst, seine Stimme zu hören...

Ein weiteres Problem war, daß ich anfing zu trinken. ...Es ist ein Teufelskreis, denn das Problem ist am nächsten Morgen ja wieder da, und man fühlt sich dem überhaupt nicht gewachsen. Dann mußte ich natürlich immer mehr Wein trinken, damit ich mich gut fühlte. Mein Konsum stieg bis zu drei Litern pro Tag an. Eines Tages sagte meine Tochter: »Du mußt wirklich mit dem Wein aufhören, sonst wirst du noch Alkoholikerin.« Ich war vermutlich auf dem besten Wege dazu. An diesem Punkt beschloß ich aufzuhören, aber es war ein harter Kampf.

Eine andere Frau berichtet von ihrem schlechten psychischen Zustand. Sie hat Angst vor der Situation, daß ihre finanziellen Ressourcen aufgebraucht sind. Sie fürchtet sich auch davor, daß ihr Mann zu Hause stirbt:

Eine Zeitlang war ich schrecklich nervös, und ich überlegte mir, ob ich nicht zu einem Psychiater gehen sollte. Aber dann dachte ich, daß das keinen großen Sinn hätte, weil es einfach der Druck dieser Situation ist. Und dabei wird die finanzielle Lage zusehends schlechter. ... Die Miete steigt ständig. Sämtliche Kosten für die Fachärzte und die anderen Zusatzbelastungen müssen wir selbst tragen. Ich mußte zwei Sparbriefe verkaufen und habe dabei Geld verloren. ... Ich bedaure mich selbst, weil ich zwei Jahre lang nicht in die Kirche gehen konnte. Ich kann ihn einfach nicht allein lassen. ... Dadurch werde ich einsam. Es kommen nicht viele Leute zu uns. Manchmal, wenn ich in die Wäscherei oder in ein Geschäft gehe, setze ich mich ein paar Minuten an den Eingang, nur um zu plaudern oder die Leute beim Vorbeigehen zu beobachten...

Ich weiß nicht, was ich tun würde, wenn er zu Hause stirbt. Ich glaube, ich würde verrückt werden. Das könnte ich nicht verkraften.

Ein Mann berichtet, daß er seit der Krankheit seiner Frau einiges hat aufgeben müssen, was ihm früher Freude gemacht hatte. Es belastet ihn auch, daß er keine sexuelle Beziehung mehr zu ihr hat und sie oft wenig Verständnis für seine Situation aufbringt:

Ich bin ein Nervenbündel. Ich kann nicht mehr weggehen. Ich kann nicht mehr Handball spielen. Ich mußte mein Sexualleben einstellen. Und dabei bin ich ein körperlich gesunder Mann. Es ist eine schwierige Sache. Mit dreiundsiebzig kann man nicht onanieren; das tut nicht gut. Um ehrlich zu sein, ich brauche keine Frau zum Einkaufen oder für derartige Beschäftigungen! ... Manchmal werde ich ungeduldig. Schon morgens geht sie mich ziemlich hart an: »Ich möchte mein Müsli. Du hast das wieder nicht gemacht.« Ich sage: »Sei nachsichtig mit mir. Wenn du im Krankenhaus wärst, hättest du drei oder vier Pflegepersonen.« Ich hebe sie aus dem Bett auf den Nachtstuhl. Ich muß die Position ihres Katheters kontrollieren. Ich sage: »Liebling, ich habe nur zwei Beine, zwei Arme und ein Gehirn.« Ich kann es mir nicht leisten, jemanden die ganze Zeit über hier zu haben. Ich müßte eine Hypothek auf mein Haus aufnehmen. Manche der Arztrechnungen sind unglaublich hoch. An einigen habe ich jetzt schon fast ein Jahr lang zu zahlen. ... Sie wird depressiv, und ich auch. ... Ein paar Freunde von mir fahren jetzt mit dem Bus nach Reno. Ich würde so gerne mitfahren!

Eine Frau beschreibt, wie sich aufgrund der Krankheit ihres Mannes und der damit verbundenen Anspannung eine tiefe Depression über ihr Leben gelegt hat. Sie erzählt von Gefühlen der Isolation und Einsamkeit:

Wenn er depressiv wird, werde ich auch depressiv. Ich glaube, das kommt einfach von den Sorgen, vom Druck. Ich gehe ziemlich schnell zu Boden. Am Anfang ging mir das nicht so. Das kommt einfach daher, daß sich die Sache so hinzieht. ...Es war eine Streßsituation nach der anderen. Sie können sich nicht vorstellen, was es heißt, jemanden zehnmal in zwei Jahren ins Krankenhaus einliefern zu müssen. In den Zeiten, in denen er im Krankenhaus ist, ist meine Erschöpfung unbeschreiblich. Ich weiß, daß es von dem Druck kommt. ...Ich habe mich verändert. Ich mußte einfach stärker werden und viele meiner Gefühle verstecken, damit er sie nicht spürt. ...Ich glaube, das traurigste Erlebnis, was ich je erlebt habe, war, als er im Krankenhaus zu mir sagte: »Ich weiß, daß ich nie wieder gesund werde.«

Als letzte berichtet eine Frau, deren Mann an der Parkinson-Krankheit leidet, von ihrem verheerenden Zustand.

Ich brauche Hilfe. Ich bin ausgebrannt. Ich bin in diesem Haus eingesperrt. Ich war es gewohnt, zur Arbeit zu gehen, und mußte mich pensionieren lassen. Dabei hatte ich nicht vor, so früh schon Rentnerin zu werden. Wir hatten unsere Pensionierung geplant. Vorher hatten wir nie etwas gemeinsam unternommen, weil wir nicht zur selben Zeit Urlaub hatten. So ist das, und plötzlich ist Schluß! ...Vor zwei Wochen hatte ich entsetzliche Rippenschmerzen. Aber ich kann nicht wegen jeder Kleinigkeit zum Arzt rennen. Wie kann ich denn weggehen? Ich mache mir Sorgen, was mit ihm passiert, wenn ich ins Krankenhaus gehe. ...Einen Teil der Dinge, die wir für seine Pflege brauchen, und alle Medikamente müssen wir selbst bezahlen. Diese Flasche mit Medizin kostet 130 $. ...Manchmal muß er auf die Toilette, wenn ich gerade mit dem Essen fertig bin. Es ist hart, gerade in solchen Augenblicken diese Dinge zu erledigen. Man hat das Gefühl, als ob einem alles hochkommt. So etwas realisiert man erst, wenn man selbst in der Situation ist. Meine Schwestern verstehen bestimmt nicht, was ich durchmache. Man muß das am eigenen Leib erfahren, in der Situation sein, um zu wissen, was das bedeutet.

Beim Zusammenleben mit einem kranken Menschen bleibt es nicht aus, daß sich der pflegende Partner manchmal frustriert, verärgert und isoliert fühlt und Schuldgefühle hat, daß seine Energie mit der Zeit nachläßt und er erschöpft ist, daß er in seiner biographischen Entwicklung blockiert wird oder finanziell unter Druck gerät. Oft fühlt sich der pflegende Mensch in der Falle, ist verzweifelt und gelangt an die Grenzen dessen, was er ertragen kann. An diesem Punkt zeigt sich dann der Druck, z. B. durch übermäßiges Essen oder Trinken, in Krankheit, Allergien oder Hautausschlägen darin, daß man den Kranken beschimpft oder psychisch mißachtet, oder, wenn auch selten, in versuchtem Mord.

In gewissem Sinne ist der gesunde Partner das Spiegelbild seines kranken Gefährten. Genauer gesagt: Die Arbeit, die der *gesunde* Partner für den Kranken, für sich selbst und andere tut, reflektiert den Zustand, in dem sich der *kranke* Partner in bezug auf seine Krankheit, seine Biographie und sein alltägliches Erleben befindet. Doch Spiegelbilder können verzerrt sein, je nachdem, von welcher Position aus sie wahrgenommen werden. Also können wir die Auswirkungen einer Krankheit auf den gesunden Partner nicht untersuchen, ohne den kranken Partner zu berücksichtigen. Sowohl die Krankheit als auch die Reaktion des Kranken auf sie liefern die ausschlaggebenden Bedingungen, unter denen der Gesunde handelt.

Die beiden Fallbeispiele zeigen, wie sich die Krankheitssituation auf den gesunden Partner auswirkt. Dabei sind folgende Punkte besonders beachtenswert: (1) Der Druck, den der gesunde Partner erlebt, entsteht nicht allein durch die körperliche Pflegearbeit, sondern auch durch die emotionale Verarmung, die das Leben mit einem chronisch kranken Menschen mit sich bringt. (2) Die Arbeitsbelastung des gesunden Partners sowie seine Schwierigkeiten im Umgang mit dem Kranken und dessen Pflege schwanken je nach Verlaufskurvenphase. (3) Der gesunde Partner muß ebenfalls eine Menge biographischer Arbeit leisten. (4) Eine chronische Krankheit muß sich nicht zwangsläufig negativ auf den gesunden Partner auswirken, sondern kann in diesem ungeahnte Kräfte wecken, was vielleicht wieder auf das Leben beider Partner positiv zurückwirkt. (5) Die Gefahr, daß ein Partner physisch oder psychisch zusammenbricht oder die eheliche Beziehung in die Brüche geht, ist immer vorhanden; denn es ist eine Strapaze ohne Ende, wenn man Tag um Tag mit einer schweren Krankheit zurechtkommen muß.

Fall 1: Verschiedene Verlaufskurvenphasen durchleben: die Familie Marston

Vor einigen Jahren hatte Herr Marston eine schwere Wirbelsäulenverletzung. Vom Zwerchfell abwärts ist er gelähmt. Zum Atmen benutzt er die Brustmuskeln. Mit Hilfe therapeutischer Maßnahmen hat er gelernt, seine Alltagsaktivitäten allein zu schaffen. Wir folgen seiner Verlaufskurve vom Beginn der Behinderung bis zum Zeitpunkt des Gesprächs, als Herr Marston in einer stabilen Phase war.

Direkt nach dem Unfall, also in der *akuten Verlaufskurvenphase*, wußte die Familie noch nichts über das Ausmaß seiner Verletzungen. Seine Rippen waren gequetscht, und er hatte einen Lungenriß. Kurze Zeit lag er im Koma, er war an ein Beatmungsgerät angeschlossen, hatte einen Brustkatheter und bekam Infusionen. Seine Frau mußte entscheiden, ob er computertomographisch untersucht und operiert werden sollte. Man hatte ihr vorher gesagt, daß ein Transport seine Verletzungen verschlimmern oder sogar seinen Tod verursachen könnte. In dieser Akutphase verbrachte Frau Marston die meiste Zeit bei ihrem Mann, nur abends war sie bei ihren Kindern. Da ihr Mann beim Militär war, brauchte sie sich wegen der Kosten für den Krankenhausaufenthalt noch keine finanziellen Sorgen zu machen. Die Familien beider Partner lebten in nächster Nähe. Zum ersten Mal war das Paar mit einer schweren Krankheit bzw. Verletzung konfrontiert.

In dieser Phase konnte die Familie auf eine Fülle menschlicher Ressourcen zurückgreifen. Die Nachbarschaft und ihre eigenen Familien boten ihnen Hilfe an, so auch, die Kinder zu versorgen. »Sie gaben uns starken Rückhalt. Daß wir so nahe am Krankenhaus wohnten und unsere Familien in der Nähe hatten, war für mich ein großes Glück.« Frau Marston verbrachte, wie gesagt, die meiste Zeit bei ihrem verletzten Mann. Zu der – damals noch unbekannten – Zukunft sagt sie: »Ich habe mir zu diesem Zeitpunkt keine Gedanken gemacht über eine Lähmung; ich machte mir mehr Sorgen, ob er es überleben würde oder nicht.« Die übrige Zeit kümmerte sie sich um ihre Kinder: »Jeden Abend ging ich nach Hause zurück, so daß ich die Jungen sehen und mit ihnen ein bißchen über das sprechen konnte, was da passiert war. Ich erzählte ihnen nicht zuviel, weil ich Angst hatte, sie würden es nicht verarbeiten können. Aber ich mußte ihnen ein bißchen erzählen, weil sie Angst hatten, daß ihr Vater stirbt.«

Zu diesem Zeitpunkt bestand die biographische Arbeit für Frau Marston darin, sich darauf gefaßt zu machen, daß ihr Mann vielleicht sterben würde. Die krankheitsbezogene Arbeit beschränkte sich im wesentlichen darauf, daß sie über Behandlungsmaßnahmen entschied. Ihre inneren Ressourcen waren aufgebraucht durch Erschöpfung, Angst und Anspannung:

Ich traute mir überhaupt nicht zu, Entscheidungen zu treffen, weil ich gefühlsmäßig zu sehr involviert war. Ich mußte seinen Bruder, seine Eltern und meine Eltern um Rat fragen, bevor ich handeln konnte. ...Als sie die computertomographische Untersuchung machen wollten, sagten sie mir, er könne dabei sterben. Ich wurde hysterisch, weil ich immer ganz sicher gewesen war, daß er, was auch geschehen mochte, durchkommen würde. Er würde nicht mehr derselbe sein, aber er würde weiterleben. Wenn sie mir das nehmen würden, hätte ich keinen Halt mehr. Ich merkte, daß ich die Sache nicht mehr im Griff hatte.

Als Herr Marston dann nach Hause kam, fungierte seine Frau für ihn als Körperressource. Obwohl er ziemlich unabhängig war, mußte sie einiges für ihn erledigen und ihn zu Kontrolluntersuchungen und zu Rehabilitationsmaßnahmen ins Krankenhaus fahren. Dazu berichtet sie:

Es war schwierig, als er aus dem Krankenhaus kam, weil ich nicht wußte, wie ich ihn pflegen sollte. Ich konnte ihn nicht aufmuntern, was ich auch machte. Ich mußte ihn nicht direkt körperlich pflegen, sondern hatte die Dinge eher für ihn vorzubereiten, so daß er sie dann selber erledigen konnte. Ich hatte keine Ahnung, wie ich die Kissen zurechtrücken sollte, wie ich die Dinge um ihn herum anordnen sollte. Er kam mir da auch nicht entgegen – ich hatte zu tun, was er sagte. Also tat ich das. Nach einer Weile besprachen wir die Dinge, machten einen Plan; und er sagte mir einfach, was ich tun sollte und wie ich es machen sollte. – Jetzt kann er das alles allein machen.

Die *Rehabilitation* von Herrn Marston begann im Krankenhaus; doch schon bald wurde er in ein regionales Rehabilitationszentrum in einer anderen Stadt verlegt. Diese Behandlungsphase dauerte ziemlich lange, so daß sich Frau Marston entschloß, in eine dem Reha-Zentrum nahe Stadt zu ziehen. Sie brauchte zwei Wochen, um ein Haus zu finden, das für die Familie finanziell tragbar war, von dem aus die Kinder nicht zu weit zur Schule hatten und in dem sich ihr Mann mit dem Rollstuhl bewegen konnte.

Alle Entscheidungen, die mit dem Umzug der Familie und der Versorgung des Haushalts zusammenhingen, blieben Frau Marston überlassen. Sie erhielt von ihrem Mann nur wenig Beistand: »Er sah nur das, was ihn betraf. Er sah nicht, was zu Hause alles los war. Er wollte es auch gar nicht wissen und wollte nichts mit der angespannten Situation zu Hause zu tun haben. Er blieb außen vor und ließ mich machen.« Für Frau Marston bedeutete dies einen biographischen Engpaß:

Ich mußte (die Schule) und meine Arbeit als Vertretungslehrerin an der Schule aufgeben. Ich mußte alle anderen Aktivitäten aufgeben. ... Ich verließ das Haus nur noch, um Lebensmittel einzukaufen, um die Kinder zur Schule zu bringen und sie dort abzuholen und ins Reha-Zentrum zu gehen. ... Er wußte nicht, daß wir hierher gezogen waren, daß ich die Kinder in der Schule angemeldet hatte, daß ich Ärzte gefunden hatte, daß ständig etwas zu tun war. Er konnte nicht verstehen, weshalb ich nicht mehr Zeit bei ihm verbringen konnte. Zu der Zeit passierte es, daß ein paar ältere Jungen meinen Sohn, der damals in der zweiten Klasse war, mit in den Wald nahmen – er hatte damals noch keine Ahnung von sexuellen Dingen –, sich vor ihm auszogen und ihn fragten, wie sein Papa es nun machen würde? Ich mußte auch mit diesem Problem fertigwerden. Meinem Mann erzählte ich nichts.

Ganz bewußt hielt Frau Marston vieles von ihrem Mann fern: »Wenn ich sah, daß er ärgerlich oder unruhig war, oder wenn ich die Art nicht mochte, wie er mit mir sprach, dann reagierte ich in seiner Gegenwart nicht aufgebracht darauf. Hätte ich mich jedesmal aufgeregt, wenn *er* aufgeregt war, oder hätte ich ihn bemitleidet, dann hätte er damit nicht umgehen können. Er hatte genug damit zu tun, daß sich sein Zustand besserte.« Sie fragte sich: Wird er sich körperlich wieder erholen, wie weit und in welchem Zeitraum? Und wenn das nicht der Fall ist, was bedeutet das dann? Zur Verteilung der verschiedenen Arbeiten sagt sie:

Eines der Hauptprobleme seit dem Unfall ist, daß ich allein mit allem zurechtkommen und Entscheidungen treffen muß. Wir haben Entscheidungen immer gemeinsam getroffen. Ich habe mich um die naheliegenden Dinge gekümmert, und er hat sich mit den Dingen in der Zukunft befaßt. Seit dem Unfall muß ich alle finanziellen Dinge entscheiden, alle Entscheidungen bezüglich Kindererziehung treffen, entscheiden, zu welcher amtlichen Stelle ich gehen muß, welche Formalitäten zu erledigen sind usw. Ich hatte nicht die Erfahrung, dies alles allein zu meistern. ...Er hat sich z. B. immer um das Auto gekümmert. ...Jetzt merke ich, daß ich mich in solchen Sachen überhaupt nicht auskenne.

Darüber hinaus hatte sie auch noch finanzielle Sorgen:

Wir hatten nicht das Geld für ein Haus auf dem freien Wohnungsmarkt. Ich mußte von meinem Vater Geld leihen, und er und meine Mutter halfen uns finanziell, bis die Militärbehörde zahlte. ...Ich war pausenlos in Panik, weil ich ständig Briefe bekam wegen seiner Entlassung aus dem Militärdienst und weil sie uns mitteilten, was sie für uns tun würden oder nicht tun würden. Ich fragte mich, was aus uns werden sollte. Würde mein Mann aus dem Dienst entlassen? Als sie versuchten, ihn frühzeitig zu pensionieren, dachte ich, wir würden sämtliche Ansprüche verlieren. Schließlich nahm ich einen Rechtsanwalt und stellte fest, daß unsere Bezüge höher waren, wenn sie ihn vorzeitig pensionierten, als wenn er gestorben wäre.

Frau Marston mußte nicht nur ihren Mann aufmuntern, es ihm bequem machen und ihn psychisch stützen; sie mußte auch seine Enttäuschungen mittragen und ihn davon überzeugen, daß er Fortschritte mache. Zur Stützung ihres eigenen Selbst meint sie: »Alles, was ich während dieser Zeit für mich allein machte, war, daß ich, wenn ich mit dem Auto unterwegs war, eine Pause einlegte und irgendwo etwas aß, selbst wenn es nur bei McDonald's war. Ich saß dann einfach eine Viertelstunde da und beobachtete, wie die Menschen vorübergingen.«

Schließlich wollte sie sich auch für die von anderen empfangenen Hilfeleistungen erkenntlich zeigen: »Alle halfen mir so! Deshalb hütete ich die zwei und drei Jahre alten Kinder meiner Schwester, damit sie arbeiten gehen konnte. Das machte ich – neben der ständigen Rennerei ins Krankenhaus – sechs Monate lang, bis mein Mann aus dem Reha-Zentrum nach Hause kam.«

Für Frau Marston hatten diese schweren Belastungen tiefgreifende Konsequenzen. Sie funktionierte wie ein Roboter: »Während dieser Zeit war ich vollkommen abgestumpft. Ich tat einfach das, was ich tun mußte, und ich war bei ihm, so oft ich konnte. Ich versuchte, den Kindern die Situation zu erklären, ohne sie wissen zu lassen, wie kaputt ich war. Ich behielt vieles für mich. Wenn ich nicht mit meiner Mutter hätte reden können, hätte ich das nicht durchgehalten.«

Sie zweifelte an sich: »Ich stellte alles in Frage, was ich tat. Ich hatte kein großes Selbstbewußtsein und traute mir nicht viel zu, besonders was die Kinder betraf. So sagte ich mal Hü und mal Hott – und die Kinder wußten nicht, wo es langging.«

Sie vernachlässigte sich: »Ich pflegte mich nicht sonderlich. Ich nahm unheimlich zu. In den ersten drei Monaten nahm ich fünfundzwanzig Pfund zu.«

Sie wurde überfürsorglich, wollte die Kinder schützen und von allem fernhalten: »Ich ließ die Kinder nicht länger irgendwohin gehen. Es war für mich sehr schwer, sie weggehen zu lassen. Nach all dem, was ihm zugestoßen war, war ich extrem ängstlich. Ich wäre nicht damit fertiggeworden, wenn den Kindern etwas passiert wäre.«

Mit Herrn Marstons Rückkehr nach Hause begann die *nächste Renormalisierungsphase*. Viele Dinge des täglichen Lebens, z. B. sich anziehen und die Zähne putzen, konnte er selber. Er probierte die Grenzen seiner Einschränkungen aus, um selbständiger zu sein. Aber gleichzeitig mußte er sich wieder in die Familie integrieren, und zwar als Behinderter im Rollstuhl. Motiviert war Herr Marston zum einen dadurch, daß er niemandem zur Last fallen wollte. Zum anderen wollte er seine Frau schonen, die wegen einer degenerativen Arthritis nichts Schweres heben und sich möglichst wenig bücken sollte.

Zu der Übergangszeit nach der Entlassung aus der Klinik und der Anpassung innerhalb der Familie sagt Frau Marston:

Ein Problem war, daß wir uns einig werden mußten, wer der Chef ist. Als mein Mann noch im Dienst war, war er hauptsächlich an Wochenenden zu Hause, und es war fast ausschließlich meine Sache, die Kinder zu erziehen. Als er nach Hause kam, wollte er das

Kommando übernehmen (und tat es auch). Er meinte, die Kinder hätten ihn zu respektieren, und so wäre es richtig. Die Kinder mochten das nicht. Sie kamen dann zu mir und sagten: »Papa hat mich angebrüllt.« ... Ich fühlte mich von seinen Versuchen, die Erziehung der Kinder zu übernehmen, arg bedroht; denn ich war der Ansicht, daß ich es richtig gemacht hatte – und plötzlich entscheidet er, daß *er* die Kinder erzieht. Ich fühlte mich verschaukelt, und wir hatten eine heftige Auseinandersetzung darüber.

»Was würden Sie machen«, fragt Frau Marston, »wenn Ihr Mann anfängt, Sie und die Kinder anzuschreien und zu brüllen? Das war nie seine Art gewesen. Und dabei sagte er nicht einfach nur *Mist* oder etwas in der Art. Darauf sagte ich zu ihm, er solle entweder damit aufhören oder ausziehen, weil ›die Kinder und ich nicht bei dir sein möchten, wenn du so bist‹. Da ließ er es.«

Die Folgen dieser Phase waren, daß die Kinder und auch die Mutter wütend, verwirrt und enttäuscht waren. »Sie verstanden nicht, welche Enttäuschung mein Mann durchmachte und daß er diese Enttäuschung dann an ihnen ausließ. Er wollte ihr Vater sein, war aber autoritär, und das hätte er nicht sein sollen. Sie wußten nicht, wo sie hingehörten. Es war frustrierend. ... Seit er zu Hause ist, fürchten die Kinder, daß er uns verläßt, weil wir immer streiten, und früher haben wir uns nicht gestritten. Wenn es Streit gibt, geht es gewöhnlich um die Erziehung der Kinder.« Die immer stärker werdende Belastung forderte von Frau Marston ihren Tribut:

Ich hatte für mich selbst überhaupt keine Zeit mehr. ... Ich bekam einen Nesselausschlag an den Händen. Das machte mich verrückt, also mußte ich zum Arzt gehen, um etwas dagegen zu bekommen. ... Streß tut auch meinem Rücken nicht gut. Der Arzt gab mir Tabletten, aber ich möchte sie nicht nehmen, weil sie mich so schläfrig machen. ... Egal, was ich auch tun wollte, ich konnte es nicht. Schließlich kam ich an den Punkt, daß ich überhaupt nichts mehr machte, wenn ich nicht gezwungen war, es zu tun. Ich machte die Dinge, die man von mir erwartet, sorgte z. B. für die Kinder, aber eigentlich wollte ich das nicht. Ich wollte nichts mehr und für niemanden etwas tun! Ich war die ganze Zeit nur entsetzlich müde, weil ich nicht zum Schlafen kam. Er tat nicht viel, um mir die Sache zu erleichtern, aber ich glaube auch nicht, daß er sieht, was er tun könnte.

Ihre Emotionen schwappten über in Haß und Ärger, Schuldgefühle und Selbstmitleid.

Sehr oft empfand ich starken Haß gegen ihn, weil ich das Gefühl hatte, er behandelt mich wie eine Bedienstete, einen Hausmeister, und nicht wie seine Frau. Mir war nicht klar, daß er nicht wußte, wie er mit mir umgehen sollte. Er wußte nicht, wo er hingehörte. Zu der Zeit hätte ich beinahe unsere Ehe in den Wind geschossen. Das war alles nicht mehr wichtig für mich. Das einzig Wichtige war, daß er sich anstrengte, stark und unabhängig zu werden. ... Ich hatte das Gefühl, nicht genug Aufmerksamkeit zu bekommen, und ich wollte für niemanden mehr etwas tun, weil niemand etwas für mich tat. Ich versank in Selbstmitleid, auch wenn ich dieses Gefühl gleichzeitig ablehnte, weil ich es für sehr egoistisch hielt. Dadurch bekam ich starke Schuldgefühle, die wiederum von Selbstmitleid durchtränkt waren. – Es war ein richtiger Teufelskreis.

Inzwischen sind zwei Jahre vergangen, und Herrn Marstons *Verlaufskurve* hat sich *stabilisert*. Er ist ziemlich unabhängig geworden, fährt Auto und besucht Kurse an einem Ausbildungsinstitut an seinem Wohnort. Frau Marston arbeitet wieder in der Schule. Weil eines ihrer Kinder von zu Hause weggelaufen war, ging die Familie ein halbes Jahr lang zur Erziehungsberatung. »Es hat sich gelohnt, weil es die Kinder zum Sprechen gebracht hat.«

Trotz dieser Fortschritte hat sich Herr Marston mit seiner Behinderung noch nicht ganz abgefunden und noch keine neuen Wege für sich entdeckt. Zur Zeit sucht er noch intensiv. »Vorher wußte er, woran er war, was er nach seiner Pensionierung machen würde und wohin wir danach ziehen würden. Jetzt macht er das alles noch einmal durch. ... Ich glaube nicht, daß er den Punkt erreicht hat, wo er akzeptiert, daß auf der einen Seite zwar nicht alles funktioniert, daß er dafür aber andere Dinge tun, andere Dinge empfinden kann.«

Die Mutter von Frau Marston ist immer noch eine große Hilfe: »Wenn meine Mutter zu uns kommt, nimmt sie mich erst einmal in den Arm.« Auch die Kinder haben sehr viel Verständnis: »Wenn es mir wirklich schlecht geht, wenn ich deprimiert bin, sage ich es den Kindern. Ich erkläre ihnen: ›Es ist besser, ihr benehmt euch jetzt, oder ihr habt eine schreiende Mutter am Hals.‹ Dann lassen sie mich in Ruhe.« Herr Marston versucht auch zu helfen. Wenn seine Frau bis abends weg ist, macht er das Essen; gelegentlich macht er auch die Wäsche und nimmt die Jungen zum Kegeln mit, damit Frau Marston eine Erholungspause hat. Für Frau Marston ist die gegenwärtige Phase eine Wartezeit.

An diesem Punkt in seinem Leben möchte er nicht, daß ich beteiligt bin. Ich bin da als Mutter, als Haushälterin usw. Jetzt, wo er eine gewisse Freiheit und Beweglichkeit hat, möchte er sehen, in welche Richtung er sich entwickelt. Wenn er sich erst einmal entschieden hat, dann bin ich wieder in seinem Leben vorhanden, aber ich muß herausfinden, an welchem Punkt er steht und was er vorhat. Ich sagte ihm, daß wir jemanden bräuchten, der uns dazu bringt, daß wir miteinander reden. Er meint dagegen, wir könnten das Problem alleine lösen. Ich warte... Ich warte sehr viel.

Zum Problem der körperlichen und emotionalen Barrieren zwischen ihr und ihrem Mann sagt sie:

Ich glaube nicht, daß er momentan ein Bedürfnis nach Sexualität oder Liebe hat. Er realisiert wohl auch nicht, daß *ich* dieses Bedürfnis manchmal habe. Als wir in der Eheberatung an diesen Punkt kamen, stieg er aus. Ich glaube, er hat Angst, darüber zu reden. Ich wäre dazu bereit, aber er nicht. Ich lasse ihm seine Entwicklung.

In bezug auf ihre eigene biographische Entwicklung sagt Frau Marston:

Im letzten halben Jahr habe ich mehr unternommen. Daß ich mich weiterbilde, bedeutet, daß ich mich zwinge, viele Dinge zu erledigen, weil ich weiß, daß ich sonst in Schwierigkeiten gerate. Zu bestimmten Dingen zwinge ich mich, z. B. daß ich wie eine Rabenmutter meine Kinder allein lasse. Ich habe erkannt, daß ich, wenn meinem Mann irgend etwas passierte, mich und meine Kinder nicht durchbringen könnte; also habe ich eine Weiterbildung angefangen, so daß ich eine gewisse Sicherheit habe, falls tatsächlich etwas passiert.

Dann berichtet sie uns, wie sich ihre Unternehmungen auf die Kinder auswirken: »Die Kinder haben das nicht gern; sie möchten nicht, daß ich diese Weiterbildung mache. Wenn ich arbeiten gehe, macht es ihnen nichts aus; es ist lustig. Aber wenn ich zum

Institut gehe, ist das etwas anderes für sie. Ich fragte sie: ›Ist es euch klar, weshalb ich diese Weiterbildung mache?‹ Und sie antworteten: ›Weil du dabei bist, die Scheidung einzureichen.‹«

Für Frau Marston ist diese Phase auch durch die Unsicherheit ihrer Ehe gekennzeichnet.

Es ist etwas besser geworden, und ich glaube nicht, daß es wieder schlimmer wird. Es liegt an ihm. *Er* muß unsere Beziehung wollen oder nicht. Wenn er nicht will, dann merke ich es daran, daß unsere Beziehung sich verschlechtert. Ich kann nur das tun, was ich tue. Er sagt immer: »Wenn irgend etwas zwischen uns passiert, werde ich für dich sorgen.« Und wenn ich frage: »Was meinst du damit?«, antwortet er: »Vergiß es.« ... Jetzt, wo er unabhängiger geworden ist, möchte ich herausfinden, was er vorhat, was er mit seinem Leben anfangen möchte.

Dennoch unterstützt sie ihn weiter bei der Wiederherstellung seiner Identität:

Ich ermuntere ihn, über das zu reden, was er so macht. Wenn er vom Reha-Zentrum zurückkommt, frage ich ihn: »Wieviel Kilo hast du heute geschafft?« Ich ermuntere ihn, etwas mit den Jungen zu unternehmen. Wenn eines der Kinder mich bittet, ihm bei Mathe zu helfen, sage ich: »Frag deinen Vater.« Ich kaufe Dinge für ihn, von denen ich weiß, daß er sie mag, wie z. B. einen leichten Rucksack für seinen Rollstuhl. ... Manchmal lege ich den Arm um ihn und sage: »Es ist schon gut.«

Sie treibt ihren Mann – wenn auch in gemäßigter Form – auch immer wieder an:

Es ist für mich wichtig, daß er herauskommt und etwas unternimmt. Ich muß mich zurückhalten, weil ich Erwartungen an ihn stelle, die sich nicht mit seinen decken. Es ist für mich wichtig, Fortschritte zu sehen. Wenn ich sehe, wie er Dinge in Angriff nimmt und ausdauernd daran arbeitet, gibt mir das Hoffnung. Ich weiß, daß er nicht locker läßt; er arbeitet ständig an sich. Ich habe ihm geraten, er solle weitermachen und den Rückfall *mir* überlassen.

Im folgenden Gesprächsauszug versucht Frau Marston, in dieser stabilen Verlaufsphase Konsequenzen aus der Behinderung ihres Mannes einzuschätzen:

In mancher Hinsicht hat die Behinderung uns auseinandergebracht. ... wir leben eigentlich nicht mehr wie Mann und Frau. Unser Verhältnis ähnelt einem kameradschaftlichen Zusammenleben. Die Liebesbeziehung ist völlig weg. Das strengt mich sehr an; denn ich lebe praktisch allein. Die Jungen verstehen, was los ist. Als wir einmal nach Hause fuhren, sagte der ältere zu mir: »Mama, es ist doch nicht mehr so wie früher zwischen dir und Papa, stimmt's?« »Ja.« »Das ist nicht richtig.« Ich antworte: »Nein, das ist es nicht.« Aber was kann ich machen? Ich habe immer wieder versucht, meinen Arm um ihn zu legen und ihn zu küssen, aber wenn ich es auf die falsche Art mache, wird er wie gelähmt und ist frustriert. Ich muß aufpassen, was ich tue und was ich sage.

In den folgenden Kommentaren lassen sich allerdings Anfänge einer partiellen positiven Veränderung erkennen, eine gewisse Renormalisierung und Öffnung zum Besseren hin.

Ich habe nicht mehr solche Schuldgefühle wie früher und habe mich auch wieder etwas gefangen, weil es so einfach nicht mehr weiterging. Ich glaube, die Beratung hat geholfen – daß ich darüber sprechen konnte. Das hat dazu beigetragen, daß ich vieles über ihn erkannt habe. Es nützte gar nichts, daß *ich* ihn anders haben wollte. Solange *er* nicht wollte, veränderte sich nichts. All meine Bemühungen um Perfektion waren für die Katz – *er* hat den Schlüssel in der Hand. Nachdem ich das erkannt hatte, konnte ich mir auch Gedanken darüber machen, was *ich* eigentlich will, was mich und die Kinder zufrieden macht. Es hat mir geholfen, mich wieder etwas zu normalisieren, aber ich bin noch immer nicht auf dem Stand von früher. So war ich immer ein sehr gut organisierter Mensch. Das bin ich nicht mehr. ...
  Er redet allmählich mehr über das, was er so macht, nicht über unsere Beziehung, aber über andere Dinge. Ich verstehe allmählich besser, was er mag und was er nicht mag. Er fragt mich nach meinen Kursen. Er fragt nicht viel. Er möchte immer noch nicht sehr viel wissen.

Frau Marston arbeitet schwer daran, ihre Ehe zu erhalten, und sie tut das, wovon sie annimmt, daß es für ihren Mann und ihre Kinder das beste ist – auch wenn für sie beträchtliche Kosten damit verbunden sind. Drei Jahre nach dem Unfall schafft sie es, den Abwärtstrend, in dem sie sich befindet, anzuhalten und eine gewisse Kontrolle über ihr Leben zu gewinnen. Herr Marston hat drei Verlaufskurvenphasen – die Akutphase, die Renormalisierungsphase und die stabile Phase – durchlaufen, doch hat er sich von seinem Unfall noch nicht ganz erholt.

Fall 2: Eine abwärts gerichtete Verlaufskurve durchleben: Herr und Frau Daugherty

Im Falle von Herrn und Frau Daugherty ist das Leben des Paares nicht so sehr von wechselnden Verlaufskurvenphasen abhängig als von der Art der Verlaufskurve und den innerhalb einer Phase ablaufenden Prozessen. Beide Partner sind um die fünfzig und gehören der Mittelschicht an. Herr Daugherty hat ein eigenes Versicherungsbüro. Frau Daughertys Leben hat sich immer um das Haus, ihren Mann und die Erziehung ihrer sechs Kinder gedreht. Nur ein Kind lebt noch bei der Familie. Das Paar war immer eng miteinander verbunden; seit man bei Herrn Daugherty ein Melanom (bösartige braune bis schwärzliche Hautgeschwulst) festgestellt hat, ist diese Verbindung noch enger geworden. Herr und Frau Daugherty können über die Krankheit und deren Folgen miteinander sprechen und sich gegenseitig helfen, sich mit der Krankheit und dem Unvermeidlichen abzufinden. Im folgenden wird der Fall aus Frau Daughertys Perspektive dargestellt. (Herr Daugherty erwähnte im wesentlichen dieselben Punkte aus einer ähnlichen Perspektive.)

Frau Daugherty bemerkte auf dem Rücken ihres Mannes eine leichte Hautveränderung in Form eines Leberflecks; sie schickte ihren Mann zum Arzt, der den Hautfleck »wegbrannte«. Darauf entwickelte sich ein weiterer Leberfleck, und auch dieser wurde entfernt. Das Paar hatte Vertrauen zu dem Arzt, und es dachte nicht weiter über die Sache nach, bis Herr Daugherty eines Tages einen Knoten unterm Arm entdeckte. Dieser wurde im Krankenhaus operativ entfernt, und schließlich machte man noch eine Biopsie. »Da hörte ich zum erstenmal das Wort *Melanom*. Ich habe es nicht mit Krebs in Verbindung gebracht. Als der Arzt dann sagte, damit sei ›alles weg‹, nahmen wir an, die Sache sei erledigt.«

Nicht lange danach hatte sich ein weiterer Knoten entwickelt. Er war ziemlich groß und saß am Knochen. Das Paar war verunsichert und betete, daß alles gut ginge. Auch dieser Knoten wurde operativ entfernt. Zu der Zeit erkannte Frau Daugherty noch nicht die volle Tragweite dessen, was ihnen bevorstand, obwohl ihr die Ärzte sagten, sie kennten die Ursache des Krebses nicht, er sei inzwischen im Blutkreislauf, und es gebe keine Heilungschancen. »Tagelang lief ich mit dem Gefühl herum, einen Kloß im Hals zu haben.«

Dann erschien ein Knoten auf Herrn Daughertys Rücken. Da sie eine Reise geplant hatten, riet der Arzt ihnen, diese bald zu machen. Während dieser Reise entwickelte sich zum ersten Mal eine Verlaufskurvenvorstellung. »Ich sagte mir, vielleicht habe ich nächtes Jahr um diese Zeit keinen Mann mehr. Es war das erste Mal, daß ich so etwas dachte.« Herr Daugherty ahnte, was sie dachte, also sprachen sie darüber. Trotz – oder vielleicht wegen – der ungewissen Zukunft verlebte das Paar in diesen Ferien eine wunderbare Zeit. Anschließend wurde der Knoten entfernt, aber Frau Daugherty zweifelte, ob die Verschiebung der Behandlung richtig gewesen war, und machte sich Vorwürfe. »Ich habe nie im Traum daran gedacht, daß es so ernst ist.«

Als sich später dann Knoten unter beiden Armen zeigten, verwies der Arzt die beiden an ein medizinisches Zentrum. Der dortige Arzt empfahl ihnen, abzuwarten; denn seiner Einschätzung nach waren die Knoten für eine operative Entfernung noch nicht groß genug. Sie erkundigten sich nach einer Chemotherapie, aber der Arzt erklärte ihnen, daß sie nur in dreißig Prozent der behandelten Fälle Erfolg hätte. Überraschenderweise verschwanden die Knoten plötzlich. Der Arzt beobachtete Herrn Daugherty weiter. Im Sommer erschien dann ein weiterer Knoten. Erst im Spätherbst hielt der Arzt eine Operation für notwendig.

Beim nächsten Termin im medizinischen Zentrum war ein anderer behandelnder Arzt da. Man gab ihnen einen weiteren Termin in zwei Wochen. Bei diesem Termin sagte man ihnen, der Knoten sei nun zu groß, um operativ entfernt zu werden.

Er sagte es einfach so, ohne Umschweife. Er sagte, er könne auf keinen Fall operieren, der Bereich sei zu groß, es würde nicht mehr richtig heilen. Es hörte sich so an wie: Vielleicht noch ein paar Monate, vielleicht auch weniger.

Wie gelähmt hörte das Paar zu, als man ihm empfahl, einen Internisten aufzusuchen, der über die nächste Form der Behandlung entscheiden solle.

Im Grunde hatten wir geglaubt, daß diese Krankheit nicht so schlimm ist, daß er so in einem Jahr oder einem Dreivierteljahr ins Krankenhaus gehen und sich operieren lassen würde. Wir dachten einfach – ich glaube, wir beide dachten –, es würde immer so weitergehen. Ich meine, man setzt keinen zeitlichen Rahmen, es wird schon zwei Jahre so weitergehen, danach wird man sehen. Von Natur aus bin ich optimistisch, vielleicht zu sehr. Anfang Juni hatte uns der Arzt gesagt, er würde lieber operieren als bestrahlen. Ich kann nicht mal sagen, daß sie die falschen Entscheidungen getroffen haben. Es liegt alles in Gottes Hand. Man kann nicht zurückblicken und sagen, wenn... das macht einen kaputt. Man kann nur nach vorne schauen und auf Gott vertrauen.

Als sie in der Woche darauf in die Sprechstunde kamen, sagte man ihnen, daß Herr Daugherty nun chemotherapeutisch behandelt werden solle. Zwar gab das Paar die Hoffnung noch nicht auf, aber beide erkannten, daß der Tod unvermeidlich geworden war, wenn auch erst in der Zukunft. »Wir dachten immer, die Krankheit sei etwas, womit wir leben könnten, es gebe die Möglichkeit zu operieren. Aber jetzt war die Tür geschlossen, zugeschlagen.«

Was bedeutete diese neue Verlaufskurvenvorstellung für die beiden Partner und für ihre Beziehung zueinander? Zum einen mußten sie für Frau Daughertys Zukunft planen. Zum anderen mußten sie sich auf die neue Therapie und deren Nebenwirkungen einstellen und mit der ihnen noch verbleibenden Zeit zurechtkommen. »Wann immer eine Veränderung eintritt, muß man diese einkreisen und dann in sein Lebens- und Denkmuster einpassen. Er stellt sich der Realität, daß er seine Dinge in Ordnung bringen muß.«

Wir beenden diese Fallgeschichte mit der Frage, welche Schlüsse Frau Daugherty aus ihren Erkenntnissen zieht und welche Arten von Arbeit sie (neben der Einarbeitung in das Versicherungswesen und der Regelung finanzieller Angelegenheiten) verrichtet. So erzählt sie, wie sie andere über die Krankheit ihres Mannes informiert hat: »Zuerst erzählten wir allen, daß er gelegentlich operiert werde und daß das eben so sei. Jetzt muß ich es jedem sagen. Er hat drei Schwestern an der Ostküste, und dann sind da die Kinder.« Sie erzählt auch, wie sie ihren Mann unterstützt und es ihm bequem zu machen versucht.

Ich merke, wenn er eine schwere Phase durchzustehen versucht. Er erledigt dann die Dinge zwar, aber er macht sie eben nur, weil man es von ihm erwartet. Ich habe gelernt, wie ich damit umgehe, wenn er müde ist. Er wird mißmutig. Ich lasse ihn wissen, daß ich diese Art seines Verhaltens nicht schätze, und er weiß, daß er meine Ermahnung braucht. Man kann den Leuten nicht alles durchgehen lassen, nur weil sie krank sind. Das wäre für ihn keine glückliche Situation, weil er sich hassen würde, und das kann ich nicht zulassen. Aber ich weiß auch, daß er das nur macht, wenn er angespannt ist und unter starkem Druck steht, es kommt dann einfach so heraus. Ich ermuntere ihn, fernzusehen, sich zu entspannen. ...
 Wenn ich aufgewühlt bin, gehe ich durch den Garten. Das ist sehr angenehm. Ich gehe spazieren und bete manchmal dabei. Ich sage den Kindern, daß er keine Angst hat, daß er mit sich im reinen ist, daß er das Gefühl hat, das alles habe einen Sinn.

Frau Daugherty entwickelt eine Vorstellung von ihrer Zukunft, in der sie allein sein wird. Ihre Überlegungen sind nach vorne gerichtet und Teil des Prozesses, in dem sie ihre Situation akzeptiert und eine neue Identität als alleinstehende Frau aufbaut. »Hin und wieder packt es mich. Ich denke darüber nach, daß ich eines Tages allein sein werde. Ich werde Witwe sein. Wie wird das sein? Meine Routine wird sich nicht ändern, aber ich werde allein sein dabei. Ich warte nicht darauf, doch ich kann die Gedanken nicht verdrängen; es ist schrecklich.«
 Sich zu erinnern bedeutet, daß man in die Vergangenheit schaut und die Erinnerungen sammelt, die für die Vorstellungen von der Zukunft wichtig sind. Durch diese Tätigkeit erreicht Frau Daugherty eine Art Abschluß und kann das vergangene Leben und den potentiellen Tod ihres Mannes akzeptieren.

Wir haben immer die Vormittage miteinander verbracht, weil er erst später zur Arbeit gehen muß. Die Vormittage waren für uns immer kostbar. Jetzt stehen wir auf und gehen zusammen in die Kirche, gehen spazieren und unterhalten uns. Es ist eine wunderbare Zeit. Wir haben darüber gesprochen, welche Gnade es für uns ist, daß wir diese Zeit zusammen haben durften. Und ich verbringe viel Zeit bei ihm im Büro.

Zu dem Problem, daß das Paar zwischen Therapien und möglichen Nebenwirkungen abwägen mußte, sagt Frau Daugherty: »Wenn man eine Behandlung in Erwägung zieht, muß man die Nebenwirkungen gegenüber dem therapeutischen Erfolg abwägen. Ich weiß, daß er seine Haare verlieren wird, und er hat sehr schönes Haar. Aber das ist nur eine Frage von Äußerlichkeiten. Ich sagte zu ihm: ›Vielleicht verändert das auch deine Persönlichkeit?‹, und wir sprachen darüber. . . . Wir planten unseren Urlaub so, daß er sich nicht mit den Behandlungsterminen überschnitt.«

Frau Daugherty ist auch auf den nächsten Schritt nach unten vorbereitet; sie hat an der medizinischen Behandlung die negative Progression der Verlaufskurve erkannt: »Also macht man die Chemotherapie anstatt zu operieren – das ist der nächste Schritt nach unten. So kategorisiere ich das in meinem Kopf. Das letzte Mittel wird Bestrahlung sein, wenn es sonst nichts mehr gibt.« Doch durch Hoffnung und das Bestreben, so normal wie möglich zu leben, ist das Paar motiviert, mit der krankheitsbedingten Arbeit und diesem Leben weiterzumachen: »Unser Leben ist vollkommen normal. Er geht zur Arbeit, spielt Tennis. Er ist sehr liebevoll, und wir haben rundum ein gutes Verhältnis zueinander. Da ist immer noch Hoffnung.«

Diese beiden Menschen, die sehr eng zusammenarbeiten, können ihr Schicksal unter anderem deshalb gemeinsam bewältigen, weil sie über den Verlauf der Krankheit miteinander sprechen und darüber hinaus sehr gläubig sind. Herr Daugherty ist außerdem immer noch aktiv, er wird ärztlich behandelt und reagiert gut darauf, und so scheint der Tod noch in weiter Ferne zu sein.

13 Der Umgang mit einer chronischen Krankheit bringt unendlich viel Arbeit mit sich

Im Mittelpunkt unserer Überlegungen standen die Konzepte der *Arbeit* und der *Verlaufskurve*. Eine Krankheit bringt es automatisch mit sich, daß der Betroffene und die ihm Nahestehenden viel mehr Arbeit als gewöhnlich zu bewältigen haben. Dieses Arbeitsaufkommen muß so organisiert werden, daß man die nötigen Aufgaben auch schafft. Nun hat eine Krankheit einen bestimmten Verlauf, und eine chronische Krankheit hat einen lebenslang dauernden Verlauf mit unterschiedlichen Phasen (Phasen der Renormalisierung, stabile, instabile, sich verschlechternde Phasen, Sterbephasen). Das bedeutet, daß die im Zusammenhang mit einer Krankheit entstehende Arbeit je nach Krankheitsphase schwanken kann. Wie schon erwähnt, können wir mit dem (aus der Medizin abgeleiteten) Begriff »Krankheitsverlauf«, der sich auf den physiologischen Aspekt einer Krankheit bezieht, soziologisch nicht zufriedenstellend aufzeigen, wie ein Arzt mit einer Krankheit umgeht, geschweige denn, wie die Betroffenen die Krankheit in der Familie bewältigen. Unser Konzept der Verlaufskurve geht über den »Krankheitsverlauf« hinaus und umfaßt auch die krankheitsbedingte Arbeit, die Arbeitszusammenhänge und die Erfahrungen der Arbeitenden, was wiederum auf den Umgang mit der Krankheit zurückwirkt. (Implizit berücksichtigt es auch verschiedene interaktionale und organisatorische Bedingungen, die einen Einfluß auf die Bewältigungsarbeit haben.) In der Familie erleben die Betroffenen die Krankheit in einem lebendigen Kontext, der von Alltäglichkeiten bis zu biographischen Anliegen aller Familienangehörigen reicht. Das Umfeld und die Bedingungen in der Familie sind völlig andere als in Krankenhäusern und Pflegeeinrichtungen.

Mit unserem Buch möchten wir Antworten geben auf Fragen wie: Welche und wieviel Arbeit ist erforderlich, um die Krankheit in der Familie bewältigen zu können? Wie verhält sich die krankheitsbedingte Arbeit zur normalen Alltagsarbeit und zu den biographischen Anliegen der Betroffenen? Wie werden diese miteinander zusammenhängenden Arbeiten konkret *durchgeführt*? Werden diese Arbeiten erfolgreich bzw. nicht erfolgreich erledigt und mit welchen Konsequenzen? Wie werden Alltagsleben und Biographien im Verlauf der Krankheit durch die Verlaufskurve geprägt, und welche Folgen hat dies für den Umgang mit der Krankheit und vielleicht für den physiologischen Verlauf der Krankheit?

Sofern eine chronische Krankheit nicht vererbt ist, taucht sie zunächst im Rahmen der eben genannten alltäglichen Aktivitäten und biographischen Prozesse auf. (Bei einer Erbkrankheit wird die Krankheit schon für das Kind zu einem Teil seines Alltagslebens und seiner Biographie.) Die Zeit, bevor eine endgültige Diagnose möglich ist, kann für den Patienten sehr arbeitsaufwendig sein. Manchmal kommt es auch vor, daß ein guter Arzt diagnostische Anzeichen sofort erkennt oder daß eine Krankheit aufgrund anderer Untersuchungen (z. B. Blutuntersuchungen) zufällig entdeckt wird. Hat der Arzt die Diagnose gestellt, dann arbeitet er gewöhnlich eine Prognose aus, d. h. in unserer Terminologie: eine *Verlaufskurvenvorstellung*. Nicht immer ist der Patient derselben Meinung wie sein Arzt, und er sucht sich unter Umständen eine weitere Diagnose bei einem anderen Arzt.

Die Vorstellung des Arztes davon, wie sich eine Krankheit entwickeln wird, bezieht sich einerseits auf den Verlauf der Krankheit ohne ärztliche Interventionen, andererseits auf den Verlauf, wenn spezielle Therapien und Maßnahmen ergriffen werden. Im allgemeinen legt der Arzt dem Patienten einen Behandlungs- und Diätplan vor, der bestimmte Arbeiten und einen gewissen Aufwand erforderlich macht. Hierzu gehört, daß der Kranke Medikamente nach Plan einnimmt, bestimmte Prozeduren durchführt (z. B. sich Insulin spritzt), eine strenge Diät einhält oder diätetische Einschränkungen befolgt, regelmäßig zu Untersuchungen und Behandlungen geht usw. Die Aufgaben, die der Patient zu erfüllen hat, sind abhängig von der Art der Krankheit, der Symptomlage, der Krankheitsphase und sogar von der »Schulmeinung« des Arztes. Darüber hinaus müssen der Kranke und seine Angehörigen, um die täglichen Lebensvollzüge aufrechtzuerhalten, eine Reihe von Aufgaben erledigen, die von der Alltagsarbeit über Haushaltsführung und Kindererziehung bis zum Erwerb des Familieneinkommens reichen.

So bleibt es nicht aus, daß die Auswirkungen der Krankheit an sich und die mit der Krankheit verbundene Arbeit verschiedene biographische Prozesse im Kranken wie im Partner auslösen. Je einschneidender eine Krankheit in das Leben der Betroffenen eingreift, desto länger und tiefgreifender sind diese Prozesse und die damit verbundene biographische Arbeit. Eine Krankheit kann bestimmte Körperteile oder Körpersysteme lahmlegen und körperliche Behinderungen mit sich bringen, was sich dann auf das Handeln des Kranken und mithin auf seine Konzeptionen von seinem Selbst negativ auswirkt. Die Veränderungen, die das Selbst in bezug auf den Körper wahrnimmt, sind mit dem Begriff »verändertes Körperbild« nicht angemessen erfaßt, weil er die triadische Beziehung zwischen Körper, Selbst und Umfeld nicht berücksichtigt. Wir haben diese triadische Beziehung, die bei einer schweren Krankheit gestört ist, als *biographisches Körperschema* bezeichnet und an Einzelfällen dargestellt, wie stark das Gefühl des Kranken für die biographische Zeit – für seine individuelle Vergangenheit, Gegenwart und Zukunft – beeinträchtigt ist. Solche Wahrnehmungen ziehen biographische Prozesse dergestalt nach sich, daß der Betroffene die Krankheit in sein Leben integriert, daß er die Einschränkungen seines Körpers und seiner Handlungen akzeptiert, daß er seine Identität wiederherstellt und seine Biographie neu entwirft. Diese Prozesse verlangen vom Kranken und seinem Partner ein enormes Maß an kognitiver und emotionaler Arbeit.

Meistens versuchen die kranken Menschen und ihre gesunden Partner, gemeinsam und auch individuell ein Gleichgewicht zwischen den drei Haupt*arbeitslinien* (Krankheit, Alltag und Biographie) herzustellen. Die hierfür notwendigen Arbeiten kann das Paar mit bestimmten Arbeitsverfahren bewältigen: So kann es verschiedenartige Ressourcen (menschliche Arbeitskraft, Zeit, Geld) entdecken, sinnvoll einsetzen und auch erhalten; es kann eine effektive Aufteilung der einzelnen Aufgaben vornehmen und die anfallende Arbeit gut organisieren; schließlich müssen die beiden Partner für das gemeinsame Unternehmen motiviert sein und sich wechselseitig unterstützen. Doch trotz aller Bemühungen des Paares können Ereignisse eintreten, die das einmal errungene Gleichgewicht empfindlich stören. So werden beispielsweise Veränderungen der Bedingungen am Arbeitsplatz oder in den ökonomischen Verhältnissen einer Familie schnell zu externen Störfaktoren.

Ein weiterer Störfaktor ist der erkrankte Körper selbst; denn schon rein symptomatische Veränderungen, ganz zu schweigen von systemischen, können den kranken Menschen in eine neue Verlaufskurvenphase bringen. Die Verlaufskurve wird entscheidend, aber nicht ausschließlich vom physiologischen Verlauf der Krankheit bestimmt. Der Krankheitszustand hat zwar einen starken Einfluß sowohl auf die Arbeit, die die Betroffenen im Zusammenhang mit der Krankheit verrichten, als auch auf deren Alltags- und Biographiearbeit, was insgesamt wieder auf den Umgang mit der Krankheit zurückwirkt. Doch gleichzeitig wird die Verlaufskurve auch noch von anderen dynamischen Kräften und von äußeren Ereignissen geprägt. Es besteht also ein kompliziertes Wechselspiel zwischen der Krankheit, ihrer Bewältigung und den unvermeidlichen Ereignissen, die sich *im Verlauf der Zeit* zutragen. Deshalb betrachten wir die Bewältigung einer Krankheit als einen Prozeß, der nie zum Stillstand kommt.

Bei der Durchführung der Arbeit, die zur Bewältigung einer Krankheit notwendig ist, sind außerdem *interaktionale Prozesse* von entscheidender Bedeutung. Das heißt, daß die Betroffenen, wenn sie ihre Aufgaben mit Hilfe bestimmter Arbeitsverfahren verrichten, miteinander handeln. Soll der Interaktionsprozeß erfolgreich sein, dann müssen die Handlungen der Akteure eine *Ausrichtung* haben. Wir haben in einem Fallbeispiel gesehen, wie das gemeinsame Handeln eines Paares von einem oder beiden Partnern als mehr oder weniger ausgerichtet wahrgenommen wird und wie dann beide Partner interaktionale Strategien entwickeln, um eine *erneute* Ausrichtung zu erreichen. Wichtig sind hierbei die der Interaktion vorausgehenden Überlegungen der Betroffenen und die auf die Interaktion folgenden Bewertungen der Handlung. Diese Bewertungen können dann wieder in die Planung eines erneuten Ausrichtungsversuchs eingehen.

Mit einem *Bedingungszirkel* (s. S. 111) aus konzentrischen Kreisen haben wir einige Bedingungen, die sich auf die Handlungen und Interaktionen im Umgang mit einer Krankheit auswirken, herausgearbeitet. Der äußere Kreis steht für die Makrobedingungen, d. h. für die übergeordneten politischen und sozioökonomischen Verhältnisse, in denen ein Mensch lebt. Der nächste Kreis enthält Bedingungen wie Krankheit, Biographie und Alltagsleben, die sich direkter auf die Durchführung der Arbeit auswirken. Es folgt der Kreis mit der Arbeit an sich und ihren drei Arbeitslinien. Im nächstinneren Kreis ist der strukturelle Kontext angesiedelt, in dem die einzelnen Arbeitsverfahren (Ressourcen finden, die Arbeit aufteilen, sich gegenseitig stützen, die Arbeit organisieren) durchgeführt werden. Der darauffolgende Kreis bezieht sich auf die Interaktion mit den durch die Haltungen und Einstellungen der Handelnden erzeugten Bedingungen, mit dem Interaktionskontext und dem Grad der Ausrichtung des Handelns. Der innerste Kreis steht für die Durchführung der Arbeit und deren Konsequenzen, die wieder auf die einzelnen Kreise nach außen zurückwirken. So werden diese Konsequenzen zu Bedingungen, die in die nächste Phase der Handlung eingehen.

Unsere Überlegungen zum Konzept der Verlaufskurve und der Bewältigungsarbeit haben wir anhand von Fallbeispielen durch verschiedene Typen von Verlaufskurvenphasen weiterentwickelt. Die Bezeichnungen für diese Phasen deuten zwar auf medizinische Vorgänge hin; es handelt sich aber nicht lediglich um Krankheitsphasen, sondern – weitergefaßt – um *Verlaufskurvenphasen*, in denen sowohl Veränderungen im Krankheitsverlauf als auch in der damit zusammenhängenden Arbeit und in den biographischen Bezügen berücksichtigt sind. Behandelt haben wir Phasen der Renormalisierung, stabile Phasen und instabile Phasen, sich verschlechternde Phasen und Sterbephasen. Akutphasen haben wir nicht diskutiert, weil diese primär in Krankenhäusern und anderen Gesundheitseinrichtungen bewältigt werden. Schließlich haben wir uns mit Konsequenzen befaßt, die die Krankheitsbewältigung in der Familie für den gesunden Partner haben kann.

In den Fallbeschreibungen zeigen sich sowohl allgemeine Muster der krankheitsbedingten Arbeit und der Verlaufskurvenbewältigung als auch eine große individuelle Bandbreite dieser allgemeinen Muster. Weil die Krankheitsphänomene so komplex und die Lebensumstände der betroffenen Paare so vielfältig sind, kann eine adäquate Analyse keine bloße Auflistung von »Ergebnissen« bringen. Um die Situation eines von Krankheit geschlagenen Paares verstehen zu können, muß man beides verstehen und miteinander verbinden: sowohl unsere theoretischen Überlegungen und Konzepte mit ihren Bezügen untereinander als auch die spezifischen Umstände des Einzelfalles.

Bibliographischer Anhang

Dieses Buch mit dem Titel »Unending Work and Care: Managing Chronic Illness at Home« wendet sich in seiner amerikanischen Originalfassung zum einen an Sozialwissenschaftlerinnen und Sozialwissenschaftler, zum anderen an diejenigen, die im Gesundheitswesen und in der Sozialpolitik praktisch tätig sind. Die für die deutsche Ausgabe überarbeitete Fassung wendet sich vor allem an Menschen, die direkt oder indirekt von chronischer Krankheit betroffen sind. Die Leser, die an den theoretischen und methodologischen Hintergründen der Forschungsarbeiten von Juliet Corbin und Anselm L. Strauss interessiert sind, finden im folgenden weiterführende Literaturverweise aus der Originalausgabe.

Literaturverzeichnis

BECKER, H.: Art Worlds. Berkeley: University of California Press, 1984

BECKER, H. und GEER, B.: *Participant Observation: The Analysis of Qualitative Field Data.* In: R. N. Adams und J. Preiss, Hrsg.: Human Organization Research. Homewood, Ill.: Dorsey, 1960, S. 267–289 (dt. 1979. In: C. Hopf und E. Weingarten, Hrsg.: Qualitative Sozialforschung, Stuttgart, S. 139–170)

BECKER, H., GEER, B., HUGHES, E. und STRAUSS, A.L.: Boys in White: Student Culture in Medical School. Chicago: University of Chicago Press, 1961

BECKER, H. und STRAUSS, A.L.: *Careers, Personality, and Adult Socialization.* In: The American Journal of Sociology 62 (3), 1956, S. 253–263

BLUMER, H.: Symbolic Interactionism. Englewood Cliffs, N. J.: Prentice-Hall, 1969

CHARMAZ, K.: *The Social Construction of Self-Pity in the Chronically Ill.* In: N. Denzin, Hrsg.: Studies in Symbolic Interaction 3, 1980, S. 123–145

CHARMAZ, K.: *Loss of Self: A Fundamental Form of Suffering in the Chronically Ill.* In: Sociology of Health and Illness 5, 1983, S. 168–193

CHESLER, M. und BARBARIN, O.: *Difficulties of Providing Help in a Crisis: Relationships Between Parents of Children with Cancer and Their Friends.* In: Journal of Social Issues 40 (4), 1984, S. 113–134

CLUFF, L.: *Chronic Disease, Function and the Quality of Care.* In: Journal of Chronic Diseases 34, 1981, S. 299–304

COMAROFF, J. und MCGUIRE, P.: *Ambiguity and the Search for Meaning: Childhood Leukaemia in the Modern Clinical Context.* In: Social Science and Medicine 15 B, 1981, S. 115–123

CONRAD, P.: *The Meaning of Medications: Another Look at Compliance.* In: Social Science and Medicine 20 (1), 1985, S. 29–37

CONRAD, P.: *The Experience of Illness: Recent and New Directions*. In: J. Roth und P. Conrad, Hrsg.: Research in the Sociology of Health Care, Bd. 6. Greenwich, Conn.: Jai, 1987

COWIE, B.: *The Cardiac Patient's Perception of His Heart Attack*. In: Social Science and Medicine 10, 1976, S. 87–96

DEWEY, J.: Human Nature and Conduct. New York: Holt, Rinehart & Winston, 1922

DEWEY, J.: Art as Experience. New York: Minton, Balch and Co., 1934 (dt. 1980: Kunst als Erfahrung, Frankfurt)

DEWEY, J.: Logic: The Theory of Inquiry. New York: Holt, Rinehart & Winston, 1938

ERIKSON, E.: Identity and the Life Cycle. In: G. Klein, Hrsg.: Psychological Issues. New York: International Universities Press, 1959 (dt. 1966: Identität und Lebenszyklus: Drei Aufsätze, Frankfurt)

FAGERHAUGH, S. und STRAUSS, A.L.: Politics of Pain Management: Staff-Patient Interaction. Menlo Park, Ca.: Addison-Wesley, 1977

FAGERHAUGH, S. und STRAUSS, A.L.: *Negotiation and Pain Management on Geriatric Wards*. In: D. Maines und N. Denzin, Hrsg.: Work and Problematic Situations. New York: Crowell, 1978

FAGERHAUGH, S., STRAUSS, A.L., SUCZEK, B. und WIENER, C.: Hazards in Hospital Care: Ensuring Patient Safety. San Francisco: Jossey-Bass, 1987

FELDMAN, D.: *Chronic Disabling Illness: A Holistic View*. In: Journal of Chronic Diseases 27, 1974, S. 287–291

FENGLER, A. und GOODRICH, N.: *Wives of Elderly Disabled Men: The Hidden Patients*. In: The Gerontologist 19, 1979, S. 175–183

FREIDSON, E.: *The Division of Labor as Social Interaction*. In: Social Problems 23, 1976, S. 304–313

GERHARDT, U. und BRIESEKORN-ZINKE, M.: *The Normalization of Hemodialysis at Home*. In: J. Roth und S. Ruzek, Hrsg.: Research in the Sociology of Health Care, Bd. 4. Greenwich, Conn.: Jai Press, 1986

GERSON, E.: *On Quality of Life*. In: American Sociological Review 41, 1976, S. 793–806

GERSON, E.: *Scientific Work and Social Worlds*. In: Knowledge 4, 1983, S. 357–373

GLASER, B.: Theoretical Sensitivity: Advances in the Methodology of Grounded Theory. Mill Valley: The Sociology Press, 1978

GLASER, B. und STRAUSS, A.L.: *Awareness Contexts and Interaction*. In: American Sociological Review 29, 1964, S. 669–679

GLASER, B. und STRAUSS, A.L.: Awareness of Dying. Chicago: Aldine 1965 (dt. 1974: Interaktion mit Sterbenden: Beobachtungen für Ärzte, Schwestern, Seelsorger und Angehörige, Göttingen)

GLASER, B. und STRAUSS, A.L.: The Discovery of Grounded Theory: Strategies for Qualitative Research. Chicago: Aldine, 1967

GLASER, B. und STRAUSS, A.L.: Time for Dying. Chicago: Aldine, 1968

GOFFMAN, E.: The Presentation of Self in Everyday Life. New York: Doubleday, 1959

GOFFMAN, E.: Stigma: Notes on the Management of Spoiled Identity. Englewood Cliffs, N. J.: Prentice-Hall, 1963 (dt. 1967: Stigma: Über Techniken der Bewältigung beschädigter Identität, Frankfurt)

GOFFMAN, E.: Frame Analysis: An Essay on the Organization of Experience. New York: Harper & Row, 1974 (dt. 1980: Rahmen-Analyse: Ein Versuch über die Organisation von Alltagserfahrungen, Frankfurt)

HAYES-BAUTISTA, D.: *Modifying the Treatment: Patient Compliance, Patient Control and Medical Care.* In: Social Science and Medicine 10, 1976, S. 233–238

HUGHES, E. C.: The Sociological Eye. Chicago: Aldine, 1971 (Nachdruck 1985. New Brunswick)

JOAS, H.: *The Intersubjective Constitution of the Body Image.* In: Human Studies 6, 1983, S. 197–204

KAPLAN, A.: The Conduct of Inquiry. New York: Chandler, 1963

KAUFMAN, S. und BECKER, G.: *Stroke: Health Care on the Periphery.* In: Social Science and Medicine 22 (9), 1986, S. 983–989

KLEIN, R., DEAN, A. und BOGDONOFF, M.: *The Impact of Illness upon the Spouse.* In: Journal of Chronic Illness 20, 1967, S. 241–248

KOTARBA, J.: *Perceptions of Death, Belief Systems and the Process of Coping with Chronic Pain.* In: Social Science and Medicine 17 (10), 1983, S. 681–689

KÜBLER-ROSS, E.: Interviews mit Sterbenden, Stuttgart: Kreuz-Verlag, 2. Aufl. 1971

MEAD, G. H.: The Philosophy of the Present. LaSalle, Ill.: Open Court, 1932 (dt. 1969: Die Philosophie der Sozialität: Aufsätze zur Erkenntnisanthropologie, Frankfurt)

MEAD, G. H.: Mind, Self and Society: from the Standpoint of a Social Behaviorist. Chicago: University of Chicago Press, 1934 (dt. 1973: Geist, Identität und Gesellschaft: aus der Sicht des Sozialbehaviorismus, Frankfurt)

MERLEAU-PONTY, M.: Phenomology of Perception. London: Routledge & Kegan Paul, 1962 (dt. 1965: Phänomenologie der Wahrnehmung, Berlin)

RIEMANN, G.: Das Fremdwerden der eigenen Biographie: Narrative Interviews mit psychiatrischen Patienten. München: Fink, 1987

SCHATZMAN, L. und STRAUSS, A.L.: Field Research: Strategies for a Natural Sociology. Englewood Cliffs, N. J.: Prentice-Hall, 1973

SCHNEIDER, J. und CONRAD, P.: *In the Closet with Illness: Epilepsy, Stigma Potential and Information Control.* In: Social Problems 28, 1980, S. 32–44

SCHÜTZE, F.: *Prozeßstrukturen des Lebensablaufs.* In: J. Matthes, A.

Pfeifenberger und M. Stosberg, Hrsg.: Biographie in handlungswissenschaftlicher Perspektive. Nürnberg: Verlag der Nürnberger Forschungsvereinigung e. V., 1981, S. 67–156

SCHÜTZE, F.: *Biographieforschung und narratives Interview.* In: Neue Praxis 13, 1983, S. 283–293

STAR, S.: *Simplification in Scientific Work: An Example from Neuroscience Research.* In: Social Studies of Science 13, 1983, S. 205–228

STAR, S.: *Scientific Work and Uncertainty.* In: Social Studies of Science 15, 1985, S. 391–427

STEELE, T., FINKELSTEIN, S. und FINKELSTEIN, F.: *Hemodialysis Patients and Spouses: Marital Discord, Sexual Problems, and Depression.* In: Journal of Nervous and Mental Disease 162, 1976, S. 225–237

STRAUSS, A.L.: Mirrors and Masks: The Search for Identity. New York: Free Press, 1959 (Nachdruck 1969. San Francisco: Sociology Press) (dt. 1968: Spiegel und Masken: Die Suche nach Identität, Frankfurt)

STRAUSS, A.L.: Negotiations: Varieties, Contexts, Processes, and Social Order. San Francisco: Jossey-Bass, 1978

STRAUSS, A.L.: *Work and the Division of Labor.* In: Sociological Quarterly 26, 1985, S. 1–19

STRAUSS, A.L.: Qualitative Analysis for Social Scientists. New York: Cambridge University Press, 1987 (dt. 1991: Grundlagen qualitativer Sozialforschung: Datenanalyse und Theoriebildung in der empirischen soziologischen Forschung, München)

STRAUSS, A.L., FAGERHAUGH, S., SUCZEK, B. und WIENER, C.: The Social Organization of Medical Work. Chicago: University of Chicago Press, 1985

STRAUSS, A.L. und GLASER, B.: Anguish. A Case History of a Dying Trajectory. San Francisco: Sociology Press, 1970

STRAUSS, A.L. u. a.: Chronic Illness and the Quality of Life (2. Aufl.). St. Louis: Mosby, 1984

SUCHMAN, E.: *Social patterns of Illness and Medical Care.* In: Journal of Health and Human Behavior 6 (1), 1965a, S. 2–16

SUCHMAN, E.: *Stages of Illness and Medical Care.* In: Journal of Health and Human Behavior 6 (3), 1965b, S. 114–128

WESTBROOK, M. und VINEY, L.: *Psychological Reactions to the Onset of Chronic Illness.* In: Social Science and Medicine 16, 1982, S. 899–905

WIENER, C.: *The Burden of Rheumatoid Arthritis: Tolerating the Uncertainty.* In: Social Science and Medicine 9, 1975a, S. 97–104

ZARIT, S., TODD, P. und ZARIT, J.: *Subjective Burden of Husbands and Wives as Caregivers: A Longitudinal Study.* In: The Gerontologist 26, 1986, S. 260–266

ZARIT, S., REEVER, K. und BACH-PETERSON, J.: *Relatives of the Impaired Elderly: Correlates of Feelings of Burden.* In: The Gerontologist 20, 1980, S. 649–655